臺灣歷史與文化 研究輯刊

四 編

第 8 冊

「同文」的想像與實踐：
日治時期臺灣傳統文人謝雪漁的漢文書寫

蔡佩玲 著

花木蘭文化出版社

國家圖書館出版品預行編目資料

「同文」的想像與實踐：日治時期臺灣傳統文人謝雪漁的漢
文書寫／蔡佩玲 著 — 初版 — 新北市：花木蘭文化出版社，
2013〔民102〕
目 2+170 面；19×26 公分
（臺灣歷史與文化研究輯刊 四編；第 8 冊）
ISBN：978-986-322-490-7（精裝）
1. 謝雪漁 2. 臺灣文學 3. 文學評論
733.08   102017374

ISBN-978-986-322-490-7

9 789863 224907

臺灣歷史與文化研究輯刊
四 編 第八冊   ISBN：78-986-322-490-7

「同文」的想像與實踐：
日治時期臺灣傳統文人謝雪漁的漢文書寫

作　　者　蔡佩玲
總 編 輯　杜潔祥
出　　版　花木蘭文化出版社
發 行 所　花木蘭文化出版社
發 行 人　高小娟
聯絡地址　235 新北市中和區中安街七二號十三樓
　　　　　電話：02-2923-1455／傳真：02-2923-1452
網　　址　http://www.huamulan.tw 信箱 sut81518@gmail.com
印　　刷　普羅文化出版廣告事業
初　　版　2013 年 9 月
定　　價　四編 22 冊（精裝）新臺幣 50,000 元

「同文」的想像與實踐：
日治時期臺灣傳統文人謝雪漁的漢文書寫

蔡佩玲　著

作者簡介

蔡佩玲，1978 年生，國立政治大學中國文學系碩士，目前任教於國立中興高中，期勉成為「人師」，教學相長，寬嚴並濟。在家中，母兼父職，陪伴一雙稚子，健康長大，享受童趣。能順利完成拙著，首要感謝美娥老師的提點及包容，而國立中央圖書館台灣分館的博碩士論文研究獎助也增強了自己走往學術殿堂的信心，並感謝花木蘭出版社協助出版事宜。

提　　要

　　本文試圖以日治時期台灣傳統文人謝雪漁的漢文書寫為起點，探討其古典散文及小說作品如何在總督府同文政策的宣告下，書寫出對日治時期歷史、文化、文明、殖民等種種問題的回應與對話。文字背後隱藏著傳統文人在意會治台政策之餘，所嘗試拉扯出的交流、協商、混淆空間，由此梳理謝氏在「同文」政策下的漢文書寫承接或開展何種想像與實踐。故本文將以歷時性的觀察為主線，配合日治時期台灣傳統文人謝雪漁多重的社會角色與活動，了解其在重述、轉譯、再寫殖民者話語的過程中，進行怎樣的理解、思辨、斷接？如何將「同文」政策注入「漢文」書寫中？若日治時期的同文概念是政治手法的操作，那麼謝雪漁如何想像同文的過去、現在與未來？尤其，當同文被視為輔助殖民地同化的工具時，所發展出的國民性討論會有怎樣的複雜面貌？繼而在中日戰爭如星火燎原般擴大時，同化激化為皇民化，晚年的謝氏又是如何呼喊皇民論述？因而，本文將以傳統文人謝雪漁為個案研究對象，釐清親日士紳與殖民者間糾葛的關係，跨越殖民地時期親善／對抗的二元對立意識型態，以較為細膩的方式，省視日治時期台灣傳統文人被賦予新社會身分的同時，其精神面貌／創傷如何裂變／療癒。

目

次

第一章　緒　論 ……………………………………… 1
　第一節　研究動機與目的 ………………………… 1
　第二節　詮釋框架的思考與擬定 ………………… 7
　第三節　研究資料 ……………………………… 11
　第四節　論文架構與章節安排 ………………… 18
第二章　日治時期謝雪漁的活動角色 …………… 21
　第一節　傳統士子的命運轉變 ………………… 22
　第二節　漢文記者／文人與親日士紳 ………… 35
　　一、《台灣日日新報》漢文記者 …………… 36
　　二、漢詩社團瀛社發起人／副社長／社長 … 44
　　三、《風月》報系發起人／主筆／編輯顧問 … 59
第三章　從「漢文」到「同文」的置換過程 …… 69
　第一節　漢文意義的質變 ……………………… 69
　第二節　殖民地同化議題的交鋒 ……………… 91
　第三節　同文的淵源及其想像 ………………… 109
第四章　漢文書寫的「同文」嘗試 …………… 123
　第一節　小說的教化／馴化空間 ……………… 123
　第二節　古典散文的同化實踐 ………………… 133
第五章　結　論 …………………………………… 149
附錄：謝雪漁漢文小說、古典散文作品 ……… 155
參考書目 …………………………………………… 163

第一章　緒　論

第一節　研究動機與目的

　　台灣在十九世紀末因一紙馬關條約脫離清朝統治，正式成為日本帝國第一個海外殖民地。近代日本明治維新採用全方位西化、脫亞入歐的路徑，將原本亦受西方不平等條約束縛的日本國，極有效率地翻身成為亞洲第一大強國。〔註1〕並於日清戰役（甲午戰爭）獲勝後，以強大武力軍備為後盾，挾帶現代性及殖民性，有計畫地進入殖民地台灣，台灣傳統社會的士紳領導群面對時代劇變及政權轉換的衝擊，遂有了各自迥異的應世方式。

　　明治30（1897）年5月8日「去就日」屆臨，只要沒有離台的台人，一概被視為日本帝國的「新國民」。台灣傳統士紳群中有人選擇作為遺民——自

〔註1〕　「脫亞入歐論」是一八六○年代明治維新時期由福澤諭吉提出關於日本該以
　　　　何種路徑展開現代化運動的重要文化論述。經過朝野充分討論後，明治天皇
　　　　所率領的朝臣以脫亞入歐作為維新指導基本原則，派遣留學生及官員積極地
　　　　全面向歐洲模仿學習各式新制度、新器物及新觀念，以求能逃離西方帝國主
　　　　義的不平等條約剝削，使日本得以擺脫落後亞洲的一員，進入文明開化的階
　　　　段。由此，幕府鎖國的小攘夷轉化為尊王的大攘夷思想，以開國為手段，採
　　　　用西洋文明培植國力，然後再擊攘外夷。而日清（甲午）戰爭、日俄戰爭中，
　　　　新興的日本戰勝古老的中國及俄國，更讓日本國重建了國家的自信心，徹底
　　　　擺脫挫敗感，自此後，日本帝國儼然成為亞洲新興的武力強權國家，漸次地
　　　　以東亞、亞洲盟主的姿態，倡響欲領導東方與西方帝國抗衡的口號，興起一
　　　　連串看似提攜，卻實為侵佔的戰爭行為。可參見呂正惠：〈殖民地的傷痕：脫
　　　　亞入歐論與皇民化教育〉《殖民地經驗與台灣文學》。（台北：遠流出版社，2000
　　　　年），頁45～62。林宗賢：《十九世紀末日本輿論界之台灣論述──以福澤諭
　　　　吉與內藤湖南為研究對象》（國立政治大學日本語文學系碩士論文，2006年。）
　　　　林正珍：《近代中日社會思想中的人性論──以康有為及福澤諭吉為中心》（國
　　　　立臺灣師範大學歷史研究所博士論文，1991年。）

我放逐避世；有人則以識時務者的立場——隨時調整姿態，時而靠攏、接受新統治者的權力；時而在減損既得利益時，發出不平之鳴。而這些留台士紳們，除了個別處世方式並非一致外，個人也往往未能如一貫徹初衷。隨著台灣總督府統治時間的延長，統治權力的穩固，配合武力鎮壓、文治懷柔手段的並施，殖民者一手鞭打，一手引誘，造成了傳統士紳們對「新國家」的理解與認知產生偏移滑動，甚至裂變出不同程度、層次的認同模式。〔註2〕而為了獲得新統治者肯定的新社會地位，部分傳統士紳們選擇重述殖民者的說詞，成為殖民論述的接受者及語文再生產者，附和之餘也參與「改造」台灣的過程。

世紀之交的變動，讓日本殖民者所帶入的新文明事物及知識體系、與中國傳統的文化及生活風俗在歷史的偶然下於台灣強行碰撞，維新／傳統語彙的吸納／排除，也隨之進入社會轉型與文字論述中。當這些留台的傳統士紳們面對舊社會的領導地位不再被過往的清國所保障時，他們比起一般人有更急迫的需求及強烈的動機，要對日本殖民者所帶進的殖民話語與現代性思維進行了解辯證。而在他們的認知範疇中，有哪些中國傳統思想能夠援引、轉接，用以理解、回應殖民者訴求？武力落敗是事實，全然避世亦不可行，他們又該如何從表面暫且屈從的殖民地遺民——不論是不得不或坦然接受，隨著時局的推移逐漸成為順民／被殖者，甚而再進一步自我內化為殖民者？〔註3〕在這一連串環環相接的機制下，所謂的「親日」傳統文人們究竟如何接納世變？如何在殖民社會中找到「新」位置？他們成功轉型的因素是因日人殖民政策細膩操演的成果，抑或是他們很毅然決然地自我清除、割斷傳統，並刻意斷接或錯解殖民者的語文表述？另在面對時代的歷史進化論氛圍時，他們是如何回顧過去、觀看現實、希冀未來？國族與民族究竟是合一或割裂，

〔註2〕關於日治時期傳統文人各自的應世之道，如黃美娥：〈帝國魅影——櫟社詩人王石鵬的國家認同〉，收入氏著：《重層現代性鏡像：日治時代臺灣傳統文人的文化視域與文學想像》（臺北：麥田出版社，2004年）、〈日治時期台灣遺民詩人的應世之道——以新竹王松為例〉，收入《曹永和先生八十壽慶論文集》（台北：樂學書局，2000年）。余美玲：《日治時期臺灣遺民詩的多重視野》（台北：文津，2008年）等。

〔註3〕乙未變動不再是傳統的「改朝換代」，已有士紳身分或是正往士紳身分前進的科舉士子們，心中感受到的必然是成為「遺」民的失落。加上清朝（大陸）原鄉動盪，落葉歸根式的返鄉不見得安定，而留台的懷才不遇者也就必須在自我放逐、新未立、舊未棄中，各自設法進入充滿糾葛歷史情感的殖民地現實情境中。

又是否有推移、轉換的可能，二者孰輕孰重、孰主孰副？紛雜錯亂的尷尬歷史與殖民地位點，實納有太多時代因素的衝突因子。然而殖民者亦面臨同樣的困擾，因此殖民者應時操弄著日語同化——精神血液與漢文同文——書面語政策，使二者交相應用，交纏出錯綜複雜、時而矛盾、時而同奏的文化論述。諸多關於十九、二十世紀的台灣傳統文人的處境問題，在在引發筆者興趣，若不能從千頭萬緒中去仔細爬梳歷史對人所造成的生存痕跡，那麼我們所論及的一切恐怕就淪為泛泛之說的（刻版）印象，每個人的面容與心理也都會是模糊難辨的，因此筆者希冀本文能先從個案研究進入，去深入了解曾經存在的日本殖民時代的台灣某種人物真實掙扎的軌跡。

　　更進一步的說，筆者思考的主要問題是在釐析個人思想內化的歷程。思想內化絕非單純的強制（被制）或被動的抽換過程，研究者應該要深究的是：「我」如何接引自身原有的論述資源，逐步更新思想理路？其中該保有／排除、吸納／收編、理解／再述的原則為何？〔註4〕如果說殖民地的「國民主體」建構是屬於「心」的政治問題，殖民地台灣的人民該如何在歷史／現實的衝突下，將從中國及日本所傳入的傳統文化思維及現代知識進行更新後的重構？〔註5〕對於這些經歷了乙未之變的青壯年士紳群，如何透過社會輿論的傳播，推動殖民地社會的轉造？而對於新生代的台民而言，總督府以「根莖移植」的方式，將刻意挑選後的各式殖民論述放置入公學校教育的課程中。〔註

〔註 4〕理解收編、吸納（Incorporation）最好的方式是連結上意識型態的運作、權力與論述的關係，足以表現出彼此嵌合、滲透的意識型態與權力變動關係。

〔註 5〕關於「心的政治」概念的詳細論述，可參見劉紀蕙：《心的變異：現代性的精神形式》（台北：麥田出版，2004 年。）該書討論二十世紀上半葉的中國與台灣的文學場域所浮現的心理統合狀態。

〔註 6〕陳芳明：〈現代性與日據台灣第一世代作家〉《殖民地摩登：現代性與台灣史觀》中指出「台灣總督府因配合資本主義的擴張與再擴張，更是要求台灣社會必須具備理性或現代性。臺灣人民被灌輸現代知識，並不是要提高人格身分，而是要迎接一個有秩序、有規律的時代之到來。遵守時間、尊重法治、接受管理等等的現代生活，反而使台灣人民更易被控制、被壓抑。」陳芳明稱之為「殖民文化的陰翳」，即是被帝國主義交叉掩護下的殖民現代性（colonial modernity）。它成為一個弔詭的植入，它的經濟果實被輸出至殖民母國，剝削與掠奪行動所留下的負面空缺則由被殖者接收，此時階級問題就成為理解殖民地現代性之惡的合理解釋。在現代性的西方歷史進程中，殖民地參與的時間位置固然是遲到的，然而，那被抽空的資本主義果實的「惡」癥狀，卻在殖民地的現代性進程中，因資源全面的剝削而快速抵達至階級對立的階段，直接跳過了現代性初軔之始應獲得的來自理性與啟蒙的回饋。（台北：麥田，2004 年。）

6〕而他們的父祖輩，多曾在私塾中學習識字，讀誦三字經、百家姓、千字文、千家詩及四書五經，經歷過傳統中國農業生活模式與傳統風俗浸潤的他們，又該如何看待子弟們就讀公學校，接受殖民者訂定的統一課程教材，及強行規劃制式上課時間的學習養成教育？殖民者以文明開化前行者的姿態昂然進入台灣社會，他們所操作、再現的殖民性及現代性，是否就是「真正」的文明開化？被殖民者在觀看之餘，該如何模仿殖民者，並進而展現文明開化的特質？這些問題都將是互為流動、交替、滲透的動態過程。

　　日本帝國以亞洲強國自居，其殖民思維是構築在擁有開發物產資源的能力及軍備進步強大的基礎上，再配合推演「同文同種」的論調，美化並合理升格其為東亞、亞洲盟主的事實。換言之，日本帝國的亞洲殖民路數與西方列強借文明開發之名，得以正當擁有開發殖民地的霸權論述是異曲同工、殊途同歸的說詞。而當局者迷，旁觀者清的限囿，會讓不同的位置對同一事物有不同的觀察視角，而既有的印象也會左右著新事物進入時的理解方式，因此殖民者倡議的「同化」論述，就讓殖民者與被殖民者，各自從內／外部的位置上表述出多義並置的狀態，且擁有隨時地移動的可能性。當台灣總督府不斷宣揚明治天皇「一視同仁」的聖意時，為了顧及殖民地統治的實質效能，「一視同仁」就成為無法實際碰觸的美好想像，殖民地的所有人在前往這個想像的路途中，只能應時解說變化，在其中迂迴曲折、迴旋反覆地進退，緩慢地拉近又疏遠著。更具體地說，如明治時期，後藤新平所標舉的「特別統治主義」，究竟是與同化目標相悖或者只是回應同化尚早的權宜之計？而到了大正 10（1921）年，原敬總理主張「內地延長主義」，簽署了台灣法三號——日本國內法律得以適用於台灣，台灣總督府因而召開了第一回評議會，討論關於民法施行及義務教育等問題，這是否就意味了在法制面上殖民地台灣逐漸等同於內地，已展現出殖民地「同化」政策的成果？那麼為何當中日兩國於昭和 6（1931）年九一八事變發生後，軍事上的衝突日益激烈，身為日本帝國殖民地的台灣人，又被迫必須在「同化」後更進一步追求「皇民化」的犧牲意涵？

　　如果說「同化」的過程中有權宜變動的多重可能與歧異存在的空間，那麼殖民者為何要同化被殖者？如何同化？實質同化內容為何？當擁有統治權的殖民者內部充斥著干擾同化的雜音時，那麼推行殖民地同化會不會稀釋或放出統治的權力？在殖民地中，究竟誰會被同化？同化的重點在精神的重塑或血液的交融？就因為殖民者對同化政策的目的與內涵有著猶疑不決的曖

昧，也因此在推行的手段上，再三突顯出「同化」的指涉在殖民地中被不斷摸索、試探、交鋒著，也導致了在戰爭期間，殖民者提出更爲空虛、抽象、激進的「皇民化」取代「同化」。〔註7〕

　　當我們更明確地將「同化」議題的討論縮小到「語文」的範疇中，若學習日語是殖民者推動精神同化的招數之一，就如同伊澤修二推論了上田萬年的國語觀海外應用篇，在擬血緣的天皇國體中，將國（日）語視爲日本國民的精神血液，陳培豐解說爲：「將『國』這個近代政治制度上的產物與『母親』這個自然發生的血族概念聯繫起來，讓日本人、大和民族之血緣關係的定義，從先天轉向後天。」「他形塑的國語教育，是超出語學教育範疇，帶有明顯『同化於民族』的意識型態……在『國體論』的架構之下，『同化於民族』與『一視同仁』乃是一體兩面、相輔相成的存在。」爲了統治上的方便，伊澤修二主張「教他們我們的國語，我們也要學他們的語言。」以雙向學習語言的方式，善用台灣與日本對於漢字（同文）的通解，爲推行「同化」教育覓得基礎。〔註8〕如此一來，台民所慣用的日常漢字就成爲日治時期輔助同化的工具。而被賦予現代報刊發言權的台灣傳統文人／漢文記者，如何或直接或迂迴地用漢文書寫與殖民者的同化政策對話？殖民主義如何隱身在這些看似傳統的書寫語脈中？逐步構築出的大東亞共榮圈、東洋文明的範圍如何被塑造與界定？當殖民者藉由推行國語，排序權力位階的同時，殖民地的語文系統就是權力的意義符號，文字生產的機制被殖民者掌握、滲透，文字的底蘊產生質變，台灣漢文因「同文」的關係得到「文字」的存在空間，而何種漢文書寫才是「有意義的書寫」？當殖民地「國語」的推行是訴求精神血液的「同種」──同於大和種族，那麼當中日戰爭越燒越烈的同時，殖民地的「同文同種」又面臨了怎樣的詮釋？歷史充斥著辯駁，也考驗著文字使用者，文學

〔註7〕陳培豐：《同化の同床異夢》（台北：麥田出版社，2006 年）書中論述日治時期「同化」議題的討論相當精闢。

〔註8〕陳培豐：〈重新解析殖民地台灣的國語「同化」教育政策──以日本的近代思想史爲座標〉提到上田萬年：「語言（國語）對於使用的人民而言，就如同血液之於其同胞（同胞兄弟），如肉體上所示的精神上的同胞。以日本的國語來比喻這個道理，日本語應該就是日本人精神的血液。日本的國體，主要是以此精神的血液來維持……言語不單只是國體的標識，同時也是一個教育者，是所謂情深無比的母親。」《台灣史研究》7：2，2001 年 6 月，頁 1～49。另可參見氏著〈殖民地臺灣國語「同化」教育的誕生──伊澤修二關於教化、文明與國體的思考〉《新史學》12：1，2001 年 3 月。

無可避免地成為社會的零碎拼圖，足以一一拼出、記錄著時代的樣貌。正如何金蘭在《文學社會學》一書中提及：

> 在所有文學現象中，社會都佔有一個不可或缺的地位。文學產生之先，社會早已存在，作家無可避免地要生活在社會裡，為社會所制約、限制、影響；作家總是努力反映它、解釋它、表達它，甚至於設法改變它；社會也存在文學之中，我們可以在文學作品中看到它的存在、它的蹤跡、它的描繪；社會更存在於文學之後，因為文學作品要有讀者、要被銷售、要被閱讀、要被接受。〔註9〕

因而，我們可以追問，在殖民地社會中的親官方傳統文人接觸、選擇、書寫出怎樣的社會與文學？他們筆下的台灣風貌如何？台灣該被置放於哪一個歷史位點？臺灣在日本跟中國的時空夾縫中交置，剪不亂理還亂的歷史淵源又該如何恰如其份地重新進行流通、理解、切割、重組、再現？歷史環境的變動牽涉到個人的認同問題，一面是殖民帝國統治的政治實體；一面是民族文化深刻的過去，當國家跟民族處於敵對或抗爭的矛盾狀況時，受傳統中國文化影響最深的台灣傳統文人們要如何面對異於前朝的「現代」國家體制？如果台人對日本的接收或侵入的理解呈現出一端是親日、一端是抗日的相對狀態，在政治、社會、民族、國族、世界等鏡面的介入、反射、折射下，會出現怎樣的光芒及指向？如果當殖民者本身也在摸索中形構樣貌，那被殖民者該如何認知「我是誰」？「我在哪裡」？如何排解身分錯亂的焦慮感？又若日本帝國所帶進的現代性與殖民性，是以迂旋逡巡的方式，領導台人追求不停轉換的前景時，每一次歷史事件的偶然與必然都將激發出新的問題。而這一連串無從逃避的現實，都將不斷地從文字書寫中被召喚出來，通過語文符號的多重指涉，抓攫歷史與時代的某種面貌。

基於上述的問題意識，本文為了更確切地構築出日治時期傳統文人們如何在歷史的洪流中調整漢文書寫的視域，將以謝雪漁作為觀察對象。〔註10〕

〔註9〕 何金蘭：《文學社會學》（台北，桂冠圖書股份有限公司，1989年），頁2。

〔註10〕 傳統文人，或稱舊文人，是與受新式教育的知識份子（或是新文人）相對的區隔定義。在本文中用以指稱其人文學寫作語言為淺近文言文，主要寫作的類型為傳統漢詩文、章回小說、短篇志怪志人小說、短語叢錄等。但這些日治時期傳統文人的文學寫作內容不再只侷限於傳統中國的思路、視域與論述樣貌，其中也包含很多對於維新／啟蒙／現代性的詮釋。而關於傳統／舊文人的思維探討，可參見黃美娥：《重層現代性鏡像：日治時代臺灣傳統文人的文化視域與文學想像》一書。

一則是因他出身於清末科舉考試，擁有台南府城秀才功名，舊學涵養深厚；二則是因其在日治時期甚爲活躍，與日人互動十分密切；三則是因其在報刊中留下相當大量的漢文作品，足以以文繫史、以事觀人，有利本研究的開展。

謝雪漁八十三年（1871～1953）的人生歷程中，迭遭台島政權的轉換衝擊，終能以「游移」、「隨俗」、「多重」的姿態，找到各個人生階段的適切位置，成爲十九、二十世紀眾多事件的經歷者與紀錄者。即便如此，有關其人其事其作，學界未有任何一篇專文進行評述，在缺乏前行研究以供參酌下，筆者欲嘗試研究從其留下的文學作品及文字記錄資料，勾勒出其人於日治時期的社會角色活動概況，及在文字縐摺間對世變所進行的對話與迴響。

第二節　詮釋框架的思考與擬定

日本接收台灣後，漢文字成爲殖民地初期「內台溝通」的書面媒介。從明治 28（1895）年台北芝山巖首設日語學堂後，隔年各地設「國語傳習所」，以「對本島人教授國語，以資日常的生活且養成本國的精神」爲旨。〔註 11〕明治 31（1898）年，「書房義塾規程」揭櫫「本令乃以改良書房義塾以作爲漸次普通教育的基礎爲目的。」將書房納入管理並朝向作爲輔助基礎教育的方向進行整頓；同年 8 月，「公學校規則」云：「公學校是對本島人子弟施以德教，教授實學，養成國民性格，同時精通『國語』爲主旨。」殖民統治初期，漢文被依統治需求、懷柔安撫、尊重舊慣等原因獲得保存的空間。〔註 12〕隨著殖民局勢漸趨穩定，一九一〇年代陸續推行國語普及運動，多次的「台灣

〔註11〕 全台在今台北、淡水、基隆、新竹、宜蘭、台中、鹿港、苗栗、雲林、台南、嘉義、鳳山、恆春、澎湖共設有十四所國語傳習所。

〔註12〕 相關資料可以參見《台灣教育沿革誌》。明治 29（1896）年 5 月 21 日，府令第四號發布「國語傳習所名稱位置」。府令第五號發布「國語學校及附屬學校名稱位置」。6 月 22 日，府令第十五號發布「國語傳習所規則」。6 月 25 日，訓令第五一號發布「國語學校及附屬學校竝國語傳習所定員」。7 月 9 日，開始台北國語傳習所授業。7 月 16 日，訓令第六八號發布「國語學校長職務規程」，訓令第六九號發布「國語傳習所長職務規程」。9 月起，各地國語傳習所、分教所陸續開始授業。27 日，府令第四〇號發布「國語傳習所給費生支給規則」。明治 31（1898）年 8 月 16 日，府令第五五號「國語傳習所名稱位置廢止」，同日府令第七八號發布「公學校規則」。9 月 30 日，國語傳習所廢止（恆春台東澎湖除外），10 月 1 日，公學校令實施。其後國語傳習所的功能由公學校逐漸替代，分教所只存在較爲偏遠的地區。

教育令」改正規則，縮減了公學校中的漢文科課程，並將民間書房教育視爲不利殖民統治的因子，予以打壓及禁廢。直至昭和 12（1937）年，全體奉公的皇民化運動雷厲風行，殖民地所有一切歸整到日本軍國之下，中日全面開戰，漢文科被公學校課程屛除在外，報刊的漢文欄也配合宣告廢除，隨著戰事的擴大及「同文同種」的呼籲，漢文字又再度成爲論述「日華親善」、「聯亞抗歐」、「興亞文學」的推手，更徹底地呈顯出不同以往的戰爭（皇民）文學風貌。

是以，漢文（字）成爲歷時而變的意識型態表述工具。總督府從統治初期的包容漢文、漸廢漢文到禁用漢文，再到不得不再用漢文，殖民地社會也在時代局勢的變動中，有著改造的爭議。如黃美娥在〈日、臺間的漢文關係：殖民地時期台灣古典詩歌知識論的重構與衍異〉中指出：「『漢文』之詞義，含有漢文字、漢文學、漢文化、漢文教育等面向，交相構築與層疊積累，故實際是指涉語言（漢字）、文學（漢詩文）、文化（漢學、儒學、儒教）三系統的問題性；何況三系統間亦有流通、挪移現象。」〔註 13〕黃氏亦在〈差異／交混、對話／對譯：日治時期台灣傳統文人的身體經驗與新國民想像（1895～1937）〉中談到身體外觀的改變與心理的認知是處於連動的牽引狀態。〔註14〕這些具有社會影響力的台籍士紳群勇於爲殖民政策背書，再述、展示，重以現代報刊的宣傳功效，自然昭示殖民者的主導權力。這些渴求被權力認可的被殖者，體驗著維新思維與現代生活的便利，闡述著總督府的殖民政策，以觀摩、習作、應和、改說的方式，使日台間的漢文學書寫及意境漸入交融、互涉，藉以拉近殖民社會中的日台領導群距離，引導台民們共入殖民情境。

另柳書琴在〈《風月報》中的同文論述：殖民主義附身的悲劇〉一文中說明日本對台的語文政策即以「日語同化主義」精神爲主（以維護殖民結構中的政治目標，日本／台灣＝支配／奴屬位階關係），「漢語同文主義」工具爲輔（以強調殖民結構中共同漢文化基礎，日本／台灣＝同文／同種的手足關係）。漢文書寫因而蓄勢潛入精神主體的重構中，加上現代印刷出版的流通效應，使文字書寫與閱讀的影響力擴大，成爲不能輕忽的台灣殖民社會的底層伏流。

而川路祥代在《殖民地台灣文化統合與台灣傳統儒學社會》中，以文化

〔註13〕收入《臺灣文學研究集刊》，2006 年 11 月，頁 1～32。
〔註14〕收入《中國文哲研究集刊》，2006 年 3 月，頁 81～119。

統合的觀點，探討了殖民者與被殖民者討論儒學交涉的問題。〔註15〕歷史的前因，使漢文成爲帝國殖民者與台灣被殖者共同擁有的文化資產，如何巧妙應用漢文的交會與浸滲，考驗著日本殖民者因時取捨、自圓其說的能力，也測試著被殖民者的因應能力，足以開展、轉述出儒學的時代新意。張明權則在《同文政策下的台灣漢詩壇（1931～1945）》文中探討九一八事變後，日本帝國及台灣總督府對「同文」政策的衍異、修正過程，以「在台同文主義」、「在華同文主義」、「自我同文主義」論述「同文政策」的裂變與稼接。〔註16〕從上述諸多相關的研究中，可以得知殖民地原有的文化元素與殖民者帶入的各式政策進行斡旋；殖民地社會被少數的殖民者與多數的被殖民者共構出複雜的面貌，在殖民地的處境及空間裡，虛幻的共同體想像被多重拾取並強化——尤其在中國／台灣／日本這樣弔詭的場域中。

學者李郁蕙曾歸納出血統民族主義與語言民族主義的差異，就在於強調種族純粹的排他性或是語言的包容性，帝國殖民主義在擴充殖民地的同時，勢必無法再以血緣作爲主要考量，因此殖民者才會開展出語言學習的途徑，以「日語是日本人的精神血液」爲名，呼籲殖民地人民從學習日語中學習如何成爲日本人。是以，漢文的「同文」追求的是文字與意涵上的共解與融匯作用，而日語的「同化」則刻意訴求語言共同體的國族想像運作，語言的同化、文字的同文與殖民主義間就存在著密切的相關。〔註17〕

如果我們從這個角度觀察被殖民者吸收入現代報刊體系中的傳統文人群，這些人往往成爲漢文記者及報刊編輯者，他們以其舊學的素養，採用傳統淺近文言、典故、俗語，訴諸日本漢學與中國文化的流通共解，並應時加入了日本明治維新後所創造的新詞彙與新觀念，他們在接受殖民者爲權力擁有者的前提下，呼籲被殖民者接受殖民者欲提攜殖民地進入現代文明的說法，以報刊

〔註15〕 成功大學中文研究所博士論文，2001年。

〔註16〕 靜宜大學中文所碩士論文，2008年。

〔註17〕 討論有關日語教育與鞏固帝國支配的議題，近年來有駒込武：《殖民地帝國日本の文化統合》（日本：岩波書店，1996年）、安田敏朗：《帝國日本の言語編制》（日本：世織書房，1997年）、陳培豐：《「同化」の同床異夢：日本統治下台灣の國語教育史再考》（日本：三元社，2001年）。限於筆者日文能力的不足，因此對於上述相關書籍的論述說法皆透過李郁蕙：《日本語文學與台灣：去邊緣化的軌跡》進行了解（台北：前衛，2002年）。此外尚有吳文星：《日據時期台灣領導階層之研究》對於日本殖民者利用「同化」與「開化」的勾連關係，討論文明開化話語對台灣領導階層的媚惑。（台北：正中，1992年）

為媒介，興起台灣社會的改變輿論，扮演著替殖民者「代寫」、「轉寫」、「譯介」的角色，協助鞏固殖民權力論述，也引導台灣社會體驗殖民文明的驚異。

除了殖民母國對殖民地台灣具有影響力外，大正 11（1922）年以降，殖民地台灣的中國留學青年們標舉援引「中國白話文」的旗幟，為台灣社會的啓蒙提供另一條路逕，以初生之犢的勇氣，高舉與社會改革議題相接合的「新」文學運動。〔註 18〕傳統文人們的舊文學路線與象徵殖民平和的言論，與新世代以「啓蒙」為目標的青年知識份子產生交鋒，在爭取發言權的同時，也形同爭執著種族情感該歸向何方。再至昭和 5（1930）年新舊文人經歷了新舊文學的論戰磨合後，又轉而關注「台灣話文」，不約而同地分頭紀錄了台灣特有的風俗民情，希冀能更順暢地融合文言文與白話文，鍛鑄出台灣這片土地獨有的生活語文與思考理路。而這些關於語言與文學的討論與實驗，至昭和 12（1937）年後一舉被日本皇民化運動全面控管，殖民地人民被迫更徹底地接受「日本語文」的規訓與權力施展，唯有我（日本人）說出來的話才算數，也唯有被我（殖民者）允許的事物才能存在，一切軍國為上，一切為戰爭所操馭，故不論是漢文、白話文、台灣話文都成為布告戰爭任務的工具之一。

在這一連串語文議題的代易中，不論是殖民地人民試圖以語文作為集體想像的起點，向「殖民母國」或是「情感中國」進行精神血液／種族原鄉的接軌，抑或是由此鎔鑄出台灣在地的語文風貌，這些所有的可能組合，在殖民地語文共同體的想像場域中展開激烈的縱橫捭闔，隨時調整應變。而語文共同體衍生的另一問題就在於選擇語言載體是否也同時指涉出選擇現代性或殖民性？如果說新舊文學論爭的目的是指向現代性的詮釋和抗拒已質變的傳

〔註 18〕大正 11（1922）年陳端明發表在《臺灣青年》的〈日用文鼓吹論〉揭開了台灣新文學運動的先聲，黃呈聰、黃朝琴等隨起而相應之以白話文／漢文的改革運動，直到大正 13（1924）年張我軍對台灣文學界提出的強烈批判，《臺灣青年》、《臺灣民報》、《臺灣》等報刊雜誌上散見新文學運動者拔高張舉姿態，要求文學改革。如陳端明：〈日用文鼓吹論〉提出：「西歐諸國，航路早開，拓地四方，商工俱興，交通極盛，早悟日用文宜以簡便為旨……我念台灣，則不然，不但未見此種利器，文體尚株守舊套，依然不改，徒尚浮華故典……致阻大眾之文化……未免有礙得他科學之進步。台灣現代文如此，其不合時務也可知。」原刊於《臺灣青年》三卷六號，1921 年 12 月 15 日被禁發行，重刊於《臺灣青年》四卷一號，1922 年 1 月 20 日。黃呈聰：〈論普及白話文的新使命〉，《臺灣》四卷一號，1923 年 1 月 1 日。黃朝琴：〈漢文改革論〉，《臺灣》四卷一號，1923 年 1 月 1 日。張我軍：〈糟糕的台灣文學界〉，《臺灣民報》二卷廿四號，1924 年 11 月 21 日。

統典律，那麼爲了因應殖民地社會的發展遲滯，新舊文學陣營亦重新反思文明的眞實意義與啓發民智的多樣路徑，由此看來，新舊文學論爭及台灣話文的實驗，就是台灣文化場域正式「迎接現代」的宣稱。

　　研究者應該體認到，歷史不再只是過去單純留下的片面紀錄，而是不斷轉向且持續變化的動態，隨時受到社會直接、間接、互爲作用的因素牽引，個人必須藉由調整詮釋與社會的相對關係，定位自我的位置，融入／理解社會的進展／僵化。而這些社會變化所造成的潛移默化影響，身處其中的個人往往無法明白洞見，因而時時呈現出自相矛盾、以退爲進、且戰且走的猶疑狀態。換言之，個人認同的建構就是進行中的辯證、想像、實驗的活動，唯有關注敘述者建構意義的過程，並對其進行適當的設身處地理解，才能對於在複雜時局中的動態敘述，提出較爲客觀公允的解釋。因此筆者將回歸到文字書寫內容的細讀，藉由原始報刊資料，梳理出研究對象台灣傳統文人謝雪漁如何接受日本殖民體制所帶進的現代性與殖民性，如何用漢文隱微地偷渡他的想法？如何思索台灣的傳統，建構台灣文化的特殊風貌及未來的可能？被視爲次位的傳聲者——闡述殖民者政策的（親日）傳統文人謝雪漁，在駕馭公開言論的板圖時，其所欲前往的方向與目的地受到哪些張力的拉扯和影響？理解他之所以不被相關研究者青睞的原因，是因其本身政治傾向的選擇不合現今所欲強調的抵殖意義？或是因其作品本身充斥太多無清楚面貌的唱和遊戲元素？抑或只是單純被時代的動盪所湮沒，尚未被發掘而已？因而，本文將進一步扣住「同文」，探究謝雪漁的漢文書寫中如何對一連串的殖民地台灣的現代性／殖民性、言／文、國體／主體、文明／文化等看似相對卻又環環相扣的問題做出回應，重新省思殖民地台灣所含納眾多主客觀的複數因子們，重新凝視那些長久被忽略或漠視的時代人物面容，更貼切地考察殖民地時期的洞見與不見，使日治時期所面臨的多面向錯雜、層疊、積澱的狀態，獲得較爲全面、深入、細緻的關注。

第三節　研究資料

　　爲了解決上述的諸多疑惑，本文將以日治時期的報刊資料爲主，從中拼湊出謝雪漁的書寫軌跡與應世姿態。筆者主要蒐集的範圍包括《台灣日日新

報》〔註19〕、《台灣時報》〔註20〕、《昭和新報》〔註21〕、《台法月報》〔註22〕、《風月》報系〔註23〕等，另參酌謝雪漁所撰寫的《奎府樓詩草》〔註24〕、《詩海慈航》〔註25〕，參與編選的《民商法詩錄》〔註26〕、《現代傑作愛國詩選集》〔註27〕，佐以《瀛海詩集》〔註28〕、《瀛洲詩集》〔註29〕、《東寧擊鉢吟錄前後集》〔註30〕、《顏雲年翁小傳》〔註31〕、《顏國年君小傳》〔註32〕，及官方人物誌《台灣列紳傳》〔註33〕等書所收錄的謝雪漁序文、詩文、評論資料，了解他的生平事蹟及文學寫作的歷程。

〔註19〕 明治 31（1898）年 5 月 6 日創刊，至昭和 19（1944）年 3 月 31 日，共發行 15,836 號。

〔註20〕 東洋協會臺灣支部於明治 42（1909）年 1 月 20 日創刊，至大正 8（1919）年 5 月 15 日停刊，後由臺灣總督府臺灣時報發行所於同年 7 月 1 日刊行至昭和 20（1945）年 3 月 13 日停刊。1997 年由中島利郎編輯出版：《『臺灣時報』總目錄》（東京都：綠蔭書房，1997 年）。

〔註21〕 昭和 3（1928）年 10 月 3 日創刊至昭和 13（1938）年，創刊之初由謝雪漁為主筆。

〔註22〕 明治 38（1905）年至昭和 18（1943）年。

〔註23〕 昭和 10 年（193）5 月至昭和 18（1943）年 10 月，（台北：南天書局復刻本，2001 年）。

〔註24〕 原刊於昭和 6（1931）年，後與《詩海慈航》下卷末所附的《蓬萊角樓詩存》合印為《雪漁詩集》（台北：龍文出版社重印初版，1992 年）。

〔註25〕 《詩海慈航》，台北市：瀛社事務所，昭和 10 年，有上下冊，後附有《蓬萊角樓詩存》。

〔註26〕 《民商法詩錄》（台北：瀛社事務所，大正 12 年）。

〔註27〕 鄭金柱：《現代傑作愛國詩選集》（台北：光明社印刷商會印刷，昭和 14 年）附錄有現代詩人略傳。

〔註28〕 黃洪炎（可軒）編：《瀛海詩集》（台灣詩人名鑑刊行會發行，昭和 15 年）

〔註29〕 林欽賜編：《瀛洲詩集》，昭和 17 年。

〔註30〕 曾笑雲編：前集為昭和 9 年春出版，後集為昭和 11 年春出版。

〔註31〕 大正 13（1924）年 4 月 1 日，台灣日日新報印刷，4 月 3 日發行，非賣品。

〔註32〕 昭和 14（1936）年 11 月 16 日，台灣日日新報印刷，非賣品。

〔註33〕 《台灣列紳傳》是台灣總督府囑託鷹取田一郎所撰，大正 5 年出版。編訂的凡例為：「我朝紳章之制，惟是所以優卹遺賢，慰撫逸民，兼勸獎德化，維持風教也。凡士大夫居鄉而曾經官職科第者，並文學德行、名族富豪，執享斯特典。苟佩紳章者，闔境仰為模楷，上下靡不敬信，不可不復自重也。明治二十九年十月初制定條規，爾後迄今，以所授一千有餘名，物故者不亦鮮。今纂修其傳記，題曰台灣列紳傳，或足以補文獻乎。」「初授紳章者，後來忽觸忌諱，中道直被褫奪者，亦有十數筆。今附記其氏名於卷末，以昭懲忿之意，索引目次中不復插入矣。」經筆者翻閱此書查無謝雪漁資歷，且卷末亦無列除名之人，推想應是謝氏在大正 12 年，五十四歲才被授予學者紳章之故。而為何未能更早列名紳章，恐怕與其有段時間的「思想有誤」有關，下章再詳述之。

　　另要補充說明的是，本文後續所討論的謝氏漢文書寫作品，主要以小說及古典散文二種文類為例闡述之。主要的原因是筆者手中所收集的謝氏漢詩已有數千首之多，如此龐大的數量需要更多時間分析，加上謝氏的漢詩詩藝可算是日治時期漢詩人中的翹楚，而漢詩的意涵也因用典、精鍊的關係而有極大的詮釋空間，因此本文只好先行擱置對謝氏漢詩作品的討論。又筆者捨棄作家作品論的討論模式，不以作家生平介紹開始，而從其社會活動角色切入討論的原因，一方面是為了更聚焦本文的相關討論，另一方面則是對謝氏戰後的資料收集不足，故不敢輕率地為其制定年表，尚祈見諒之。

　　由於本文所採用的報刊資料有一半以上出自《台灣日日新報》與《風月》報系，故此兩大報刊可視為謝雪漁漢文寫作發表的大本營。〔註34〕謝雪漁自明治 38（1905）年進入《台灣日日新報》為漢文記者，逐步成為漢詩社《瀛社》發起人／副社長／社長的漢詩引領者；昭和 10（1935）年為《風月》報系的發起人及舊文學欄的主編，按時地連載發表作品及評論，有穩固的社會地位，以其漢文書寫影響閱讀者的文學品味與思考傾向，在統治者／被殖民者、漢文記者／親日士紳、作者／讀者間，建立起交互影響的空間。因此，以下即先就此二大刊物的背景及編輯方針進行概說介紹，以利觀察謝氏在同文論述下的漢文書寫嘗試與想像。

　　《台灣日日新報》是由《台灣新報》與《台灣日報》合併而成，自明治31（1898）年 5 月 6 日發刊至昭和 19（1944）年 3 月 31 日止，共發行 15,836 號。《台灣日日新報》的發行與總督府治台考量有關，報上刊有大量官方府令消息，加上台灣報紙是採許可制，總督府可對報刊內容進行控管，各報刊在發行前也須先送交審核通過，方可允以出刊，所以《台灣日日新報》帶有濃厚的親官方色彩。即便如此，因《台灣日日新報》長達 48 年的發刊期幾乎與日本治台時期重疊，報紙發刊量甚大，報紙的文字記錄可作為觀察日治時期台灣社會整體氛圍的漸變資料。〔註35〕

〔註34〕在此要說明的是，謝雪漁亦在《詩報》、《崇聖道德報》等報刊中有相當多漢文作品刊載，但本文囿於時間，加上部分作品有重複刊載情事，故不足處則留待日後研究補充之。

〔註35〕目前《台灣日日新報》的原件，以國立台灣分館最為完整，大致上只有昭和 2（1927）年 4 至 6 月間有缺漏，現有網路資訊公司建立數位資料庫，但經筆者使用的結果，雖輸入關鍵字檢索有其方便性，但其中常出現版面錯置或索引編排有誤、空白的情形，報刊掃描後的效果也不甚理想，閱讀不易，因此還是必須以台分館所翻拍的微捲資料為主，互為參照。

　　《台灣日日新報》的漢文版面，積極介紹各式文明新事物，用以啓蒙、開化台人，並大量報導總督府的各項政策，鼓吹殖民新政的善殖良意，藉以化解台民對總督府殖民政策的疑惑、流言及阻力。〔註36〕而和漢文版面配置歷經多次改版、分合，但大體而言，漢文欄的編輯方針朝向試圖與過去傳統的中國拉開距離，以殖民者的角度重新檢核台人既有的風俗、民情、習性，反映世局的動盪下殖民社會持續變動的樣貌。此報的漢文欄目至昭和 12（1937）年 4 月 1 日廢止，只以小部分的文（學）藝欄填補版面，用以表示中日戰爭後的分際。〔註37〕而禁廢漢文欄後，《台灣日日新報》唯一可見的漢文作品即是漢詩，且漢詩與廣告、運動消息等被放置於同一版次，將有維繫斯文意涵的漢文置於末等地位，此種配置情況維持到昭和 19（1944）年 4 月由台灣總督府主導併台灣諸家報紙爲《台灣新報》爲止。

　　另創刊於昭和 10（1935）年 5 月，發行至昭和 19（1944）年 4 月的《風月》報系，〔註38〕也經歷多次停刊又復刊的改組及改版工作，成爲在戰時被允許發行的漢文刊物之一，臺灣新舊文學與舊文人／新知識份子也在這份雜誌刊物上發表作品。《風月》原是每逢三六九日發刊的舊文人風花雪月的休閒交誼小報，其主旨爲「維持風雅、鼓吹藝術」。《風月》停刊約一年半後，改名爲《風月報》，並於第 48 期（1937 年 9 月 21 日）的〈啓事〉中透漏中興後

〔註36〕《台灣日日新報》的漢文版内容包含來自日本的電報、新聞、本島各地消息、官方法令公布、各類雜文、文藝欄等。報導有日本漢學家或中國學者來台以文會友、日台中官紳吟詠共樂的記事；也有以文明、衛生、方便爲由，鼓吹放足、斷髮、改裝等身體外觀的社會改造討論，以強調文明的身體觀，變化台人的心理狀態；另尚有推行國語運動、打破民間迷信、矯正風俗陋習、促進精神同化、帝國南進政策、中日戰爭衝突、世界局勢轉換、皇民化運動等等諸多豐富的日治時期記錄，故《台灣日日新報》實蘊藏有廣泛多面的豐富研究素材，而我們亦可由漢文記者謝雪漁的議論觀察中，了解其如何將帶有現代意義的眾多概念轉譯或轉化爲殖民社會文化的資源。

〔註37〕廢除漢文欄後，《台灣日日新報》的文藝欄作者則多爲在台日人，稿件來源可以分爲：讀者投稿、特約稿、編者自撰稿、同盟通訊社提供的特約稿等。摘錄自黃得時：〈日據時期台灣的報紙副刊——一個主編者的回憶錄〉《文訊》21 期，1985 年 12 月，頁 59。

〔註38〕本文《風月》報系有：《風月》4 版次（1～44 期）（1935 年 5 月 9 日至 1936 年 2 月 8 日），《風月報》30～50 版次（45～132 期）（1937 年 7 月 20 日至 1941 年 6 月 15 日），《南方》30～50 版次（133～188 期）（1941 年 7 月 1 日至 1944 年 1 月 1 日）、《南方詩集》20 版次（189～190 期）（1944 年 2 月 25 日至 1944 年 3 月 25 日）。

的《風月報》將擴張營業部及編輯部業務，並由發起人之一的編輯主任謝雪漁延攬「有條件」進入編輯工作的「新派文藝家徐坤泉」為顧問，〔註39〕企圖藉助徐坤泉在《台灣新民報》時所培養的廣大通俗小說讀者群來增加《風月報》的閱讀群，言徐氏能「抒其綺麗之藻思，揮其豪放之健筆，著近體小說，及趣味談資」，開發潛在的新世代讀者群。重擬《風月報》章程，第三條為「目的為研究文藝、涵養德性、高尚品詣」，第十條「揭載詩文及小說、講談雜錄，務選思想端正，詞旨佳妙，有益世道人心，可資會員研究者。若批評時事、議論政治、超越文藝範圍者，概不揭載。」49 期休刊，50 期（1937年 10 月 16 日）則由徐坤泉寫了〈卷頭語〉一文，表達他所主編新文學欄原是要削除一切「女給」、「藝妲」的篇幅，但還是留下了「自古風流多才子」的伏筆，面對風月之事，改以特派記者，專工檢討各地桃色韻事，以明善惡是非，點綴讀者興味。徐氏亦改《風月報》封面題字為「是茶餘飯後的消遣品、是文人墨客的遊戲場」，將原設在謝家的營業所移至蓬萊閣內，篇首介紹特別贊助員陳金木略歷，並刊登台北市蓬萊閣及屈臣氏大藥房廣告，可見由徐坤泉主事後的《風月報》帶有濃厚的通俗、商業氣息，與以啟蒙為己任的新知識份子所期許的刊物有著極大的落差。自徐坤泉進入《風月報》後，其後繼者吳漫沙、林荊南等人都讓新舊文學欄得以並列，甚至因戰事需求，鼓勵台民學習中國白話文，白話文作品有後來居上的趨勢，也正因徐坤泉所定

〔註39〕徐坤泉對於《風月報》的改革走向具有決定性的影響，他批判《風月》時期舊文人的附庸風雅根本就是過度笑謔狎狹，因此強調《風月報》此後將以「純文藝」的刊物自許，要「新舊兩翼並飛、雙管齊下，今後之編輯一新」，並在第 59 期的〈卷頭語：台灣藝術界為何不能向上？〉中明言要將《風月報》從「藝妲、女給的寫真帖」變成「可歌可泣的文藝雜誌」，使之成為「大眾的園地」。而徐坤泉所寫的通俗小說作品頗受歡迎，有市場吸金效應，其作品共有《可愛的仇人》、《暗礁》、《靈肉之道》、《新孟母》（1～34 回，未完）、《中國藝人阮玲玉哀史》。前三篇小說在 1936～1937 年於《台灣新民報》連載後出版單行本，且迅速再版。相關資料可見張良澤先生於 1986 年 9 月在《台灣學術研究會誌第二期》發表的〈徐坤君（阿Q之弟）作品目錄〉（頁 125～142），河原功監修，郭怡君、楊永彬編著：《風月・風月報・南方・南方詩集總目錄・專論・著者索引》（台北：南天書局，2001 年），黃美娥：《日治時期臺北地區文學作品目錄》（台北：北市文獻會，2003 年），頁 716～719。目前相關徐坤泉研究的學位論文有吳舜均：〈徐坤泉研究〉（東海大學歷史學系碩士論文，1994 年）；郭怡君：《《風月報》與《南方》通俗性之研究》（靜宜大學中國文學系碩士論文，2000 年）；徐意裁：〈現代文明的交混性格──徐坤泉及其小說研究〉（成大台灣文學研究所，2005 年）等。

義的「純文藝刊物」目的乃是使人感到愉悅，〔註40〕此種愉閱的訴求，成功地吸引了爲紓解戰時緊繃心情的台民識字群眾，於休閒、談趣、瑣事中放鬆，閱讀看似無傷統治者權威性的吟風弄月、情愛糾葛的通俗作品；對殖民者而言，漢文通俗雜誌以消閒、小道的枝微末節，稀釋了漢文與中國間的情感連結；但反過來說，被殖民者也在漢文書寫中，暗渡言論的思辨可能，雙方各取所需、彼此互納，使戰時從上而下的單向管控有了從下而上的嘗試，透出詭譎的氛圍。〔註41〕

　　《風月報》69 期再度修訂《風月報》主旨，第一條爲：「因本島上有許多老年之輩不解國文（日文）者，故以漢文提倡國民精神。」第二條：「養成進出大陸活動之常識，研究北京話、白話文、對岸之風俗習慣。」第五條：「提倡東洋固有之道德。」以上數條言明，隨著戰事的擴大，總督府會特別通融漢文書寫的存在，是考量到能藉漢文使殖民地全體人民了解「國民精神」的內涵，強化爲國犧牲奉獻的「忠君」行徑乃是國民精神的具體展現，鼓動台民不分老少投入戰事環節中。中日戰爭的起因乃是日本帝國爲了捍衛東洋區域，保護東洋的固有道德，讓西方列強不能予取予求。而爲了讓中華民國的人民了解「抗日」的愚蠢，因此受過和漢文化影響的台民就須肩負起「日華親善」的責任，學習北京話、白話文，成爲中日兩國溝通的橋樑。到了第 90 期，《風月報》刊頭語再改爲「開闊純粹的藝術園地，提倡現代的文學創作」，同期的卷頭語〈寫在刊前〉中，編者特別強調了「新東亞的建設，日華提攜的高調叫徹了……時代的巨輪是沒有一刻的停歇地向前猛進著，文學也同樣時時刻刻向著新的路上行進，而且向大陸進展的人們，也正需要著這種的文學作輔助。」諸如此類越來越明顯的戰爭用語，在戰爭中後期間，越加頻繁且強烈的出現，如第 111 期的「向東亞新秩序建設的路上並駕發展」、第 129

〔註40〕如第 55 期〈迎春詞〉中有這樣的描述：「綴全島文士騷客之珠玉，萃其精英，維持風雅……希望大家於終日生活奔跑中，不忘記風月之可愛，吟風弄月，大家走入文學境界去過生活！」第 57 期〈中興後的本報〉也提到：「俗云：開卷有益，況本報乃純文藝的刊物，更能使君開懷樂趣，助長大家進入人生快樂的境地。」等諸多隨筆、卷頭文字，都可見徐坤泉對於「純文藝」的意義是傾向娛樂消閒性質，與新文學家強調啓蒙有一段的差距。

〔註41〕關於《風月報》通俗的論述，可參見楊永彬：〈從『風月』到『南方』──論析一份戰爭期的中文文藝雜誌〉、〈風月報通俗性的呈現〉，收入河原功監修，郭怡君、楊永彬編著：《風月‧風月報‧南方‧南風詩集總目錄‧專論‧著者索引》。

期「復興東亞文藝，建設束亞新文藝」等口號。當這些戰爭布告不時穿插在文學作品或卷頭語的疾呼聲明中時，台民感受到戰爭越來越迫近自身，也被推擠著競相表現「皇民」的意向與作為。《風月報》自第133期改名《南方》後，聲明台灣就是日本帝國的南方基地，編輯方針更聲稱《南方》要「發揚日本文化的精粹、明徵國體的本義」、「作大眾文藝的公表機關，促進台灣文藝界，特別是戰爭文學、皇民文學、興亞文學的振興。」至此後，《南方》與《南方詩集》就是鼓吹戰爭、皇民、興亞論述的漢文刊物。

　　由此觀之，《風月》報系的編輯走向從舊文人的遊戲風雅中走向新舊並呈的通俗，再為呼籲大眾追隨戰爭國策的宣傳刊物。戰時能被特許發行的漢文刊物，本就有太多無法自主，也無法抗拒的現實因素左右著刊物的編輯及發行。即便如此，漢文書寫還是由此找到了一條暫行的活路，就如謝雪漁在第88期〈卷頭語〉中言：「今者東亞新秩序建設，彼議廢漢字者，必見其心境變化，不獨不提倡廢用，且將鼓舞盛行矣……欲入中國活躍，非語言文字二者俱精，殊難望其大成功也。」雖在戰爭體制下，被廢禁的漢文才有襄贊國是之用，使漢文在戰時被重拾使用，成為時代動盪下的溝通工具——以漢字的表意功能補充口語方言溝通上的不足，因此表面上新舊文人一同進入了戰爭文學的奉公體制中，但也因而由此漸次消解殖民者在語言文字上的絕對權威，讓嫻熟漢文書寫的舊文人及新知識份子，得以偷渡些自我的想法，也因此，我們才能在諸多漢文寫作中看到個別作者別有所求的企圖心。

　　總之，綜觀謝雪漁在這兩大刊物上的漢文書寫，可以見到其相當勇於嘗試開發出具有豐富多元意涵的書寫題材。進入親官方的《台灣日日新報》後的傳統文人／漢文記者謝雪漁，可以或被允許書寫的題材為何？他該如何將強勢的官方政策轉寫為平易近人、易於被漢文讀者理解接受的內容？而在傳達、轉譯的過程中，信（正確意義）雅（雅致文字）達（通達人情）如何各得其位？過了耳順之年後，謝雪漁承接了《三六九》小報風格，創辦《風月》報系，其書寫活動又有怎樣的再變？從《風月》報系前期各式專欄皆可見其作品發表，到逐步淡出編輯工作，轉至有更明顯舊文學特質的刊物——《詩報》、《孔教報》、《崇聖道德報》等——發表作品，是否意味著《風月報》新舊並列的編輯策略，使他有種不甚相合、難以相容的感受？在皇民運動的號角下，新舊文學都要各表其對同文同種、日華親善、聯亞抗歐、興亞文學等口號的詮釋，老年的謝雪漁如何以其對人事練達的經歷，洞察時代的風向球，

在漢文的書寫中，表述其對於中日關係的思索？青年時的他歷經了乙未之變，因不甘就此放棄晉升，故極力學習新語言、靠攏新統治者；而卻又在應當享受的老年，再度歷經中日戰爭，而此時，日本帝國似乎不再是亞洲唯一的強國，中國在抗戰的過程中，因美國的協助而逐漸扭轉戰局的劣勢。經歷過多次戰爭後，謝氏身心所承受的挫傷與矛盾，又該如何在「濁世」中進行著「文字」的救贖？筆者以為，唯有在寄予深沉感懷與體諒，日治時期台灣傳統文人謝雪漁的心緒才得以被細膩的理解，而不再只是「親日」一詞。

第四節　論文架構與章節安排

　　《「同文」的想像與實踐：日治時期台灣傳統文人謝雪漁的漢文書寫》分為三大部份。第一部份建構研究視域與脈絡，並勾勒出日治時期謝氏的社會活動角色。第一章序論先交待研究動機及詮釋框架的思考，以《台灣日日新報》、《風月》報系的資料為主，觀察謝雪漁的漢文書寫與社會脈動的關連與對應，並說明筆者選擇以謝氏漢文小說、古典散文的作品為例，思索被時代所召喚出的同文、同化、現代性、殖民性等議題。第二章即從日治時期謝雪漁的社會角色切入，交代傳統文人謝雪漁在日治時期適應變革的應世方式，及其兼具多種社會身分下的文學活動。因其人目前尚無專論討論之，相關經歷描述散見於日治時期各報刊作品中，因此筆者以手頭所掌握到的資料，先就日治時期台灣傳統文人謝雪漁（1871～1953）的活動角色進行說明，分為傳統士子的命運變化；漢文記者／文人與親日士紳二節。謝雪漁以前清秀才身分進入總督府國語學校就讀，在日本官員、漢學家所主持的文壇活動中，以詩文展現其對殖民者的羨慕與親近之意。〔註42〕三年國語學校畢業後，歷任警官練習所教職、總督府文教局編輯課，再進入《台灣日日新報》任漢文記者，為北台漢詩社瀛社發起人／副社長／社長，長期鼓吹詩社活動。五十

〔註42〕王松：《台陽詩話》提及他是「年少氣英，汲汲於當世之學」，「汲汲」二字點出了謝雪漁對新統治者的接受態度，藉由接觸殖民者所帶進的當世之學來表明願意服從的意願。不論謝氏是真心信服或故作接納，其幡然果決的作為在當時多數尚處於變革疑惑中的傳統文人眼中，的確是值得觀察的例證，一方面他就像前鋒，試探新統治者的心態；另一方面他又像實驗品，讓統治者可以試驗出前清傳統仕紳領導階層的需求，以達到收攏安定人心、展示統治權力的政治功用（南投：台灣省文獻委員會，1996年），頁18。

四歲榮受學者褒揚，〔註 43〕在政商界中人脈綿密，任台北州評議員，經營保和藥局、東瀛藥種貿易公司、稻江信用組合等。二次戰後，國民黨政權派遣陳儀管理台灣，謝雪漁做〈台灣光復歌〉歡迎來自中國祖國的軍政人員。二二八事件後，台灣省政府設置台灣省通志館（1949 年改名爲台灣省文獻委員會），以編修《台灣省通志》爲目的，刊行《台灣文獻》。第一任館長（後改稱主任委員）由林獻堂擔任，副主委及委員則網羅台灣領導士紳加入，時年七十八歲的謝雪漁名列編輯委員。

　　第二部份則探討「同文」的想像及實踐。第三章先談從「漢文」到「同文」的置換過程，探究謝氏的文章中，如何展露漢文無用、漸變的軌跡，傳統漢文／漢學／漢文學與殖民地統治的同文政策接觸後，對謝氏激發出何種文學的想像與實驗？漢文本有文字／文化／歷史意涵的深層隱喻，殖民者的「同文」政策讓漢文從民族情感的附屬物中脫出，成爲東亞漢字圈共有的資產，但也因漢文是「國語」的他者，因此漢文就必須被抽離、淨化、重置，故漢文往同文前進時，文字書寫就有了各種複雜的面貌。〔註 44〕

　　班納迪克・安德森（Benedict Anderson）〈舊語言，新模型〉《想像的共同體：民族主義的起源與散佈》指出從十八世紀末以降的現代政治情境中，語言的權限早已從上帝手中被全數解放，進入「他們的擁有者」——「說母語的人」。換言之，殖民者所塑造的「語文共同體」本身即是一個邀請的手勢，而對象則毫無二致地指向用漢文書寫溝通，及說閩、客、原住民等語的台人。〔註 45〕殖民者在日語同化與漢文同文的政策中，鋪演出關於語文共同體的想像工程，將漢文由承載漢族歷史記憶及民族文化的載體，弱化、殘缺爲幫助殖民者馴化、教化被殖民者的同文工具。如果說殖民者是文明開化的先行者，那麼文明該如何被定義並具體形成政策？殖民者的文明如何被學習、模仿？霍米・巴巴提到「殖民遭遇雙方必然被這個不斷交流、協商與轉譯的空間所中介。」「一個新的、超越的、非此即彼的政治客體的建構，適當地疏遠了我們的政治期待，改變我們認識政治意義的方式。」「基於文化的混雜性的刻寫與發聲。」如何將既吸引又排斥的矛盾（ambivalence）心理狀態用模擬（mimicry）

〔註 43〕《台灣日日新報》，大正 12 年 5 月 10 日，8248 號。

〔註 44〕「國語」既是一國之語，就是代表「國家領域」的語言，因此有明顯的界限性與濃厚的排他性。

〔註 45〕班納迪克・安德森（Benedict Richard O'Gorman Anderson）著、吳叡人譯：《想像的共同體：民族主義的起源與散布》（台北：時報文化，1999 年）。

——幾乎相同但又不太一樣的方式，轉化爲抵抗的策略？「第三空間」（third space）的形成搖動了殖民者權力的穩定性。〔註46〕而除了訴諸社會輿論的改變外，公學校將日本文化、歷史、精神強行稼接、移植到殖民地台灣，灌鑄影響殖民地新生代，其教育效果如何？這些問題都是筆者以爲可以進一步觀察的面向。

第四章則論及傳統文人謝雪漁成爲漢文記者後，其人的漢文書寫如何展現對於「同文」書寫的嘗試。因爲謝氏的作品相當多，爲了使討論更清晰聚焦，因此筆者先就其小說及古典散文的作品爲例說明之。就如同黃美娥指出舊文人對外的文化窗口是敞開的，他們對於新時代的來臨是有察知與感覺的，他們所承載的不再只是傳統中國的文化。成爲漢文記者的謝雪漁，對於新統治者所帶進來的各種變革亦是身處其中體驗著，因此可利用報章的言論空間，開始討論（或解釋）對時政、文學、社會、和漢文化、民族、國族、身體、國體等等的觀察與認知。當謝雪漁學習日本語文，接受日本官員的安排及漢學家友誼雙手時，身爲嫻熟使用漢文書寫的佼佼者，其文學作品中對殖民者有怎樣的對話與回應，亦是可以討論的「同文」嘗試實踐過程。

第三部份則以第五章總結討論謝雪漁如何以漢文書寫，想像並實踐同文政策。如果文學本身無法在殖民地的土地上取得「爲文學而文學」的藝術獨立空間——把文學視爲本身的當然存在時，那麼文學書寫後面所牽繫的必然是某種意念或信念，而這些背後的元素就藉由文學表露出來，使中國文化、自我定位、國族想像、民族精神、社會改革、天皇信仰、帝國殖民、文明開化、啓蒙除魅等討論，有了衍異、修正的可能。是以，本章除了總結謝雪漁所論及的同文、同化、漢文、文明、進化等指稱意義外，也將尚未處理的問題先稍提及，以待後續研究。

〔註46〕生安鋒著：《霍米巴巴》（台北：生智出版，2005年）。

第二章　日治時期謝雪漁的活動角色

　　因爲謝氏生命歷程橫跨了清領、日治及國民政府時期（1871～1953），而本文爲了顧及資料的收集及討論的方便，下文將集中介紹其日治時期之活動角色，關於清領及國民政府時期的經歷則簡筆帶過。孩童及少年時期的謝雪漁於私塾書院中學習中國傳統學術、練習科舉制藝，並於光緒 18（1892）年二十二歲取得秀才功名，進入台南府學就讀。二戰後，日本帝國戰敗，高齡七十五歲的謝雪漁再度成爲殖民地「遺民」，1947 年因陳儀一連串失當的措施，使軍民間擦槍走火發生了二二八事件，全台陷入風聲鶴唳的恐慌中。其後國民政府爲了統治需要，再度起用台籍士紳，1948 年台灣省政府設置台灣省通志館（1949年改名爲台灣省文獻委員會），納入台籍人士爲編輯群，編修《台灣省通志》，另刊行《台灣文獻》。〔註 1〕此委員會第一任館長（後改稱主任委員）由林獻堂

〔註 1〕《台灣省通志》卷五教育志文化事業篇言：「光復初期，百廢待舉。政府爲宏揚民族文化，發揚革命精神，保存文獻資料及纂修省通志起見，乃有設立台灣省通志館之議。民國三十七年四月二十四日……公佈台灣省通志館組織規程……同年六月一日正式成立，林獻堂就任館長，以林忠爲副館長，並公佈台灣通志館顧問委員會組織章程。」顧問委員會設有主任委員一人、委員十七至二十五人、採訪員七至十七人。謝汝銓（雪漁）在台灣通志館顧問委員會中任委員職，時年七十八歲，籍貫爲台灣台南，學歷爲前清科舉時代秀才。民國 38 年 7 月 1 日，台灣省通志館正式改組爲台灣省文獻委員會。民國 37年 10 月 25 日出版《台灣通志館館刊》創刊號，後續出兩期，內容頗稱詳實。同年底因經費支絀而停刊。《台灣文獻》旨在專門研究並發表有關台灣文獻各種論文（即所謂區域學術研究），以供國內外學術界之參考，創刊號於民國 38年 8 月 15 日刊行，發行人爲主任委員林獻堂。文獻專刊初名《文獻》，自第一卷第二期起改爲《文獻專刊》，第六卷第一期起又改名爲《台灣文獻》，每三個月一期（季刊），年出四期，唯必要時得合期發表。又爲配合文化總動員工作，倡導雪恥救國之主張及發揚地方文獻，得就原有專刊地位，編印各種特輯，（台北：成文出版社，1983 年），頁 12～14、17、43。

擔任，副主委及委員則由台灣領導士紳擔任，謝雪漁名列編輯委員，陸續在《台灣省通志館館刊》中發表〈日寇侵凌牡丹社〉、〈章太炎之行述〉等文，並於報刊中發表作品。4年後因病過世，享壽八十四歲。〔註2〕

第一節　傳統士子的命運轉變

謝汝銓，字雪漁，在日治時期報刊發表文章時，常署名雪、漁、老漁、奎府樓主，晚年則署名奎府樓老人（其晚年定居在台北市下奎府町）。〔註3〕生於清同治10（1871）年，卒於民國42（1953）年，年八十四歲，原籍台南府城人。少從蔡國琳（玉屏）等人學做律絕與八股試帖，二十二歲以秀才功名入台南府學，二十五歲時清廷與日簽訂馬關條約，台灣割與日本。

1662年南明鄭成功領軍戰勝荷蘭東印度公司後，中國的漢人文化得以明鄭的官府力量有規模地進入台灣島內，逐步教化人民；1683年，清朝康熙皇帝派鄭成功前部下施琅率領清軍攻台，擊潰鄭成功之孫鄭克塽，台灣正式納入中國清王朝的領土，但清廷並沒有積極整治台灣島，視爲蠻荒之島。直至百餘年後，因清朝與英國的鴉片戰爭（1840～1842年），英國艦隊數度出現在

〔註2〕戰後關於謝雪漁的文字資料，筆者資料收集有限，暫不討論。

〔註3〕據筆者所見，謝氏於明治35（1902）年6月挈眷從台南僑北後，在台北曾多次遷居，如《台灣日日新報》編輯日錄（明治44年4月15日，3912號，三版）：「雪漁近置一屋于艋舺祖師廟横街廿二番戶，修繕告竣。經于去十三日徙居之，其屋與渠原住之屋同一街，相距只五間耳，然則雪漁將此有永住台北之意也。」其所開設的保和藥局於大正3年6月間遷移至中街四十四番戶，編輯膳錄（6月23日，5039號，六版）：「雪漁租定中街四十四番戶，將移其所經營之保和藥局於此。本日已先移家族人入居，俟兩三日間，一切整理後，姑欲移居。該新租之屋，即在現店隔壁云，行將見其大擴張商務也。賀賀。」大正13年則再次遷移至生活環境機能更爲良善的蓬萊町，墨瀋餘潤（6月13日，8648號，四版）：「雪漁爲避市囂，自去十日與其少子等，移住蓬萊町二百二十一番地。謂是處境界幽靜。小學淵藪。對面乃西班牙教會天主堂……爲該教會附設之靜修女學校……台北北警察署……蓬萊公學校……陳氏家廟……日新公學校……屋只容膝，適合衛生。朝夕往來，大半爲男女生徒，於子女之教育，大得其當，又左右諸鄰，相識者多……同仁有改李白句贈之曰『君是玉皇香案吏，謫遷猶得住蓬萊』。」而昭和6年（12月4日，11368號，四版）則有全島詩社大會實行委員會來六日開會：「全島詩社大會實行委員二十四名，訂於來六日々曜日午後二時，聚集在臺北市下奎府町謝雪漁氏宅中開實行委員會，磋商進行諸事云。」由此可知，謝氏家族隨其社會聲望地位的攀升，也將其住所逐漸移往日人聚集的區域以收環境幽靜，鄰居素質齊等之效。

台灣外海，台灣的優越地理位置與豐富的物產所帶來的商業、戰略利益受到
歐洲列強的注意，要求清廷開放台灣設港通商。1858 年天津條約簽訂，清朝
開放北部的淡水、基隆，南部的安平、打狗港口，以利通商貿易，西方傳教
士於此時也被允許進入台灣宣教，清朝在外國虎視眈眈的壓力下，開始注意
台灣的重要性。1874 年派推行洋務運動的沈葆楨、丁日昌為巡台欽差大臣，
1885 年台灣設省，由劉銘傳任首任巡撫，台灣島設置三府十一縣三廳一直隸
州，推行分府設官、文教開墾、馴化番民等治台作為，藉以壓制列強侵奪台
灣的野心。〔註4〕

　　自十九世紀中葉鴉片戰爭後，晚清朝廷的衰弱腐朽在列強以商戰為考量
的諸多國際戰爭中被呈顯出來，西方的船堅炮利打破了古老中國的門扉，長
驅直入清國疆域劃分租界地，經營沿海及內陸水路的通商口岸，並擁有治外
法權。清廷種種屈辱求和的歷史事實，曾高傲的大國自尊心被歐美列強們狠
辣地灼傷，而謝雪漁就在這看似平靜，實則暗潮洶湧的動盪時局中成長。

　　少年時期的謝雪漁與一般有意藉科舉晉升仕途的傳統士子同樣進入私
塾學習識字讀書，閱覽中國經史子集，並接受正規八股制藝的科考訓練。〔註
5〕青年學子們一旦投身科考，就必須經歷層層關卡的測試，而在長年苦讀
中，能夠支持他們的動力就是希求能一舉成名天下知，光耀門楣，進入官方
權力體系。謝雪漁也不例外，即使台島內外時局詭譎多變，謝氏仍在台南府
城中接受眾多業師的教導，奠定漢文涵養，六十歲還曆時，謝氏回顧科考歲
月言：

　　　　余年十二，經書終業，始學作八比及試帖。年十五，從蔡玉屏夫子

〔註 4〕 台灣與福建分別立省後，劉銘傳將台灣省分為台東直隸州；臺北府（含現今
　　　　淡水縣、新竹縣、宜蘭縣、基隆縣、南雅廳）；台灣府（台灣縣、彰化縣、雲
　　　　林縣、苗栗縣及埔里社廳）；臺南府（安平縣、鳳山縣、恆春縣及澎湖廳）等
　　　　三府十一縣三廳一直隸州，並將原先的清朝治台政治中心由台南遷至臺北。
〔註 5〕 私塾，又稱書房，即台人自辦之學習場所。教學內容主要是以台語教授漢文
　　　　為主，為民家子弟接受初等教育之場所，一般至七、八歲，即可入學，其學
　　　　科課程，以讀書、習字為主，頗為重視道德、人倫之教化陶冶。先學習字、
　　　　識字，再學書註、作對、經史文章、詩詞，其他如珠算、記帳、行儀作法、
　　　　灑掃應對亦旁及之。此種自明鄭時期即帶入台灣的傳統儒學教育方式持續至
　　　　割台後的明治 31（1898）年，日人公佈府令第一百零四號「書房義塾規則」
　　　　後，民間之書房、義塾受總督府派駐之地方官監督，教學內容亦逐漸改為以
　　　　公學校教材為準則，加設日語、算數二科，以為官方公學校教育之輔助機構。
　　　　相關資料可參見《台灣省通志第二冊》〈第二章日據時期之教育設施〉，頁143。

學，初學做律絕。年二十二入泮，爲欲試秋闈，仍攻八比試帖不懈，

蓋科場重此也。〔註6〕

《奎府樓詩草》中卷〈感舊篇〉及下卷〈寄懷篇〉裡，〔註7〕謝雪漁追憶了眾多受業夫子、同窗案友、知友、吟友等，以人繫史。而潤庵魏清德在題詞〈題舊同事雪漁先生還曆紀念詩卷〉有「不盡江河淘浪去，聊將風誼藉詩傳」句，林佛國「三朝人物幾滄桑，感舊懷今四百章」句，因此，此詩集中最值得注

〔註6〕　《奎府樓詩草‧自序》（台北瀛社刊行，昭和6年），頁3。

〔註7〕　此書刊印於昭和6（1931）年，爲謝雪漁慶祝六十大壽之個人詩集，其將昭和5、6年間所發表之詩作經挑選後再行收錄集印。筆者翻閱其於《台灣日日新報》同時期發表之詩作，中卷〈感舊篇〉部分詩作是依報上原詩收錄，部分詩作則有改寫痕跡，另下卷〈寄懷篇〉中的詩作則多未見於報端。此書詩作經筆者重新計算，共收有448首，可見謝雪漁直至花甲之年創造力依舊十分豐沛，頗有以詩爲史之意。書首有天籟小松吉久題字「文章千古業」，另有七絕二首，稱美謝氏文才是「康樂玄暉是別才，即今同姓出詩魁」，而對詩集中下卷的感舊寄懷篇則評爲「感舊寄懷出機軸，居然格調別成家」；魏清德（潤庵）題七律詩及林佛國（耘生）七律詩：「壇坫多君名久擅，匡時懸論讓誰狂」。192首輯爲上卷（部分詩題同題作多首），詠與之交遊前、同輩的遊賞事蹟或對於時事、事物之感懷雜作；121首輯爲中卷〈感舊篇〉，詠已故之業師、知交、故友，詩作中可見其人身分、官職、人品，並兼有史事之紀錄；135首輯爲下卷〈寄懷篇〉，詠其所交仍健在之日台中名士、官員，此三卷中皆有諸多謝雪漁與日台中籍人士以文會友、交誼來往之相關紀錄，其在書前〈自序〉中亦言：「余之受知及交遊，生平何止此數，唯不能俱載從略，閱者諒之，尤願諸前輩及同輩之共諒之也。」因此可見謝雪漁在日治時期擁有相當豐富的人脈網絡，故其詩集以人存史，具文獻價值。其中〈感舊〉、〈寄懷〉兩卷，藉寫平生交遊諸輩之事蹟，琳瑯滿目，不論是前清官員、同案文友或是日治時期日籍政商名流文人或來台造訪之中國人士等等，都可見與其相關之詩作。姑且不論這些人與謝雪漁是否眞爲深交熟識或僅有一面或數面之緣，但謝雪漁選擇這些人物作爲其六十歲時回顧前塵往事及時代歷史的紀錄對象，可想見這些人在作者的某一段生命歷程中都應曾留下深刻之印象或影響，絕非用應酬唱和之詩作可以輕描淡寫、一言帶過的。而此二卷收錄之詩作，在《台灣日日新報》〈詩壇〉欄中曾發表一部份，題爲〈感舊百詠〉，刊載時間爲昭和6（1931）年3月3日（11094號）至同年5月12日（11163號）止，共刊載9回，寫90人，90首七絕詩；〈寄懷篇〉則於昭和6（1931）年6月2日（11184號）接續刊載至同年6月10日（11192號），共2回，寫20人，20首七絕詩，這些從報刊中選載至個人詩集中的詩作，有一部分收錄於《奎府樓詩草》時曾有修整文句甚或全詩改寫的情況，因此對照在《台灣日日新報》發表之初稿及後收錄於詩集中之詩作的改變，可窺見一位執漢詩壇牛耳，且在政商界中頗有聲望的耆老謝雪漁，在時代的變化下，因其爲台民，故仍有需顧慮或迴避之事，改寫詩作絕非只是文學修辭上的斟酌用字而已。

意的就是這些以詩寫人、記事的篇章，使我們可以得知清末、日治時期諸多日台中籍人物們的風貌事蹟。〔註8〕以下就幾位謝雪漁尊稱爲「夫子」的人物敘述之。

〈感舊篇〉第一首詩作即是謝雪漁追思與己兼有親誼與師誼的台南府城進士許南英。〔註9〕〈進士許南英夫子〉：「科名春榜得經魁，不入詞林負藻才。浩劫心傷家國事，劉琨末路賦詩哀。」詩先推崇許南英的學識、文才卓越，能得到科舉「經魁」的肯定（按：明清兩代科舉制度，鄉試舉人第二名至六名者稱「經魁」。）可惜經歷乙未浩劫後，國破家亡，倉皇離鄉，如劉琨般，徒有一身才華，卻於內渡後無處可施，鬱悶終身，故許氏詩作中常流露家國之痛。

台籍許南英是出身於台南府城的重要文士。1918 年南洋病歿時，《台灣日日新報》刊載了仙逝消息，謝雪漁更公開爲其遺稿《窺園留草集》徵求題詞，以茲紀念。〔註10〕謝雪漁對許南英感念亦深，在另一部個人詩集《蓬萊角樓

〔註8〕 如明治 31（1898）年戊戌政變失敗時，章氏爲躲避清廷的追捕，輾轉來臺避難，並以舊學大師的身分編輯《台灣日日新報》漢文欄至隔年 6 月止，雖然行色匆匆，卻爲《台灣日日新報》的漢文欄立下基石，謝氏後於雜報〈新月旦〉（明治 40 年 7 月 5 日，2750 號，三版）稱許其爲才子，寫道：「今之可稱爲才子者，以吾所知，日本則小泉盜泉，支那則章炳麟，其學力之富，智識之超，詞藻之妙，實可謂爲世界的者，非特一國的已也。」章太炎來台受禮遇也昭示著日本殖民者初來乍到時的懷柔傳統文士的用心。又如謝氏有〈太史梁啓超先生〉詩：「吟樽瀛社會名流，款洽同登古酒樓。故屬荒涼虛使節，管絃凝碧動深愁。」寫梁啓超 1911 年至台時，瀛社設宴款待，清朝國勢頹危，即將覆滅，有往事深愁不堪回首之嘆。

〔註9〕 許南英，字蘊白，又號窺園主人，台南府人。生於咸豐 5（1855）年，爲光緒16（1890）年進士，欽點主事，嘗掌蓬壺書院，與蔡國琳、胡南漁等組「浪吟詩社」唱酬詩作，台灣巡撫唐景崧曾聘入通志局協修《台灣通志》。乙未之役，統領台南團練局，協助劉永福守台南。淪陷後，西渡大陸，歷仟三水等縣事。大正 5（1916）年回台參加共進會，9 月赴蘇門答臘棉蘭，6 年卒於棉蘭，著有《窺園吟草》，爲富有民族意識之詩人。許南英遺稿《窺園留草》處處可見離鄉後的悲苦心情，亂世中爲官難，即使有意作爲，但終究還是寥落終身，客死異鄉南洋。其子許地山則爲新文學運動之健將。《重修台灣省通志卷十藝文志文學篇》（南投：台灣省文獻委員會，1997 年），頁 389。

〔註10〕《台灣日日新報》編輯賸錄：「臺南許蘊白先生爲雪漁表兄，且爲其受業師。本日接臺南通信，謂先生在南洋仙逝，雪漁大爲慘傷，恨不能至靈前一奠。」（大正 7 年 1 月 8 日，6300 號，六版。）徵求題詞：「故允白許南英先生，作客南洋棉洲，去年秋季病歿六十餘。其哲嗣肖雲，此次買棹回梓，攜遺稿窺園留草集，計六卷。囊經施澐舫、邱仙根兩部郎評閱。肖雲欲將遺稿發刊呈贈台灣及支那海內外親舊，永爲紀念。擬請在台諸彥題詞，寄稿者可先投各報先刊云」。（大正 7 年 11 月 18 日，6614 號，四版。）

詩存》中將〈憶窺園〉詩置於首篇，詩前有序「園乃允伯許南英先生手創，在台南城內，鄭延平郡王祠畔，竹籬茅舍，花木鬱蒼，改隸後廢」：

> 窺園昔所遊，高會時興偕。不重管絃樂，詠歌伸雅懷。其實清末葉，
> 大盜覬覦篋。鄒魯在海濱，濟川乏舟楫。磊落屈奇才，王郎斫地哀。
> 蕭牆起禍變，劫幻紅羊灰。踉蹌俱出走，盡棄其所有。閩粵歸故鄉，
> 茫茫喪家狗。表兄爲重推，其事不容辭。暫負保民責，非云興義師。
> 孤城失其固，出險如脫兔。名園委荒塵，花木不如故。今讀留草篇，
> 不禁涕潸然。華表令威鶴，歸飛在何年。〔註11〕

詩中透露許南英於清末時期因家國之憂、保民之心，挺身接辦地方團練事務，間接說明了年少時的自己佐許南英興辦團練，絕非興義師與日人對抗，而是爲了負安民之儒士職份。日軍入城後，協助許南英辦理團練事務的青年謝雪漁，亦暫避居鄉間，過著清貧的生活。許南英繼劉永福潛逃後，亦倉皇離鄉，回到中國。這些離台的名士們，回歸祖國後，卻屢屢遭受被譏爲喪家犬的不堪待遇，禍福難料，徒增唏噓。〔註12〕當時無法離台的青年謝雪漁，回憶年少時以晚輩

〔註11〕 昭和 10 年，謝雪漁再輯昭和 7（1932）年至 10（1935）年間 153 首詩作爲《蓬萊角樓詩存》一書，並附於其另一部詩學著作《詩海慈航》下卷末。《詩海慈航》爲謝雪漁對於有意學習漢詩者的詩學引導之書，從中可見其對歷代中國詩學的演變與名詩人之作的詩藝解說與生平評論，爲其漢詩觀的重要著作，容後章再論之。

〔註12〕 許南英的《窺園留草》〈窺園先生自訂年譜〉中言自己奔逃的原因乃是：「日軍入台南……懸像求之，乃南走新加坡。」而謝雪漁在〈領臺時之台南〉（《台灣日日新報》，明治 40 年 5 月 1 日，2696 號，九版）言「擴張團練：團練局在龍王廟裡，自日清啓釁時已設，總辦爲許南英，協辦爲施士洁徐元焯蔡霞標等……剿撫劉阿和。練勇多爲浮浪子，全無紀律，劉永福逃後，總辦許南英亦逃，練勇提銃□刀，四出劫掠，遭害者數家。」在《台北文物季刊》第九卷第一期（民國 49 年 3 月 31 日）廖毓文所寫之謝雪漁遺稿中（頁 73～80），在白龍庵之歃血及劉永福乘夜逃去二段中寫到：「時吾表兄許南英進士，爲台南城團練局長，統帥練勇五百人，肅立幕前，爲全城代表，至劉帥面前讀誓詞，三呼大清國萬歲，大清國皇帝萬歲，台灣民主國萬歲，唐大總統萬歲，劉幫辦萬歲。每一次呼萬歲，幕之內外，參列民眾，發聲和之，其聲如雷。時稱總統伯爾璽天德，人亦不知其何意義，但隨聲唱和而已……唐撫既逃，民無所主，兵勇紛紛南下……我表兄知大勢已去，急奔自家改裝，由家丁護衛出門，莫知所之。其後經十餘年，我表兄自廣東歸台南，祭墓省親。表兄到北，視察日本政治設施，住於余家。適顏雲年氏倡開台灣全島詩人聯吟大會，由我接洽，遂延我表兄往主詩壇，余乃請問當年脫走情形」、「……余受呂宋珉埠華僑新創之公理報，聘爲主筆，渡廈時，曾訪其客居，設筵相款，有詩贈我，載於表兄所著《窺園吟草》中，拙著《詩海慈航》附刊之《蓬萊

的身分，引以爲榮地參與「詠歌仲雅懷」的文人雅集詩會，此刻的寧靜平和，不料是山雨欲來前的表象。割讓、城破之際，台灣文壇耆老們棄置家業、名聲，跟蹌離台。反觀乙未後留台的自己，現已被尊爲殖民地台灣的漢詩壇耆老。眼前之景是昔日名園破落、名士凋零，今昔對照，只能悲嘆命運造化弄人。

而謝氏另一位重要的業師是蔡國琳。〔註13〕〈感舊篇·孝廉蔡國琳夫子〉：「十年降帳鄭祠中，靜夜窮經燭火紅。不第春官無所恨，藻辭才子譽瀛東。」謝雪漁從十五歲起，在延平郡王祠中從蔡玉屛學習科舉試帖之作。蔡國琳有舉人功名，人品、文才爲府城人士推崇，其不求爲官，致力設帳授學，尤擅於詩文，享譽瀛東。

日本入台時，蔡氏曾暫至廈門避亂，後因水土不服，遊子思鄉返台。台南磯貝靜藏知事以饗老美名敬重之，薦舉編纂台南縣誌，後任台南縣參事。明治 31（1898）年，蔡國琳參加總督府揚文會，觀看總督府所展現強大武力，並接受懷柔安撫，會後擔任台南揚文支會活動的會長。明治 39（1906）年，蔡國琳與南部傳統文人共組詩社「南社」，頗有振發漢文壇之意。〔註14〕謝雪

南（按應爲角）樓詩存》，有〈憶窺園〉五言古詩一篇。」從以上敘述可知，許南英與謝雪漁有極爲深厚的親誼、詩誼情感，雖然謝氏回憶的紀錄有詳略之分，所言成立團練局之因亦不同，日治時期寫是日清啓釁即已設立，主要是爲了安定地方亂事，而練勇多爲無賴，反有害平靖；日本戰敗後，則說團練局乃因台灣民主國成立而設，用以協助抗日軍。同一件事，有不同的解說與立場，都可以看見政權的變遷讓謝氏有所選擇性地書寫回憶，許謝二人同遭世亂後，有不同的際遇，許氏抑鬱難伸、客死異鄉，謝氏則留在台島，搖擺不安地書寫著，對比下之幸與不幸，著實難以定論。但不論如何，在謝氏的感受中，許南英的離台身影遠比邱逢甲及劉永福、陳鳴鏘來的更迫不得已，也更需同情，其《奎府樓詩草》〈進士邱逢甲先生〉：「飛電燕京誓枕戈，待臣死後始言和。家資席捲隨唐遁，伏處羊城愧恨多。」〈部郎陳鳴鏘學東〉：「黑旗專札委糧臺，百萬軍需富室催。遁跡鷺門人淺憤，赤身擒辱事堪哀。」因爲這些原本主張以死守城之人都捲資棄民遁逃，所以讓身爲下屬的許南英也不得不逃，這是時代的悲哀，非許氏之過也。《雪漁詩集》，頁 45、46。

〔註13〕蔡國琳，字玉屛，號春巖，台南府人。光緒 18（1892）年舉人。未中舉前，曾聯絡進士楊世芳、孝廉王蘭玉等稟請巡台欽差大臣沈葆楨敕建延平郡王祠，朝廷許可。祠成，即於祠畔設帳授徒，一時文風蔚起。其獨生女碧吟亦以文章名於當時，人稱赤崁女史。光緒 22（1896）年，日籍台南知事磯貝靜藏擬編縣志，特聘蔡國琳爲編輯委員，旋任台南縣參事。宣統元（1909）年卒，著有《叢桂齋詩鈔》四卷。參見《重修台灣省通志卷十藝文志文學篇》（南投：台灣省文獻委員會，1989 年），頁 412。

〔註14〕關於南社的研究，可以參見吳毓琪：《台灣南社研究》，國立成功大學中國文學系研究所碩士論文，1997 年。

漁觀其師蔡國琳與日籍官員相互友好親近，生活無虞，亦享社會聲譽；故隨後也勇於接受台南知事推薦，先以甲科生資格北上就讀國語傳習所，再至總督府國語學校就學，積極學習日本統治者的語言，體驗日人治台舉措。師徒二人，算是較早與日籍官員、漢學家有接觸、交遊的台灣傳統文人。明治 42（1909）年，蔡國琳病歿。〔註15〕

此外，謝雪漁亦在〈感舊篇〉中提及受教於茂才葉會川、郭對揚、吳英〔註16〕。對許南英老師施士洁則有〈進士施士洁山長〉詩：「兩世文宗在海東，才華艷說八閩雄。風流放誕真名士，小我能無尚大同。〔註17〕」讚揚可算是謝氏師祖的施氏乃「真名士」，其人性格灑脫平易，文名響亮於海東，是府城莘莘學子們景仰之文宗。

簡言之，從少小至青年期的謝雪漁，原為有心致力於科舉之路的中國傳統士子，但因世局變動，讓他不得不在政權轉換之際改換志向。日本治台初期，各地局勢未定，處處混亂。〔註18〕亂世孤臣孽子的境遇，讓經歷戰亂之

〔註15〕 《台灣日日新報》編輯日錄（明治 42 年 8 月 12 日）：「本早雪漁登社，云適接家書，驚悉蔡國琳先生於去十日登仙，同人聞之皆失色，謂老成易謝，又失一斗山矣。雪漁與湘沅，曾受業門下，尤為黯然。」明治 42 年 8 月 13 日，3387 號，五版。

〔註16〕 《奎府樓詩草》中卷〈感舊篇〉有〈茂才葉會川夫子〉「兒科術究授徒餘」句，〈茂才郭對揚夫子〉有「師誼卻兼親誼重」句，〈儒士吳英夫子〉有「一個南城大布衣」句。謝雪漁於光緒 18（1892）年考取秀才，時邵友濂任台灣巡撫，故有〈撫憲邵友濂夫子〉詩：「持節南疆遠駐台，更兼學政育英才。恩科小試壬辰榜，幸入珊瑚鐵網來。」感謝邵友濂讓其獲得秀才功名，擁有晉身仕途的機會。以上諸人謝氏皆以夫子相稱，可知他們對謝氏皆有所教誨及提拔，上述原詩刊在《台灣日日新報》，昭和 6 年 3 月 3 日，11094 號，八版，後收錄於《雪漁詩集》，頁 39、40。

〔註17〕 施士洁，原籍福建晉江，字應嘉，號澐舫，晚號耐公，台南府人，同治 13（1874）年進士。官內閣中書，後掌彰化白沙、台南崇文及海東書院山長，曾為許南英、邱逢甲之師。光緒 11（1885）年，唐景崧於斐亭，開文酒之會，嘗為羅致，一時稱詩壇祭酒。乙未割台後西渡，1922 年歿於廈門，著有《後蘇龕文稿》、《後蘇龕詩鈔》等。《重修台灣省通志卷十藝文志文學篇》（南投：台灣省文獻委員會，1997 年），頁 355。

〔註18〕 許世楷：《日本統治下的台灣》書中提及：「比如七月中旬，日本剛佔領台北不久時，由於臺灣人遭受侮辱及粗暴對待的事例層出不窮，台籍士紳以『爾後一切民情由該局具陳，消除上下隔閡』為目的，在獲得總督府的認可下，於八月五日創設保良局，並在保良局章程中紀錄以下條款……從這些條款可以窺見，日本士兵或因言語不通，或因風俗習慣的差異，又或是基於戰勝者、殖民者身分進行統治的緣故，使得無數台灣人遭受誤解、侮辱及粗暴的對待。」，（臺北：玉山社出版，2006 年），頁 121。

痛的謝雪漁在眾多感懷詩作中表露出無所適從的苦悶心情，貧困的生活煎熬也讓他亟欲振作，以求取生活的安適與心靈的寄託。北上就學後，謝氏早期於《台灣日日新報》發表的漢詩作品，有著困挫、掙扎的描述。如詞林〈感懷〉：

> 罔自良醫乞向秦，<u>青囊有術莫療貧</u>。
> 雨雲翻覆須雙手，<u>琴劍飄零剩隻身</u>。
> 傲骨從來爭鐵漢，寡言此去學金人。
> <u>功名十載風馬牛</u>，花樣憑他時輩新。〔註19〕

〈早秋漫興五首〉

> 汗顏猶覺熱腸多，紈扇羅衫自笑歌。
> <u>愁殺杜陵茅屋破</u>，冷人莫奈此時何。〈其二〉
> 玉門涼早戍難歸，征婦新裁寄遠衣。
> 入夜蟲階聲唧唧，背人燈下淚潛揮。〈其三〉
> 豆棚花下夜流螢，縱有微光亦亂星。
> <u>記否前身經野火</u>，燒痕一片草青青。〈其四〉〔註20〕

改朝換代的時代動亂，讓謝氏陷入無以為生的貧困中，如寄人籬下的梁燕，棲息在被時代風雨侵襲的破漏茅屋泥巢中。過去自己汲汲追求的科舉功名、青雲之路已經斷絕，十年苦讀成為泡影，科考所培養出的漢學素養，現今看來似乎已失去時宜。失志文士避居鄉間，只求如「金人」般謹言慎行，避免罹禍，自號「了餘生」，看破生死人情、世態炎涼。〔註21〕此後，為求改變困

〔註19〕引自《台灣日日新報》，明治36（1903）年8月12日，1585號，一版。同欄詞林尚有新竹楊松（于青）〈感懷依謝茂才元韻〉、新竹莊鶴如（爾受）〈同上疊韻三首〉，以上〈感懷〉為題的詩作皆提及世變後，文人以詩酒琴書消愁並論交故人，言「不作風塵名利客，偏為泉石等閒人」，藉以消「台陽無限滄桑變，萬里江山任轉新」國滅家亡之慨。因科舉功名夢破、世亂家貧、無以為生，故此時謝氏的感懷詩作中極力抒發其懷才不遇的憤懣不平之氣。（同年8月30日，1601號，一版。）

〔註20〕《台灣日日新報》，明治36（1903）年9月23日，1617號，一版。

〔註21〕〈書活財說後〉（續前）：「余嘗自號了餘生，其于死生之觀念，世態人情之標點，久已勘破一切，洞達若觀火矣。僕非好名也，然生平常蓄一妄念，謂死者人所不能免，但疾沒世而名不稱。假使鄙願克償，不終費志，必擇一較大之局，庶幾可以留名之場，罄囊以孤注之。」正是這段自白之語，讓他不甘落魄，極力求名、求為世用。《台灣日日新報》，明治38年5月19日，2112號，三版。

境，「應時急策」，獨自離鄉，北上就學，身分卑微，滿懷憂悶愁緒。〔註22〕
日本治台後，雖看似時局漸趨平穩，但各地仍有「亂星」閃爍。即便如此，
謝氏懷抱著歷經戰火焚燒的台灣，還是有春草再生般的可能。

　　明治 30（1897）年夏，謝雪漁應台南磯貝知事選拔，搭輪船北上，是首
位以秀才之名進入總督府國語學校就讀第二回國語部的傳統文人。〔註23〕謝

〔註22〕 在〈北城憶弟妹〉詩「滄桑劫後各餘生，覆翼無能愧乃兄。翰與絜鹽詩咏雪，
　　　　 悔教枝幹樹分荊。夢魂只許親形影，骨肉空思語性情。羨比南征鴻雁陣，銜
　　　　 蘆依傍共飛鳴。」句句表明滄桑世變後，兄弟分家各謀生路。回憶過去家族
　　　　 相聚時的談笑景況，今自己獨身在北城，也只能羨鴻雁南飛，寄予思念之情，
　　　　 淒惋動人之情，躍於紙上。《台灣日日新報》，明治 36 年 9 月 18 日，1617 號，
　　　　 一版。

〔註23〕 明治 29（1896）年 5 月 21 日，府令第五號「國語學校及附屬學校名稱位置」
　　　　 發布。同年 6 月 25 日，訓令第五一號「國語學校及附屬學校竝國語傳習所定
　　　　 員」發布。7 月 16 日，訓令第六十八號「國語學校長職務規程」發布。9 月
　　　　 25 日，「台灣總督府國語學校規則」公布，町田則文任首任國語學校校長（任
　　　　 期到明治 33 年）。國語傳習所分甲科生及乙科生，甲科生為 15 歲至 30 歲具
　　　　 普通知識者，學期半年；乙科生為 8 歲至 15 歲，學期四年。（詳可參見《台
　　　　 灣教育沿革誌》，台北：台灣教育年會，頁 168～169，211～215，546～568。）
　　　　 明治 41（1908）年 7 月 12 日（《台灣日日新報》3059 號，七版）〈編輯日錄〉
　　　　 中紀錄：「本日台南郭蔡淵氏，過訪同人，雪漁為祝文官及第，同人戲曰，
　　　　 漁兄為加料秀才，今復有君矣。蓋二氏舊政府時，早採芹香，漁畢業於國語學
　　　　 校，今郭得以及第，是所謂錦上添花，故曰加料秀才。」明治 44（1911）年
　　　　 3 月 2 日（《台灣日日新報》3870 號，三版）編輯日錄（3 月 1 日）：「午前雪
　　　　 漁接苑里公學校訓導陳聯玉氏來札，謂渠奉官長命，於本日詣北，將參觀艋
　　　　 舺八芝蘭公學校教法，以資參考。氏系國語學校第二回國語部畢業生，與雪
　　　　 漁同時，十年契闊，一夕相逢，快可知己。氏為陳滄玉氏令弟，亦櫟社詞人
　　　　 也。」大正元（1912）年 10 月 24 日（《台灣日日新報》4453 號，六版）〈國
　　　　 鶯懇親會發起〉：「國語學校出身者，無一切定聯絡機關，有失世界文明團結
　　　　 之義。發起人謝汝銓、吳朝瑞、李聯捷、郭廷俊……有慨於此，倡議懇親，
　　　　 以如所報，協定永定連絡規則，經國鶯教官審查修正，俟來二十七日懇親大
　　　　 會，再行確定發表。要之今茲之會，非徒作飲宴觀。務使繁文避盡，簡而能
　　　　 得其要領，故同校出身者之熱心贊成斯會者，不乏其人云。」大正 7（1918）
　　　　 年 9 月 2 日（《台灣日日新報》6537 號，四版）編輯騰錄（9 月 1 日）：「雪漁、
　　　　 潤菴、石崖三人為出席於國語學校教授和田先生之送別會，聯袂早退。」大
　　　　 正 7（1922）年底所刊載之〈內地遊記〉一文中提及偶遇國語學校校長町田則
　　　　 文之事：「町田則文先生，先生為督府國語學校初代校長，余之入國鶯也，出
　　　　 先生之勸誘，余修業二年，先生轉任歸京為東京女子高等學校長，一別廿餘
　　　　 年，相見幾不相識。」及其在《奎府樓詩草》中卷〈感舊篇〉中有〈校長町
　　　　 田則文先生〉一詩：「國鶯師弟閱三冬，道貌盎然海內宗。湯島聖堂修釋奠，
　　　　 廿年重得覯溫容。」由上述所引多段資料可得知謝雪漁應為明治 30 年夏先進

雪漁藉由接觸殖民者所帶進的當世之學來表明服從的意願，有詩〈校長町田則文先生〉、〈校長田忠敬一先生〉：「暫時親炙亦多情，待遇常優冠國黌。三十四年明治世，學憑親授自先生。」〈明經李秉鈞先生〉「國黌十倍增身價，多藉春風口角來。」〔註24〕謝雪漁進入官方國語學校就讀後，讓他開展了日後在社會各界活動的資本，並昭示台民成爲日本國民的可能路徑。

　　總督府國語學校語學部——國語學科的課程目的爲：「在於教導台灣青年學生日語並施予必要之教育；將來可任職台灣之公私業務。」而入學資格則是國語附屬學校或國語傳習所畢業之同等學歷的台灣人，這所學校可算是台灣人可就讀的第一所高等教育機構。學科則有修身、讀書、國語（日語）、作文、習字、算數、簿記、理科、歌唱、體操，修業年限爲三年。該學制之宗旨爲：「一、傳授台灣人日語，使其成爲溫馴良善的日本臣民；二、讓有意在台灣擔任官吏或從事其他公私事務的日本人，學習台語；三、在台灣島內的教育建設，以普通教育之普及爲優先，故應致力於培育從事普通教育的教師；四、台灣人的教育和日本人的教育以分開實施爲原則。」〔註25〕總督府語學部的設立，以教導台人日語爲主，由此培養溫馴良善日本臣民特質，兼能有公私事務之用。

　　若進一步細究謝雪漁在總督府國語學校三年的學習課程中，究竟習得哪些殖民者所規劃的可爲世用的才能？根據台灣教育會《台灣教育沿革誌》所記「台灣總督府國語學校規則」：

　　第十四條：國語、讀書作文、習字屬於「國語」科的範疇：國語的

入國語傳習所爲甲科生，同年秋再進入國語學校就讀第二回三學年制的國語學部，雖其當時已二十七歲，超過了總督府國語學校規則中之語學部生徒年齡爲十五歲以上二十五歲以下之年齡限制，但因得到台南知事推薦，在總督府亟需培養台籍通譯人才的需求下，謝雪漁進入總督府國語學校就讀。

〔註24〕《臺灣歷史辭典》中由葉碧苓撰李秉鈞條目爲：「字石樵，生於臺北艋舺。1872年應試，取進縣學秀才。1892年赴會試，補爲貢生，保舉知縣。日本領台後，於1897年3月被臺灣總督府授佩紳章，1899年6月辭退國語學校教務囑託，轉任官鹽組合事務。1900年任臺北縣參事，兼《臺灣日日新報》編輯，1903年任臨時舊慣調查會事務囑託。1904年8月病卒。」由以上可知，進入國黌體系，不論師生，都有增加身價的具體效應。（台北：遠流出版事業股份有限公司，2004年。）

〔註25〕轉引自李園會：《日據時期台灣教育史》（台北：國立編譯館，2005年），頁17～20。原出處《明治以降教育制度發達史》第十一卷，文部省教育史編纂會，昭和13年，頁17～21、35。

教授，使精熟善用本國現行之語言，流暢精密地言明自己的思想，並明白解釋他人的言語。

第十五條：讀書作文的教授，隨著國語的教授，使知現行普通的文字、文句、文章之讀法。綴方（拼音法、綴字法）及意義用適當的字句正確表出自己的思想，解釋他人的文章。國語與讀書作文教授之際，使知我國體及古今情勢及海外諸國的關係，並使知各種天然現象及作用，與人類立於天地間要保全其生命須遵守諸法則。

第十六條：習字的教授務先使知姿勢、執筆之法爲首的運筆順序、字畫結構，使熟速寫，而其練習本之文字，就讀書學習的文字，以假名單語、數字、民間日用文字、書翰文及公用書類等充之。〔註26〕

由以上規則可知，總督府國語學校國語部的設立主要是爲了培育官方「通譯」人才——能順暢使用台語／日語、漢文／日文二種語文者，使其成爲日籍官員與廣大台灣民眾的溝通橋樑，能正確譯介、傳達總督府的政策方針，使台民了解並遵行之。除了治台的實用考量外，總督府也將認識「國體」、了解「歷史」、培養「國際觀」、具有「理性」等諸多「現代性」元素置放入國語學校的教育目標中，以此標明不同於中國傳統私塾教育的文明形貌。故總督府國語學校的設立，有其統治需求上的考量，要將「日本國體」、「臣民精神」注入台民的意識中，使傳統台灣社會轉型爲殖民社會。

後藤新平任民政長官後，明確地將警察制度訂爲實質殖民、有效統治的第一線，具有主要的社會治安管理權。後藤獎勵日籍警官學習台語，即是要與台民保持可溝通對話的口語能力。因此謝氏國語學校畢業後，至警察官吏練習所任台語教師。據許世楷《日本統治下的台灣》一書研究：

當時日本當局的翻譯官，只會用日語和北京話對譯，以至必須另外僱用通解北京話的台灣人擔任副翻譯官，成爲多重語言翻譯的狀況。在日本占領台灣初期，總督府就是採取翻譯官與副翻譯官的二重制度……此外，在台灣人的日語教育方面，總督府在同年（按：1896年）九月頒布國語學校規則。〔註27〕

警察官及司獄官練習所官制的設置，是因爲從第二代總督桂太郎以

〔註26〕台灣教育會：《台灣教育沿革誌》（台北：台灣總督府警務局纂，1933年），頁171。

〔註27〕許世楷：《日本統治下的台灣》（台北：玉山社出版，2006年），頁147。

來，雖然一直強調要理解與學習台灣的風俗習慣和語言，實際上卻沒有具體的措施。後藤新平自上任後，就相當重視警察學習台灣語一事，因此趁官制改革之際，訂定能夠翻譯台灣話的判任官、巡查與看守，給予他們額外的特別津貼，並設立警察官及司獄官練習所，做為培養這類人才的機構。爾後，後藤針對這點提到：「練習所設立的主要目的之一，就是要對新任警察官進行台灣話講習。這是由於我認為警察在對台灣的統治上，將會有重要的貢獻。」〔註28〕

由以上說明，可知謝雪漁在總督府國語學校三年的修習過程中，學會了日本語文的基本聽說讀寫能力，並對日本的擬血緣天皇國體與維新國力強盛有了深刻的體驗。而國語學校課程的安排，使這些台籍學生們得以畢業後擔任協助管理、辦理公文的早期通譯員角色，並成為新任普通教育（公學校）的種子教師。另，總督府亦於明治 29（1896）年創立紳章制度，用以收編社會各領袖，維持社會秩序，將擁有文學德行的傳統文士及協助開發經濟的台籍富商地主列入紳章頒受對象。由於兒玉後藤時期本諸懷柔攏絡政策——盡可能任用有才識資望的台灣人，以疏通下情，傳達上意；並為節省財務薪俸支出，因而台籍士紳被納入殖民政府的統治網絡中，擔任參事、區街庄長、官衙職員、保正、教師等基層行政或治安組織中。如此一來，部份擁有紳商身分的台籍人士們就成為附屬殖民者的台灣社會次級領導人物。

　　自國語學校畢業後的謝雪漁，先後擔任警官訓練所台語教員及總督府學務課課員，亦協助編纂日台會話辭典，在殖民統治逐步穩定的局勢下，展開他與日籍官員、漢學者的接觸，並逐步建立起豐沛的政商人脈網絡。〔註29〕

〔註28〕同前註，頁 154。

〔註29〕如〈編修官小川尚義先生〉：「日台辭典慎編修，三十餘年督府樓。一部民情風俗考，不徒語言卷中收。」說明了日台辭典是官方用以整理台灣各地風土民情的書籍，作為日台雙方理解的基本資料。小川尚義專攻語言學，1896 年東京帝國大學畢業後，1897 年擔任台灣總督府學務課編修課長，任職期間先後主持了《日台小字典》（1898）、《日台大辭典》（1907）、《日台小辭典》（1908）、《台日大辭典》（1931～1932）、《台日小辭典》（1932）、《新訂日台大辭典上卷》（1938）等，可以說是日治時期對台語研究頗有貢獻的語言學家。（此條資料來自林俊育：〈台灣文化資產（三）——《台日大辭典》e^初探〉，文中提及關於《日台／台日辭典》的編纂說明，有助於釐清日治時期關於日語、台語語彙或詞彙的編纂方式。《臺灣文學評論》第五卷第二號，真理大學台灣文學資料館，2005 年 4 月 15 日，頁 257～261。又有〈警官練習所長湯目補隆先生〉：「歸田參事掛冠時，督府新刑正設荅。教務三年為囑託，月明官邸

　　是以，筆者以為傳統文人謝雪漁可以被歸屬於首批勇於表態、接受殖民統治的清朝科舉文士，即使他心中所念、筆下所寫都是中國傳統的典故與文學體式，但其亦對新政權所帶入的新制度、新文明、新思維充滿了求知學習的渴望，即使「花樣翻新」，一時間難以全數理解，但他對青壯的自己有信心與期許，認為自己是真才實學之士，只是時不我與，故應該要應時地極力吸收新知，藉以培植應變的能力。心念一轉，謝雪漁很快地發現了，原以為過時的漢學素養，竟可讓他與來台的日籍官員及漢學者們，用共解的「同文」漢詩文應酬唱和，他重拾了對漢文的信心，釋放出對殖民政權的善意，也讓他擁有了從傳統科舉文士轉型為新式報刊漢文記者的機會，並藉著看似在日本殖民政權下被壓抑的漢字、漢文學、漢文化，進一步思考革新殖民地漢文書寫的可能，成為日治時期台灣漢詩文壇中，具有深遠影響力的宗師。依筆者所見，若屏除謝氏應酬、寫景之作，其亦嘗試在舊文學體式、內容中置入若干新事物及新觀點，擴大了殖民地台灣漢文的書寫視域。謝氏能新舊雜揉，靈活運用傳統學術素養與新學文明詞彙的特點，使其在殖民社會中開創出一種既新又舊的漢詩文風潮。〔註30〕

喚吟詩。」可知其在警察練習所任台語教員時，與所長有吟詩之樂。總督府支持台語研究、學習是著眼於培養日籍官員——尤其是身在第一線與台灣民眾接觸的官吏——如警察等人可用簡單的台語會話克服治理上的溝通問題，並藉以展現出新統治者對新土地人民的懷柔治理策略。而這些進入官方體制的台籍教員們是勇於表態支持殖民者政策，如〈教官林久三僚友〉詩：「教職同儕近兩年，日台會話纂新編。爭俄憤激從軍去，策馬霜蹄踏滿鮮。」《雪漁詩集》，頁60、68、42。

〔註30〕筆者想再擇要略談一下時人對謝雪漁詩作及風格的評述，藉以補充所論。明治 42 年瀛社成立，同年編輯日錄（八月三日）有：「湘沅謂雪漁曰：人言子所作之詩，多用新名詞及時事，似康梁派。雪漁曰：余於詩原無心得，不過興會所至，或為酬應所迫，偶作一二首，似詩非詩，聊藉以言心事耳，無所謂派也。用新名詞及時事，如以為時代產物，幸得留一二語，亦足供談詩資料，不盡無益。余不學康梁，且康梁為今代作家，非余所能學，以云派，願謂之雪漁自家派可也。」（《台灣日日新報》明治 42 年 8 月 4 日，3379 號，五版）明治 44 年編輯賸錄（七月十八日）：「本日編輯中，同人乘隙論詩。雪漁謂雅不喜分唐宋界，惟自適其適，不求專門名家也。湘沅意見亦同。逸濤則辨之最真，一見諷評為近某家風韻，近某家體格，其論詩辯論滔滔，勝其所作。蓋其生平肆力於袁趙兩家，近乃變學漁洋，獨得其妙奧也。」（明治 44 年 7 月 19 日，4006 號，三版。）谿谿生〈寄懷謝雪漁詞兄〉：「池塘春草句偏工，贏得詩名大謝同。卻有鄒生吹暖律，可能瀛島絕寒風。翩翩旗幟騷壇上，澎湃潮流學海中。文獻東西搜索遍，管城何日奏奇功。」〈感懷疊前韻卻寄雪

第二節　漢文記者／文人與親日士紳

　　在本節中，筆者希望以社會角色的方式，將謝雪漁在日治時期主要活躍的身分——官方《台灣日日新報》漢文記者，北台第一大漢詩社瀛社發起人／副社長／社長，《風月》報系發起人／主筆／編輯顧問等部份加以探討，希望能大略勾勒出其在日治時期的多重社會身份，也有利筆者可以更細緻地處理台籍傳統文人與親日士紳間複雜的角色移轉問題。〔註31〕

　　承第一章所言，傳統文人是指其文學作品不脫漢詩文既有格式規範且經歷過科舉制藝學習的文人；進入了殖民時代，這些傳統文人們以其嫻熟的漢文學技藝，貼近統治者，進而被收編進入現代報刊中成為漢文記者，透過書寫傳達出對社會的責任感、自我定位、價值趨向、審美藝術等，亦對殖民、文化、文明有所詮釋、追求與堅持。當傳統文人成為漢文記者時，他們對於社會的關懷，乃是藉由妙筆向大眾發聲，即使這些大眾並非真正的大眾，而是具有閱讀能力的識字份子。但由於報紙密集發刊，有時甚至日夕刊、和漢刊並行，文人／記者對於寫作不再像著書傳世般慎重其事，他們既寫新聞記事，也寫詩、文、小說、短語叢錄作品，這些文學作品表面上像是補新聞正

漁詞兄茲呈諸吟友〉：「生花筆可奪天工，海內何年見大同。百載奄奄民氣息，一時靡靡士文風。好將絕塞邊陬地，盡納光天化日中。知否群黎三百萬，喁喁正待贊襄功。」（明治44年6月28日、7月8日，3985、3995號，一版）對謝氏而言，除了格律用古外，漢詩詞彙的使用及風格並沒有特別設限，可寫實、抒情、評述，亦可即興、應酬、寫景，故其漢詩作品有著新舊交融的特色。

〔註31〕台灣總督府於昭和3（1928）年10月准許了一份純「漢文」週刊《昭和新報》創辦；由新竹鄭肇基申請，股份持有人有辜顯榮、許丙、林熊徵、謝汝銓、顏國年、簡朗山、許廷光、藍高川、陳啓貞等人，其中即以謝雪漁為主筆，有詩〈警務局長大久保留次郎先生〉：「昭和新報許週刊，輿論思公策治安。筆政主持承重寄，何知濟美有終難。」（《雪漁詩集》，頁58）11月10日發行創刊號，創刊詞云該報的二大使命為：「循帝國統治台灣之根本義及思想善導。」《昭和新報》既是官方准許發行的週報，其主旨亦是遵奉官方指導，加上主事者皆為親日士紳，如謝雪漁在《奎府樓詩草》下卷〈寄懷篇〉寫〈府議員辜顯榮先生〉：「力事新朝竭至誠，勳高三等荷恩榮。」〈府議員許丙校友〉：「經濟斡旋尤有力，豪家且說感君恩。」〈府議員林熊徵社友〉：「勳頒四等奉恩輝，圖法籌謀家國肥。」〈府議員簡朗山會友〉：「御園觀菊荷皇仁，六等勳章列大紳。」由以上諸詩可知，《昭和新報》的編輯走向勢必因股份持有者緣故而多所偏向。因筆者所見有限，關於謝雪漁在《昭和新報》任主筆時期的編輯佈置及作品，留待有較完整資料時再行討論。《雪漁詩集》，頁62、63。

刊的「白」，〔註32〕但實際上，文學的描摹也為讀者提供了互為映照的機會，反應人生百態、世局變遷、新舊思維的種種裂變可能。

至於親日士紳，本文所指的是接受了政權易主的事實，並表態願意順從新殖民統治者的台籍士紳。他們在舊社會中擁有影響力，是具有文才、智識、財富、聲望的台人，也是殖民地社會中被殖民者拉攏合作的對象，更是少數可以擁有部分政治參與權的人，而他們與日籍官民保持良好的互動交誼，也逐步由外而內，成為很像殖民者的被殖民者。

有了以上的解說，回到謝雪漁於乙未之後的身份轉變。清廷割台後，重要台籍領導士紳大量逃離台島，回到中國，而無力離開的後生晚輩們，就趁此時填補其遺留下來的文壇、社會位置，成為殖民社會中，有機會擁有聲望的台籍優先順位者。落魄的科舉秀才謝雪漁，因勇於應日籍官員的「鼓勵」，北上學習官方語言，也因而有了絕佳的翻身機會，其後在日治時期的種種表現，更可見其因時制宜、長袖善舞的應世姿態，他可在眾多日台中籍人士間從善如流，成為漢文壇大老及親日士紳代表。是以，本節中筆者希望將謝氏從傳統士子的位置中解放出來，並置放於日治時期多重社會活動角色中進行討論，如此才能較為客觀全面地探究其人所應得的評述。

一、《台灣日日新報》漢文記者

明治 31（1898）年，日人守屋善兵衛併購《臺灣新報》、《臺灣日報》為《臺灣日日新報》，兼發《府報》和台北、新竹的《州報》，故此報的特色是多電報消息，且視為總督府的機關報，是日治時期台灣發行量最大、發行時間最長的報紙，直至昭和 19（1944）年因應戰時管制，總督府主導合併台島各報為《台灣新報》止。〔註33〕

〔註32〕正如謝雪漁於《台灣日日新報》明治38年中所連載的第一篇漢文通俗小說〈最新小說陣中奇緣〉的附記所言，「陣中奇緣譯書，原為初稿，未經校閱，篇幅之複雜，詞句之繁蕪，在所不免，原不敢遽以問世，因本紙有餘白，故陸續揭出，以供閱報諸君之快覽，非敢炫異也，尚祈諒之。」由此可知，漢文連載小說的出現，表面上是補版面之白，但實際上確有與和文版面的小說作品互為學習、較量的意涵。

〔註33〕《台灣日日新報》創辦人兼社長守屋善兵衛及副社長村田誠治二人是為此報奠下最初十年基礎的重要日籍人士，謝雪漁在《奎府樓詩草·感舊篇》中錄有〈社長守屋善兵衛先生〉：「折輈坂路困鹽車，冀北相逢伯樂如。試譯五旬連載稿，長篇土地調查書。」〈副社長村田誠治先生〉：「南窩瀛壖北大連，主

　　《台灣日日新報》於明治 38（1905）年 7 月 1 日後，因擴充漢文版而獨立發行《漢文臺灣日日新報》。〔註34〕謝雪漁應此需求，以漢文記者之職進入現代報刊體系，展開以現代報刊為媒介的諸多社會活動。〔註35〕

　　謝雪漁在〈入報社誌感〉一文中陳述初入報刊的心情與理念：

> 人有恒言，不能為良吏，當以為良史。以布化宣猷，則賴良吏；而扶道翼教，則恃良史。史與史所處不同，而利國利民則一。今之新聞，今之史也。記者其史官也。史之書法，無妄褒，亦無妄貶。新聞循其例，嚴於筆削，隱操教化之權。又於內政外交，大小事宜，有聞必錄。且民間瑣務，稍涉新奇者，亦悉搜羅揭載。藉以開人智識，視之正史，誠有過無不及。環顧全球，富強列邦，文明愈盛，則報館愈多……支那帝國，陷此弊最深。蓋以儒生徒誇博古，全不通今，而不知廣設報館，重視新聞故也。我台灣夙隸其版圖，深染舊習，幾成錮癖。今入帝國帡幪，有報館之設，藉新聞之力，人民雖略解時事，然十年於茲，知新聞為確要，而樂頌之者亦稀。以視內地男女老稚，解讀者自讀，不解讀者，亦使解者談與之聞，相去有天淵之別。予深慨及此，有感於良史之說，於是乎不揣無文，捨

持言論兩無偏。文章經濟人難學，異樣才華出自然。」詩中感念守屋善兵衛如伯樂識馬，讓自己因譯土地調查書的緣故，得以進入《台灣日日新報》為漢文記者，而二人則因識見卓越、公允態度及經營《台灣日日新報》的成功經驗，後再至大連發行《滿州日日新聞》。《雪漁詩集》，頁 40～41。

〔註34〕《台灣日日新報》中漢文版面的增減或合併或獨立發刊是順應著總督府的治理方針進行調整，如明治 38（1905）年 7 月，獨立發行《漢文台灣日日新報》，至明治 44（1911）年 11 月 30 日，恢復過去於日文版中添加兩頁漢文版面的作法，而昭和 12（1937）年 4 月 1 日則因應廢止漢文科之議，再度縮減漢文版，幾至無法再見到整版之漢文欄及漢詩文作品。

〔註35〕黃美娥：〈差異／交混、對話／對譯：日治時期台灣傳統文人的身體經驗與新國民想像（1895～1937）〉文中，提到關於一個新政權進入一片新土地時，往往需要在形式上建立雙方溝通的橋樑機制，因此催生了新的社會身分與職業類別。「在日文尚未普及的時期，兼善漢文與日文的傳統文人，頗多成為官方報社記者……藉由記者的身分，傳統文人得以利用大眾媒體為發聲場域，傳遞現代性論述，參與台灣新國民的改造歷程，並灌輸現代知識視野，包括人的主體、性別、個人與國家關係的文化啟蒙探索，以及對世界文學譯介、摹寫的文學現代性引介。」此段話說明了在跨語際的實踐上，雙語的記者因為能扮演譯介、傳播的角色，而獲致一定的社會地位，昭示了學習新語言是形塑新國民的重要關鍵。《中國文哲研究集刊》二十八期，2006 年 7 月。頁 81～119。

教鞭而揮禿筆，願學焉，以抵於良。為我台民開樂閱新報之美風，
喝破舊時陋習，以漸進於文明之域，庶幾償此素願。〔註36〕

由上文可知，謝雪漁願捨警察官吏練習所台語教員職務，至《台灣日日新報》
擔任漢文記者，是因他考量記者可擁有被官方認可的「史官」之筆，能更大
地發揮社會影響力，喝破舊習，漸進文明，有「立言」之功。加上現代報刊
龐大的發行量及迅速便利的優勢，因此他將新聞報館定義為文明的傳播站，
而進入現代報刊的記者中就擁有了近距離接觸文明的機會，藉觀覽文明富強
之各種消息，擺脫舊中國儒生學習經驗中博古不通今的弊病，以報導評論，
指引社會轉型，有教化之權。因此，如何讓報紙發揮影響力，適切地說明統
治者政策，引發社會輿論迴響，就成為漢文記者所必須要思考的重點。而漢
文報的獨立刊行，除了能增加漢文「閱」報者的數量外，更重要的是可用「讀」
報的機制，讓廣大不識字的台民，能由漢文識字者以讀報、口耳相傳的方式，
傳遞重要政策訊息，讓台灣社會能理解時局變動，接受進步思維，成為文明
的殖民社會。初入報社的謝雪漁懷抱著改良台灣社會、教化台民、立言立說
的強烈「史官」企圖心。

　　同年 7 月 1 日《漢文台灣日日新報》獨立發行，首版以〈始刊之詞〉為
賀，提及將和漢版面分開刊行的原因，這些漢文記者們，嘗試為殖民地時期
的台灣漢文提供新意涵與新定位。

　　……本報今日為獨立刊行之始……猶是《臺灣日日新報》也。胡為
而區以漢文，別乎邦文而言之也？蓋同為《臺灣日日新報》，而有邦
文漢文兩種，其內容又各異其趣，別擅勝場，不可比而同之，故必
表而出之，亦猶西字報、羅馬字報之類是已。本報向於邦文為附庸，
其形式同于合眾共和之一部分；今已扶植為獨立國，界畫鴻溝，我
疆我理，不可不振奮精神，發揚踔屬，以期雄飛于世界，獨當一方
面。

　　本島于漢文，非猶幼稚之時代，而老大之時代也。惟其老大故，而
柔脆薄弱，仍不脫幼稚時代之界線……。

　　難者曰：方今世界競尚進步，推陳出新，行將有一種立派改良新文
字，出于其間。（西報載日本某親王，在聖路義大賽會中，曾有演說，

略謂日本不數年後，恐將以英文字母，用切音法而成，稱新國文云
云。）于漢文乎何取？……試一握，□爲習慣之漢文則天花亂墜，
繁莘雜穢，淘汰爲難，以失匡盧面目……則千金一髮之留貽，絕續
之交點，其在此時乎，此維繫漢文之主旨也。漢文者，同文之命脈，
東亞之國粹也。本邦在昔，名儒輩出……和聲鳴盛，載在歷史……
今雖歐化東漸，爭相揣摩外國文學……而國粹尤未可沒也……此吾
黨所由捧滿幅之精神，洒三升之墨汁，與同志相期于不敝也。五色
筆猶在君處乎，扶輪大雅，砥柱中流，馳騁文場，獨當一面。相從
大海看洄瀾，所願期許我斯人而謀之，庶幾禱祀不虛矣。〔註37〕

文中提到《台灣日日新報》之所以將和漢文版面由並置而分別刊行的原因，
主要即台灣漢文與日本和文二種「同文」文字有無法跨越的鴻溝，內容表達
上也各擅其場。〔註38〕舊時的台灣漢文因歷世變而衰老、薄弱，現今社會中
的傳統漢詩文多已淪爲天花亂墜、無眞實情意、無法應題發揮佈置的文學樣
式，因此漢詩文必須更新、加入新元素，才能順應時局需求，激發、開展出
漢詩文的新風貌及新視野，提升、放大表現的空間，方可讓漢文成爲東亞國
粹，足與西方相較。是以，《漢文台灣日日新報》的刊行兼具有改良漢文、引
導社會革新的功用，而這也說明了，殖民地台灣的漢文要能融攝入以日本帝
國爲引領者的東亞同文脈絡中，才可共負扶輪大雅的重任，在西方列強的侵
奪下，維繫東洋之命脈。

〔註37〕《漢文台灣日日新報》，明治38年7月1日，2148號，一版。□指字跡無法
辨識，後本文引用中有相同情形者，不另再加註。
〔註38〕孫歌在〈跨文化知識狀況的思考〉一文中提到：「跨文化不可能發生在兩種文
化之間，它恰恰發生在一種文化之內。也就是說，當一種文化內部發生了對
於自身自足性的懷疑時，跨文化才可能發生。在這種情況下，異質文化的媒
介作用，只有通過本土的知識狀態才能夠產生，而一旦異文化的問題眞的成
爲自我認知的媒介，那就意味著本土知識狀態發生結構性的改變。」收入氏
著：《主體彌撒的空間──亞洲論述之兩難》（南昌：江西教育出版社，2002
年），頁10。換言之，對於近代的日本而言，中國的漢文與漢字是無法擺脫的
歷史因緣，而日本朝野在追求確立國語的過程中，也時常陷入如何取捨、轉
換漢字意涵的爭辯中，因此當台灣成爲日本第一個海外殖民地時，總督府也
無法貿然強勢地廢除漢文、漢字的使用，反而必須藉由日台雙方對於漢文、
漢字的理解，將之視爲推行「同化」的實用工具。另關於日本「國語」的制
定過程，可以參見陳培豐：《同化の同床異夢》書中有極爲深刻且別具見解的
說明。（台北：麥田出版，2006年）

　　換句話說，台島因地理位置及政權轉移的緣故，成為中國文化與大和文化交融的實驗場所。漢字是東亞文化圈有識階層共解的文字符號，漢詩文是共有的文學藝術形式，因而漢文就有「同文」之用。台灣漢文記者們以此為起點，試圖融攝漢字的指稱意義，拔高漢詩文的位置，為殖民地台灣的漢字、漢文、漢學、漢文化爭取存續及更大的表現空間。雖此段文字看似自居於後，台灣漢文須以地方文學支流的方式匯入殖民母國的文化流域中，但仍不失為接收現代文明的權宜可行方法，比起強烈抵抗犧牲，更可收到實質效益。

　　此種革新漢文的觀點，成為《漢文台灣日日新報》編輯群們的共識與方向，謝雪漁在〈祝詞次韻〉詩中寫到：「始政甫十年，有開此必光。新民爭鑄腦，分道快揚鞭。立派文成界，懸河口汲泉。鴻溝今日畫，提決慎防川。」即使和漢文有無法跨越的鴻溝，但既同為現代新聞報刊，所要擔負的社會責任應當無異，以雙管齊下的方式，追求「新民」、「鑄腦」，要讓殖民新局、文明藉由報刊進入人民的生活與認知中。後藤新平的殖民地治理模式，是以生物學管理為原則，追求有效率地管控殖民地。而在此氛圍下，如何將台灣漢文轉換面貌，迂迴地朝向帝國所欲塑造的東亞同文意涵前進，就成為身處殖民地台灣的傳統文人在漢文書寫時的嘗試。對殖民者而言，為了顧及多數尚不解和文的廣大台民需求，漢文記者可用漢文書寫、說解、轉譯新詞彙的意義，協助台民認識殖民者政策。透過漢文報刊及記者的協力，漢文書寫可達到上情下達、下情上達的溝通效用。此外，由於漢文報的獨立發行，亦可側面了解到日本初期治台十年間，以平定亂事、調查資源、開發物產為主的殖民管制方針，使國語教育的推展成效不佳，能順利閱聽和文的台灣民眾實為少數，因此總督府必須以部份鬆弛、柔性的方式塑造殖民開化的表象，提供台籍仕紳們發揮的空間，以昭示善意。進一步說，漢文報的讀者，多為識字、有學識或影響力的台民，而他們也代表著替廣大的台民發聲的潛在管道，因此總督府亦可藉漢文報收集民情，為革新的漢文書寫定調，指導社會走向「殖民文明」。此外，為了把關漢文書寫的內容，總督府以如〈台灣新聞紙條例〉（1900 年）、〈台灣出版規則〉（1900 年）等令，對漢文進行檢閱，達成管制言論、掌控訴求的企圖。〔註 39〕在看似開放，實則檢閱漢文書寫的手法運作

〔註39〕具體來說，總督府明令非得台灣總督府核准，不得在台灣島內發刊新聞，以及帶有新聞性質的雜誌刊物，而經核准者，亦應於發行前，將每期報紙或雜誌檢送兩份至當地主管當局，以待檢閱許可，然後始得發行。至於台灣島外

下，漢文報看似獨立，但實際上仍須合於統治者所用，故自許爲文明傳聲筒的漢文記者，在報導呼應服從總督府殖民政策時，亦會不禁流露出個人的省思與辯駁。

　　而初入現代報刊運作體系的謝雪漁，還未意識到殖民、文明等殖民性與現代性的政治問題，他只是懷抱著理想，要以「史筆」改良社會舊俗，讓台灣社會可以漸次擺脫破敗，漸進文明情境。但隨著實際接觸了現代報刊編輯、選題、檢閱、發行、銷售歷練後，漢文記者謝雪漁也逐漸感受到現實環境與理想期待的極大落差，在〈記者論〉一文中，謝氏對於漢文記者的職份及報刊的評論已有轉變的跡象。

> 記者云者，即記事之人之謂也……今之所謂記者，專指從事新聞雜誌之編輯者而言……總覽原稿者爲編輯長，指導監督者爲主筆，即主筆政之略言……泛稱記者爲主筆，實爲大謬，如在一新報社，主筆只一人，其他皆記者也，責任之重，名譽之隆，或比社長爲尤甚。記者固不必學問高深，然亦不可無辨別事理之常識，報紙者所以紹介事務於社會，故分門別類，記者各分責任，竭其精神，揮其手腕，以採取材料，凡關係於社會者，悉搜羅之。〔註40〕

歷經三年的漢文記者生涯，謝雪漁具體重述他對於記者一職的定位，記者非史官，只是記社會眾事之人，而今日記者則專指從事新聞報刊的編輯工作者，只要具有辨別事物之常識，能用簡潔流利的文筆將紛雜的事物分門紀錄，即可算是盡記者職分。報刊中只有主筆者，才算是眞正有權引導報刊方向、審查刊登內容的人，因此唯有升任主筆之職，才算擁有主筆政之實質權力。而在殖民地台灣的社會中，官方報社不可能讓台籍人士擔任「主筆政」的工作，

發行的報紙欲將分銷台灣者，一律應由分銷人員負責將每期報紙於銷售前檢送兩份至主管當局，待檢閱許可後，始得派銷。簡言之，總督府擁有核準新聞發行與否的權力，而報刊也必須繳納巨額保證金，各報刊爲保有發行權則必須先篩選其編寫內容，再經呈閱檢查後方可核准刊載。而至於單行本的發行則以〈台灣出版規則〉控制個人言論與出版的大方向，對聽寫看的規定爲一般老百姓可說台灣話、學生則不可；無政治思想性的漢文創作出版可，有涉及政治意識則不可；而台民在市面上只可看到已經檢閱過的出版物。參見黃得時：〈日據時期台灣的報紙副刊——一個主編者的回憶錄〉，《文訊》21期，1985年12月。

〔註40〕《漢文台灣日日新報》，明治41年2月2日，2925號，四版。

故只有日籍人士才擁有報刊的實權，〔註41〕此文中，謝雪漁修正了對於「記者」——史官之筆的美好想像，其後更依記者所負責撰寫的文章內容，將記者分為二派：

> 記者分為兩派，一為硬派，一為軟派。曰硬派者，即掌政治法律經濟農工商教育文學美術之評論報道者；曰軟派者，即任艷事及社會瑣事之報道者。記者之言論報道，皆出社會之公，不挾個人之私……正言諭之，直筆誅之，記者之上乘者，有無冠大臣之稱，倫敦泰晤士報之主筆，其位置為王公貴族所不能及，蓋其持論立說，足喚起輿論，激動人心故也。又歐美列邦以及本國，彼為記者者，一朝釋褐，直登廟堂，居權要地，措施政治者，指不勝屈，是報館為賢才之韜晦處也……各國文明之開發，其藉記者之力者，實為多大，因而對於記者，禮意特隆。顧我台灣，昔原無新聞社，改隸後始有之，是以本島人士，於新聞之創設，其旨趣為何？知者殆稀，自亦不知記者為何物？幾與尋常之抄書備同視。近者文明漸啟，雖稍識新聞之旨趣，略知記者之資格，然尚以文人末路，藉筆墨以糊口者……欲公私兩盡，情理俱全，誠有難能焉者。惟事之不甚害公，略可偏於情者，或為之偏耳，不然是記者之失職也，是社會之無公理也……然余為記者之主義，在乎文明事物，已略有所知者，為紹介於社會同胞，稍盡幾分義務，不在於責善，所以為此言者，欲彼諱疾忌醫者，知記者之為記者，有其義務，不可對於記者，挾有惡感情，致受野蠻之誚也。〔註42〕

謝雪漁以為軟派記者專以蒐錄獵奇，報導風月逸事及社會瑣聞為主；而硬派記者往往關注如政、商、法律、教育等社會大事與輿論。謝雪漁特意將文學美術與政商法並列，不外是傳統「文以載道」的體現，藉以彰顯自己長期耕耘的文藝欄，可收潛移默化社會之用。而今日記者尚受文人末路之譏，此乃

〔註41〕如其在《奎府樓詩草》中只對日籍文人冠以「主筆」之稱，有〈主筆田原天男先生〉、〈主筆花田節先生〉詩，而對於同在報刊工作的同僚，則多稱為社友，如〈吉田季次郎社友〉：「一堂朝夕輯新聞，君事和文我漢文。」〈李逸濤社友〉：「煙霞痼癖無妨事，腹蘊構成振筆書。」對於擁有官職的社友，則冠以官名，如〈州議員魏清德社友〉：「內外騷壇樹一軍，廿年湖海共知聞。」〈州議員林佛國社友〉：「學術文章算一家，淋漓字法草龍蛇。」以上詩作，見於《雪漁詩集》，頁 41、42、53、66。

〔註42〕《漢文台灣日日新報》，明治 41 年 2 月 2 日，2925 號，四版。

台灣社會文明未開的矇眛言論，而正因為如此，漢文記者尤須能自我惕勉、自重自愛、客觀公允地評論社會是非，不以私害公、以情害理，介紹文明事務，此為記者之義務也。從此段記者本為「記事之人」，但亦可提升為「無冠大臣」至「大臣」的言論，可知謝氏雖認為記者固然是一份工作，但如何揮灑筆墨、自成理路、持論立說、激盪人心、針砭時事，就是每位記者各自的努力。此時，謝雪漁不再用「史官之筆」指稱記者，要求記者要盡「良史」之責，但其亦非全無仕宦之心，他仍舊希望自己能有機會「主筆政」，以「倡文明」為跳板，逐步獲得權力的認可。

　　另，日治時期台灣報刊與近代中國報刊有怎樣的交流？大正9（1920）年，廣東記者團參訪台灣，謝氏一方面為中華民國記者來台參訪留下紀錄，另一方面則藉此再度闡述其記者理念，在〈本社設席北投歡迎廣東記者團諸公，余有微恙不赴，賦此寄呈，即希郢政〉詩中言：

> 相逢握手不勝情，原是同胞舊弟兄。
>
> 此日鯤溟新氣象，憑君烱眼看分明。〈之一〉
>
> 逢迎到處綺筵開，聯袂東行氣壯哉。
>
> 義例春秋嚴筆削，好將實景寫蓬萊。〈之二〉
>
> 西來澎湃惡思潮，大地人心見動搖。
>
> 砥柱中流吾輩事，願隨文陣□□姚。〈之三〉
>
> 文明物質又精神，庭（按：應為底）事黃人遜白人。
>
> 儘有百家諸子在，此中尋繹可知新。〈之四〉〔註43〕

謝雪漁以為台灣的「新氣象」可作為中華民國革新的參考。25 年的日本殖民統治，讓台灣呈現文明開化的景象，已非昔日的海外蕞爾荒島，故謝雪漁期待參訪的廣東記者們，能用聰敏的眼光，如實地報導台島實況，推崇台島的文明物質及精神進步。我們當然可以合理地推想，此次由官方報社出面接待的參訪行程，勢必是盡展殖民良政與成效的「觀光」行程，而謝氏以為廣東記者團的參訪，不僅要注意台島物質文明的進步，更要在思想層面上注意到台灣的新思維，乃是不受到「西來澎湃惡思潮」的影響，殖民地台灣能將中國諸子百家思想，融合日本「教育敕語」、「國民性」、「祀孔聖廟」等元素，從中抽譯出屬於東方的「同文同種」的文明新意，能物質精神並進「真文明」。

〔註43〕《台灣日日新報》，大正9年7月12日，7216號，四版。

　　換言之，在日本殖民統治下的台灣，對於西方思潮顯然不是一頭熱的嚮往與學習，謝氏反以爲日本帝國的文明開化及天皇體制的精神修爲，也是足以學習效仿的對象，既有物質便利的成效，又有精神道德上的涵養，此種強調精神思想的論述，當然是因國際上各種思潮蜂擁而現，共產、無政府主義、民族自決之說盛行；爲求穩定人心浮動，日本帝國塑造且宣揚屬於東洋思想理路的重要性，藉此與西洋思潮有所區隔。而殖民地台灣的漢文記者謝雪漁，當然也感受到時局的轉變，加上中日之間迭有紛爭，中華民國人民時有抵制日本之舉，故他以「舊同胞」的情感，呼籲來訪的中國記者可以「炯眼看分明」，他期許中國記者們能做爲社會的「中流砥柱」，在紀錄時事、觀覽進步文明的同時，亦要承孔子春秋筆法，直言筆削，秉公地宣揚日本治台的成果，才算是善盡職責的文明社會記者。

　　綜上所述，筆者以爲前清秀才謝雪漁是抱著積極入世的應時作爲，打開其於日治時期的社會活動。傳統文人謝雪漁成爲漢文記者後，原是秉持著文史相合的觀念，將「好」漢文記者視同爲「良史」，是洞悉時局、明辨是非、引導社會邁向文明的重要中介者，故可從其漢文書寫中看到關於時代的紀錄，有警醒、振奮人心的「文以載道」之用。但隨事歷練後，他發覺到漢文記者亦有所侷限，不見得能暢言盡書己意，還是必須要能夠要洞悉殖民者的心態，適時修正言論，〔註44〕將「漢文」置換爲「同文」，不再強調與中國難分的文化淵源，致力將台灣漢文加入新元素，使漢文更新，擴大漢文的視域，強化漢文的工具性，以能更符合時局所需，在說與不說間，找到掙扎的幽微空間。

二、漢詩社團瀛社發起人／副社長／社長

　　明治 42（1909）年，居留北部的傳統文人們成立瀛社，創社者多爲《台灣日日新報》的漢文記者群，利用報刊的傳播力，大肆拉抬鼓吹漢詩社活動。將報刊視爲創造發表舞台的漢詩社活動，突破了以往文學團體受限於地理區域的限制，公開號召、接受有志於文學者的加入，此種不限地、不限人、不限背景的社會團體特質，形同宣告不再考量文學書寫者的身分、性別、年齡等各種主客觀條件，只要想寫、能寫、會寫，就有機會能使作品獲得刊登。

〔註44〕尤其當謝氏於明治末年經歷過外放菲律賓後，返國後的言論更顯平和，下文
　　　　再詳述之。

如此一來，文學的書寫者及閱讀者的限制縮減，配合報刊上「專欄」、「徵詩活動」、「詩社訊息」的推波助瀾，文學不再只屬於少數封閉群體間的有限交流，它已擴大爲可受公開評選、討論、較勁的社會活動。是以，日治時期的漢詩社團，藉由報刊管道，號召漢文識字者加入漢文書寫的行列，寫作漢詩不再是一種難以學習或接觸的學養，它逐漸成爲可用速成手法選取、填充、複製的文學產物；漢詩有既定的格律，也有套語、詞彙、典故可以運用，加上擊鉢吟的觀摩倡導，讓漢詩社社員得以將大量作品郵寄至報社，寫詩者的詩藝無須有特別的突破，只要作品意涵符合時局或有應酬唱和之用，就極可能會被刊登；而報社也可從詩社活動中獲取稿件、充實版面，因此，在漢文報刊及漢詩詩社的互爲吹捧下，習詩、寫詩、徵詩，吸引了追求文名的台民，也提供了結交文友的途徑，漢文報刊可由此增加閱報者的數量，增加發行量；另一方面，這些漢文的書寫者們，也在遵循文學活動的「遊戲規則」時，改變了對於寫作、發表的嚴謹、嚴肅心態，以隨性、遊戲、交際的輕鬆心情，讓漢詩文與傳統「文以載道」、「詩教」拉開距離。

　　報刊提供版面給文學社團刊登活動預告、紀實，除能補足版面外，也形塑殖民地所追求的文雅社會樣貌，這些分散在台灣各地的詩社成員們藉報刊連絡聲息，互爲切磋，以文會友，以文相知，以文相較，凝聚出文學愛好者間不設限的想像依存關係。如此一來，漢文報刊及漢詩社可互蒙其利。漢文報獨立發行乃是爲了革新漢文，使漢文可以應時發揮；而成立漢詩社用意即在聯絡漢詩人情感兼培育有意學習漢詩的寫作者，教授社友如何按部就班、切題發揮題旨，才不至詩作雖多，但可讀之作不多。〔註45〕換句話說，由報刊的漢文記者所發起的漢詩社瀛社，正好與擴大報刊稿件來源、加強報刊影響力及營造出殖民者所希望的安定社會氣圍、宣導政策良意互爲牽引連動。

　　因而，這群漢文記者兼瀛社創始會員們於《漢文台灣日日新報》中特意開闢了漢詩新專欄，命名爲〈瀛社詩壇〉，首登即以〈瀛社雅集即事〉爲題，說明瀛社成立之旨趣與淵源。洪以南（字逸雅）得庚字韻詩爲：「滿天星月伴長庚，桃李芳菲會北城。結得騷壇成鼎足（我臺南有南社中有櫟社故及），

〔註45〕如《漢文台灣日日新報》〈始刊之詞〉有漢詩文雖多卻不佳之嘆。「即如此次募文，應者□至，若葉飀風，求其按部就班，如題佈置者，即降格以須，尚虛入穀，姑付殘闕，其明徵也。烏乎，以一月之募文，尚不能滿一星期之轉載，洵意想所不到已。」，明治38年7月1日，2148號，一版。

春風舊雨一詩盟。」謝雪漁得橫字詩：「詞壇此日訂新盟，白戰爭將筆陣橫。咳嗽九天珠玉落，淋漓一座雨風生。藉扶海嶠衰文運，備採輶軒到俗情。韻事當年曾不減，浪吟教憶赤崁城。（余在南時曾附浪吟詩社之末故及）」陳其春得紘字：「騷壇瀛北起蜚聲，才藻何人繼杜紘。已許拋磚爲引玉，他時車笠莫寒盟。」王毓卿（字筱川）得盈字：「屈指滄桑十五更，知交寥落悵生平。何期此日開佳會，墨客騷人四座盈。」「旗亭雅集締詩盟，末席叨陪與有榮。已過花朝剛一日，幸逢逸客證三生。以文會友群賢至，即景聯吟好句盈。最是惱人二月候，霎時陰雨霎時晴。」〔註46〕由此上瀛社詩友的詩作，可歸結出北台瀛社成立之因，主要是廣邀北部傳統文人聯絡情感、交流詩藝，故組成詩盟，以扶持「文運」、「採風」、「韻事」爲口號，重拾傳統詩會活動的雅趣，並擴大漢詩社團的社會影響。漢文記者群奮起拋磚引玉，可見殖民社會局勢已漸趨穩定，此際可號召文人雅士、失聯文友、知交故舊加入詩盟，共襄文雅社會之盛舉。另外，從洪以南的詩作中，北台瀛社的成立亦有與南部南社及中部櫟社有鼎立詩壇的象徵意義。〔註47〕瀛社雖是台灣三大詩社中最晚成立的詩社，但其在發展之初即擁有官方資源的支持，並藉報刊公開招募會員、切磋文藝、發表詩作，使瀛社的發展與擴充相形迅速。根據林佛國的敘述：

> 日據時代《台灣日日新報》漢文部同人爲謀保存國粹並發揚光大，遂有籌設瀛社之議，經該報守屋善兵衛社長同意，正式聲請囑該部尾崎秀眞接洽，立得兒玉總督（按：明治40年總督應爲佐久間左馬太，應是林氏記憶有誤）面允。〔註48〕

而謝雪漁也提及：

> 明治42年春，余與林湘沅芸友倡設瀛社……自是詩幟高標……以《台灣日日新報社》漢文部爲主腦，極力鼓吹。時島內早有四、五

〔註46〕《漢文台灣日日新報》，明治42年3月16日，3260號，四版。

〔註47〕此三詩社中，以櫟社於1902年成立最早，相關論述可見鍾美芳：《日據時代櫟社之研究》（台中：東海大學歷史研究所碩士論文，1986年）及廖振富：《櫟社三家詩研究——林癡仙、林幼春、林獻堂》（台北：師範大學國文研究所博士論文，1996年）、《櫟社研究新論》（台北：鼎文書局，2006年）。而其次爲成立於1906年的南社，關於南社的研究可以參見吳毓琪：《台灣南社研究》（台南：成功大學中文研究所碩士論文），1998年。

〔註48〕參見林佛國：《瀛社創立六十周年紀念集‧瀛社簡史》一文（台北：瀛社，1969年）。

> 詩社，然不大張旗鼓，只佳日雅集，陶寫性情，其詩亦多未公表，
>
> 世人亦未解詩社爲何物？〔註49〕

北台瀛社的設立獲得了總督的面允及《台灣日日新報》社長守屋善兵衛的支持，才得以在官方報紙上大張旗鼓、號召成立、發表詩作，與以維繫漢學傳統爲志的中南部的櫟社南社文人群們交手。謝氏以爲屬於少數群體間的文人佳會，終究只是吟詠性情的交誼活動，與大眾距離甚遠，因此，謝氏認爲，若能降低進入詩界的門檻，讓寫詩、習詩、吟詩成爲社會普遍的基本素養，才能有效地壯大、承續漢詩的影響力，讓漢文不致淪爲弱勢、無用、衰老的文字載體。這種以量取勝的社團概念，自然無法兼顧詩作品質的提升；而鬆散沒有明確規範的瀛社，也在無形中削減了漢詩傳承中國傳統文化的象徵意義。而瀛社社員的詩作得以在《台灣日日新報》上刊載，吸引了對「名」有所期待的「有爲者」，熱烈參與這種有遊戲性質的漢詩寫作活動，重新定義了「漢詩社」的價值。〔註50〕除了詩會聚會時的擊鉢吟詩作，預先在報上公告詩題的課題、徵詩活動，也讓有意作詩者愜意構思，嘔心寫作，再由報刊主筆、漢文記者、詩會輪值者或是偶然拜訪的日台中文壇名士爲詞宗，評審作品之優劣，因此，課題徵詩亦是另一種無時間限制的「擊鉢吟」文藝競技活動。〔註51〕

〔註49〕謝雪漁：〈全島詩人大會抽緒〉，收於林欽賜：《瀛州詩集》，（昭和7年，頁次未載。）

〔註50〕如《台灣日日新報》，明治43年1月10日載有編輯賸錄：「編輯同人接宜蘭蔡君振芳惠函，託介紹入瀛社。」可見瀛社運作與漢文記者的關係密切。又，應注意傳統詩社本就有遊戲唱和之樂，只是因台島經歷時代的變動，故日治時期的漢詩社即有維繫情感的象徵意義，若由此觀點來看，當殖民地社會進入較爲穩定的狀態後，的確會讓傳統文人重拾對於詩社活動聯繫情感、遊戲唱和的風雅喜好。

〔註51〕謝雪漁相當熱中參加此類文學競技的活動，眾多的詩作中都可以看到其身爲參與者或是詞宗訂題評選的紀錄，例如在《台灣日日新報》中就有〈瀛社擊鉢吟錄〉、〈聯合擊鉢吟紀盛〉、〈課題徵詩〉等消息，因此謝氏對提倡擊鉢吟活動不遺餘力的蔡啓運逝世時有〈輓啓運詞宗〉詩：「少微星告隕瀛東，對此蒼茫百感叢。兩世交情溫就日，一家詩學蔚成風。素車擲綁哀張邵，降帳談經渺馬融。前度菊花秋又好，不堪回首憶龍峒。」（《台灣日日新報》，明治44年12月5日，4139號，三版）《奎府樓詩草》感舊篇有〈上舍蔡啓運先生〉詩：「詩仙窟記迁袁枚，擊鉢傳心綺席開。一劇爭風佳話在，鳴鑼驚動四鄰來。」頌揚蔡啓運如袁枚般，懂得享受生活中的無限情趣，其家中亦如詩仙窟般，風雅不斷，自成一家詩學，使擊鉢吟活動成爲推動社會文學化的一股風潮。但其對擊鉢吟活動多爲賣弄文才並非毫無警覺，如在《蓬萊角樓詩存》有〈題

謝雪漁〈瀛社三十周年丁丑花朝紀念感詠〉言：

> 疇昔明治□年春，台日漢文報同人，為謀風雅復興起，奔走稻江兼
> <u>艋津</u>，諮訪彼都同好士，贊成拍手無逡巡。<u>定名瀛社建旗鼓</u>，制立
> 恰逢花生辰，從五風騷踵前武，<u>斐亭鐘韻有同倫</u>。既無年輩分青少，
> 哪有家門論富貧。<u>遠控基隆近滬尾，一時文質來彬彬</u>。清脾詞藻氣
> 豪放，磊落襟期交率真。〔註52〕

瀛社的唱興風雅，有傳統斐亭文人的雅趣，唯一不同的是瀛社開放門戶，讓
有心同詠文樂之人，不論輩份、貧富皆可參與文會，以文會友，凝聚北台甚
或全島文人之誼，風雅成為「同好」的共享。

總言之，總督府以暗助瀛社發展為手段，將瀛社的漢詩文活動定調為觀
摩交誼，詩則多為應酬唱和、詠物寫景之作，逐步淡化了「漢詩」承續中國
傳統民族情感的底蘊。而由親日色彩濃厚的漢文記者或漢詩社成員評選出的
投稿詩作，也以是否刊登的方式，側面引導漢詩可承載的意義，監視著漢詩
社的發展。故瀛社的成立，的確扭轉了漢詩社團的性質，或低哼或高揚地成
為讚頌殖民昇平風雅的一部合音。

至此，筆者不免要再關注另一有維繫傳統漢學意涵的民間書院義塾的處
境。

殖民者治台之初，就以國語傳習所、國語學校、公學校教育推動學習國
（日）語的政策。即使傳統書房尚未被強行廢除，但卻被要求要輔助官方教
育，加上日語、教育敕語說解等課程；而公學校亦借漢文的同文性質，傳述
國語、國民精神的概念，並提供學資、開設漢文課程，勸誘台民將弟子送入
官方教育體制。這些有意的作為，都壓縮、管制了傳統漢文教育的發揮，讓
受傳統書房教育出身的舊仕紳群，難免有文運將絕的危機感（或是慨歎感）。
謝雪漁在〈南歸誌感〉（六）（終）言：

東寧擊鉢集〉：「休（漫）將格調論高低，衰德楚狂嘆鳳兮。自澤斑文藏霧豹，
相憐羽彩舞山雞。悲歌氣易昂燕趙，至道風難變魯齊。人物鯤溟三百載，洒
餘心血欲無題。」（原作刊於《台灣日日新報》，昭和8年10月5日，12033
號，八版）他欣賞的是《東寧擊鉢集》收錄百年來優秀的擊鉢詩作之舉，而
這些收錄的擊鉢詩作中，有賢能之士如「霧豹」居山林之可觀傑作；也有如
山雞自以為毛羽美麗，自我陶醉、顧影自憐之作，雖然擊鉢吟活動已被視為
詩友磨鍊文彩的聚會，雖也不能強求格調的提升，但其中未嘗沒有感嘆衰德、
嘆鳳之語，故謝氏對於擊鉢吟活動之得失亦偶有警覺之心。

〔註52〕《台灣日日新報》，昭和12年3月3日，13268號，八版。

> 改隸以還，不偏尚漢學，貧寒文士，生計頓窮，欲改就他業，而為
> 商則無貲，為農則無力，為工則無技，惟賴啓館授徒，年得數十修
> 金，以瞻衣食，苦況時有難言。自公學校之制頒，不許設置私塾，
> 專業漢文，具生計遂絕，衣食無資。文人至此，實為可憐，真所謂
> 青袍誤儒生也。〔註53〕

私塾與公學校對於「漢文」教育的內涵各有其偏重，公學校教育目的於第一
條規則開宗明義言：「公學校對本島人子弟施以德教，教授實學來養成國民性
格，同時使精通『國語』為主旨。」而傳統民間私塾教育的教授內容為：

> 書房者，即本省人所辦之私塾也。以台語教授漢文為主，此項私塾
> 為清代本省民間接受初等教育之唯一場所……民家子弟長至七、八
> 歲，即可入學……至其學科課程，以讀書、習字為主體，並頗重視
> 道德、人倫之陶冶。計凡高級者，以經史文章、詩詞為主；中級者
> 以書註、作對為主；初級者以背誦及習字為主。他如珠算、記帳、
> 行儀作法、灑掃應對亦旁及之。〔註54〕

傳統書房教育是將各學習階段的學子放置同一個學習場所中，由塾師分別輪
流教導，以學習經史文章與詩詞創造為漢文的高級素養，若就此點來看，漢
詩社團的成立，隱然有接手私塾漢文教育的意圖，因參與詩社活動，可讓對
漢文有興趣者，有了觀摩學習、創作書寫、切磋文藝的機會，形同取代了「高
級」、「專業」漢文教育的功能。能從事創作，那麼屬於初級的識字讀書及中
級的文意理解應該也沒太大的問題。因此謝氏才會以為由漢詩社發揚文風、
扶持文運，亦是殖民地漢文可行之路，尤其在總督府所在的台北城及北部地
區更是如此。因而謝雪漁在瀛社詩壇〈祝瀛社一週年〉中寫到：「風雅同扶一
載餘，起衰微志尚猶初。莫論知覺為先後，須識苦甘弊疾徐。聲氣得通堪締
好，性情藉理漫要譽，言歡杯酒翩裙屐，修禊蘭亭此會如。〔註55〕」詩會活
動扶持「風雅」，詩人們琢磨文學技巧，締交友好情誼，陶冶抒發性情。如此
強調詩社的「風雅」，那麼謝雪漁以為的「風雅」內涵究竟為何？

〔註53〕《台灣日日新報》，明治39年4月24日，2391號，五版。
〔註54〕《台灣省通志第二冊》〈第二章日據時期之教育設施〉，頁143。
〔註55〕《台灣日日新報》，明治43年5月8～18日，3608～3616號，皆有刊載以此
為題的應和之作，六版。而「修禊」是古代一種消除汙穢的祭祀，一般多是
在農曆三月三日春光明媚時於水邊祭神，後來逐漸增加唱歌、宴會、作詩等
活動，成為士大夫文人的遊覽集會，而王羲之的〈蘭亭集序〉即是在遊賞蘭
亭山水、飲酒作詩的文人集會中寫成。

　　風、雅二字原屬於《詩》六義中的兩種體裁。風是指十五國風，是民間的樂曲，《毛詩序》：「風，風也。風以動之，教以化之……上以風化下，下以風刺上。主文而譎諫，言之者無罪，聞之者足以戒，故曰風。」《詩集傳》：「凡詩之所謂風者，多出於里巷歌謠之作，所謂男女相與詠歌，各言其情者也。」而雅則是朝會宴饗之樂，《毛詩序》：「雅者，正也。言王政之所由廢興也。政有大小，故有小雅焉，有大雅焉」。《詩集傳》：「雅者，正也，正樂之歌也，其篇本有大小之殊，而先儒說又有正變之別，以今考之，正小雅，燕饗之樂也，正大雅，朝會之樂也。」由《毛詩序》及《詩集傳》觀之，風、雅皆有考察時政、風俗的實際功能。後有變風變雅之作，《毛詩序》言：「至於王道衰，禮義廢，政教失，國異政，家殊俗，而變風變雅作矣。」謝雪漁翻譯久保天隨的《支那文學史》〈第一期上古文學・三代文學・詩經〉亦承上述意旨發揮「風雅」：

> 風者，當時流行於民間之俗搖，社會民眾之衷情，吐露靡餘，爲政者采之，以觀民風，而資治道……雅之爲體，與風不同，多褒貶天子爲政之得失者……風雅之二體，有正變之別者，全由於述作之動機有異也。正風正雅者，治世之音；變風變雅者，亂世之音也。於是乎欣愉滿足感謝之情，於前者見之；悲嘆回顧慷慨之念，於後者見之。更一言之，前者爲順境之產生，後者爲逆境之製作。〔註56〕

是以，謝雪漁所理解的「風」、「雅」二字就是要將教化人心的政治意義灌輸到詩歌寫作脈絡中，如此才有「觀民風」、「資治道」、「正變之別」。而「風雅」二字合用之意又爲何？蕭統《文選序》：「風雅之事，粲然可觀。」謝雪漁《支那文學史》〈第二期中古文學・六朝文學・梁陳之作家〉：「昭明太子名統……性仁孝寬和，能容眾，常引納文學之士，賞愛無倦，討論篇籍，商榷古今，繼以著述文章……蓋近爲翩翩濁世之佳公子也。」至此，謝氏已將「風雅之事」指稱爲文學之士的「文學之事」；而日本漢詩人所倡的「風雅」——書寫令人精神愉悅的藝術美感經驗，也影響了謝氏的「風雅」談法，謝雪漁將日本漢詩人的風雅觀與中國固有的詩教、文人雅事結合，其以爲「風雅」的外顯就是殖民者的揚文氛圍，而「風雅」的內蘊則是頌揚教化。瀛社創立於社會漸趨穩定之時，因而在詩題的選取上是屬於應「順

〔註56〕《台灣日日新報》，明治40年8月7、8日，2778、2779號，三版。

境」而生，有「欣愉滿足感謝」之情，此也是頌揚「正風正雅」的治世之音，因而，謝氏所認知到的「風雅社會」就兼有社會文學化及文學社會化的雙重指涉。〔註57〕

如此一來，與日方關係密切的瀛社，呼應了官方的「風雅」談論，將其所設定的詩題限定在吟詠唱和的範疇中。〔註58〕另，瀛社社員基隆礦業巨子顏雲年提供瀛社經濟資助，大正3（1914）年以祝賀顏氏環鏡樓落成爲名，廣邀「淡北」、「桃社」、「櫟社」、「南社」等詩社參加慶祝宴會。〔註59〕同年日本漢學家籾山衣洲來台，由瀛、桃、竹三社合開歡迎宴會，〔註60〕遂有擬定三社聯吟之議，而《臺灣日日新報》也開闢了〈瀛桃竹擊鉢吟會〉、〈瀛桃竹聯合課題〉的專欄，用以刊登此北台三社的漢詩作品。〔註61〕後再以北台聯吟活動爲基礎，進而有全島詩人大會之構想。大正10年8月，瀛桃竹三社於顏家陋園舉行聯合吟會，〔註62〕10月舉辦第一次全島詩人大會（全台詩社聯吟會），地點在台

〔註57〕 關於「風雅論」的討論可以參見黃美娥：〈日、台間的漢文關係：殖民地時期台灣古典詩歌知識論的重構與衍異〉《台灣文學研究集刊》第二期，頁17〜23。而文學社會化及社會文學化的觀察亦可見氏著：〈日治時代臺灣詩社林立的社會考察〉《臺灣風物》第四十七卷第三期，1997年9月，頁43〜88。

〔註58〕 如《台灣日日新報》中的〈瀛社詩壇〉詩題有〈閏花朝〉、〈松濤〉、〈五月渡瀘〉、〈秋砧〉、〈雁字〉、〈白菊〉、〈古琴〉等。

〔註59〕 謝雪漁與顏雲年有姻親關係，其在《顏雲年翁小傳》中以姻戚總代的身分寫作悼念詞，並寫有〈顏雲年君小傳〉一文，文中言：「先是余與台日報同事及北部騷人組織瀛社，提倡風雅。君見獵心喜，投刺入會。余與君交自此始，余與君爲兒女姻婭，亦以瀛社姻緣。君於基隆驛頭建廣廈，號環鏡樓，落成之日，廣邀內外名流，大起吟筵，因有《環鏡樓唱和集》之刊。」（大正13年4月1日印刷，4月3日發行，印刷所株式會社台灣日日新報），頁171、289〜91。謝氏的《奎府樓詩草》收有〈重過顏親家陋園十景〉詩、〈府議員顏雲年親家〉詩「花蕚樓兩弟兄高，淘金採碳力經營。陋園占得林泉勝，駐馬王侯識姓名。」可之基隆顏家的財力十分雄厚，社會身份亦高。

〔註60〕 《台灣日日新報》，大正3年3月31日，4957號，三版。

〔註61〕 如大正7年，瀛桃竹三社在桃園公會堂合辦聯合擊鉢吟活動，題爲〈春晚〉。

〔註62〕 《台灣日日新報》南瀛詩壇雪漁有詩〈辛酉立秋前□日開瀛桃竹三社聯合吟會於陋園賦似雲年主人〉：「陋園幽雅主人賢，共設吟樽落葉天。籌算獨知新國計，簞瓢不見舊家傳。□題艷寫尼還俗，泥醉高歌我欲眠。見說明朝將遠別，秋槎浮海作張騫。」（大正10年8月17日，7617號，三版）〈重過顏親家陋園賦十景〉詩，有「落花浮水面，誰復惜文章」「臥龍何處去，空認武侯居」之語。大正12年顏雲年過世，謝雪漁以姻戚總代寫弔文，有「尋白社之詩盟，文字因緣，直結金蘭雅誼，蒹葭倚託，許分玉樹新榮。肝膽相照，心腹輸誠。」昭和14年顏國年去世，有〈哀輓國年姻親〉：「乃兄寰鏡築高樓，

北孔廟，題目為〈阿里山神木〉，〔註63〕次日則由總督田健次郎舉辦詩人茶敘活動，鷹取岳陽集席上詩作為《大雅唱和集》。瀛社掀起聯吟風潮後，各地陸續舉辦區域性的聯吟活動，如大正11年中嘉南聯合吟會，詩題為〈秋扇〉；大正13年於江山樓舉辦的全台聯吟大會，詩題為〈八角蓮〉，會後則由總督內田嘉吉邀請茶敘等。〔註64〕一連串的區域詩人大會與全島詩人大會頻頻於《台灣日日新報》中登載相關消息，直至昭和10年都還可見詩會紀錄。

而謝氏面對此起彼落的興盛詩會活動，其在〈瀛社三十周年丁丑花朝紀念感詠〉：

> ……瀛桃竹社又聯絡，春秋佳日邀嘉賓。全島聯吟會倡始，長留翰墨融官紳。鉤心鬥角尖又險，設席肆筵簫管振。内外詞人印鴻爪，吟樽歡洽推敲頻。扶輪大雅滿腔血，浩劫無愁書火秦。倏忽光陰過卅載，功成多見退其身。循環天道輒衰盛，代謝人生分舊新。未喪斯文天意在，仍宜努力為儒軫。〔註65〕

詩社籌辦的大型活動中處處可見日籍官員人士列席參加吟詠的紀錄，故有「内外詞人印鴻爪」之語。而日台人士間連番和樂融融的聯吟活動，「吟樽歡洽推敲頻」，也讓謝雪漁志得意滿地認為瀛社的確繳交了「扶輪大雅」、「未喪斯文」的「風雅」成績，漢詩品味編織出台灣社會文學網路中的重要一環，漢詩人的社會地位也在「社會文學化」的時代氣息下顯出「名」之尊榮。

瀛社除了藉由報刊上的頻繁刊登增強對漢詩壇的實質號召力外，也與官方

觴詠騷壇集五州。又得陋園山水好，新居華萼會名流……基津社會做中堅，艷說顏家有兩年，評議員教參府政，兄終弟及理當然。」由此可知，顏氏家族先是成為瀛社活動的大力參與者及贊助者，後來顏謝二家結為兒女親家，來往頻繁密切。《顏雲年翁小傳》、《顏國年君小傳》，大正13年4月1日、昭和14年11月16日，台灣日日新報社，非賣品。

〔註63〕〈阿里山神木〉詩作可見《台灣日日新報》，大正10年12月13日，7735號，三版。

〔註64〕《奎府樓詩草》寄懷篇〈督憲内田竹窗先生〉：「兩番恩命拜楓宸，前是藩臣後督臣。慶送清宮花燭典，南疆詞藻一篇新。」謝雪漁於大正4年就有拜見並頌揚内田嘉吉之詩，〈鳥松閣小集賦謝内田長官〉：「東閣綺筵開，明公解愛才。登龍添價重，□□止聲哀。陰雨欣□黍，高風仰寇萊。南□詩一卷，□□洽瀛臺。」（《台灣日日新報》大正4年6月二24日，5391號，三版）可知謝氏與内田氏有一面之緣，且謝氏熟悉總督府官員的派任，故有前藩臣後督臣之語。

〔註65〕《台灣日日新報》，昭和12年3月3日，13268號，八版。

組織合作，如推動孔廟祀孔活動即與大正協會的關係密切〔註66〕，也更進一步吸收了小型詩社，如小鳴吟社、萃英吟社等以增加會員數，〔註67〕形成名義上的詩盟。因此瀛社不只是北台第一大社，若以會員數量而言更是台灣第一大詩社。〔註68〕如此龐大卻鬆散的瀛社，也必須藉由分立小團體，用來與眾多泛泛的詩友、社友區隔，如大正14年，由五旬以上的瀛社老者所組成的「婆娑會」：

> 瀛社中五旬以上之老者為中心，附以其他同志組織一會，以便談敘，藉遣老懷。取前清某大老，任老子婆娑風月，看兒曹整頓乾坤之對，命名為婆娑會……現會員有十六名，最多以二十四人為限。經於去九日，開第一回會云。〔註69〕

〔註66〕《台灣日日新報》台北祀孔典禮：「大正協會及瀛社所發起之祀孔典禮，如期於去二十四日午後二時舉行，是日午前九時，典禮正副委員長及主祭陪祭其他紳商等同赴國語學校，奉迎孔聖及四配十二哲位牌，至大稻埕公學校樓上大講堂，安置堂中……安東督憲代理及下村藩憲臨席……祭禮舉行之際，極為嚴肅，寂然無聲，為近今他祭典不曾見。是日午後五時，仍由奉迎諸人，恭送位牌赴國語學校，限本校長及諸教官，為伸敬意，於奉迎送之時，皆出候於玄關……典禮委員長為木村匡氏，副委員長則大稻埕區長黃玉階、艋舺區長吳昌才、本報記者謝汝銓三氏也……」（大正5年9月26日，5834號，五版。）另謝雪漁也在南瀛詩壇〈大正協會十年紀念篇題詞〉中展現其與大正協會的交情親密友善，讚揚日本殖民治台有成，使台民可以共戴堯天：「網羅鉅製入篇中，一樣文章氣吐虹。深醒發人如木鐸，漫將小技笑雕蟲。淋漓筆墨挾風霜，藻采紛披字有香。一卷流傳洋內外，教知多士錦心腸。十年時事共鑽研，朝野無分覺後先。異日新修鯤海史，應多資料採斯篇。國家大事濟和衷，清淺蓬萊一水同。海客瀛州談往昔，苦心人諒鬼村翁。南溟同此載堯天，雨露深思總不偏。一片葵忱紅向日，萬年帶礪古山川。」（大正10年8月30日，7630號，三版。）
〔註67〕《台灣日日新報》瀛社擊鉢吟例會（大正12年5月7日，8245號，五版）：「瀛社擊鉢吟會，者番輪值基隆。定來十三日午後一時起，開例會於基隆公會堂。兼為瀛社之雪漁潤菴二氏，桃社之若川氏，祝其容受學者之褒彰。又此後小鳴吟社詞人，擬全部編入瀛社，易名為瀛社基隆分部……」《台灣日日新報》詩榜揭曉（大正13年6月29日，8664號，六版）：「臺北萃英吟社，春季徵詩，題為草山櫻七律。由島內寄佳作，共得詩百餘首。經謝雪漁本社長選取二十名。」另根據連雅堂在〈台灣詩薈〉第二號《台灣先賢集》（八）中言：「萃英吟社（台北）為私塾教師所設，以林湘沅氏為社長；而湘沅以客臘逝世，乃推謝汝銓氏任之。二月九日，假江山樓開會歡迎，擊鉢賦詩；題為「春樹」（眞韻）七絕，錄呈社長選取。歡宴而散。」，頁5273。
〔註68〕據黃美娥〈北台第一大詩社——日治時代的瀛社及其活動〉一文中提到了櫟社自創設至結束活動期間，社員數至多維持二十五人，而整個日治時期的社員數則在五十八左右，而南社社員總數也多在五、六十人左右。（中壢：中央大學第六屆近代中國學術論文研討會，2000年。）
〔註69〕《台灣日日新報》，大正14年8月11日，9072號，四版。

這些老者，多數是瀛社創設人物，也是漢詩壇的宿舊耆老，婆娑會成立之因則是爲了遣老懷、任風月。此後，有諸多婆娑會的活動記事在《台灣日日新報》上刊載，如〈婆娑會新年宴〉〔註70〕、〈婆娑會況〉〔註71〕、〈婆娑會之興趣〉〔註72〕，其中〈婆娑會之興趣〉一文中詳列了與會社員的栢梁體聯句，記事爲：

> 婆娑會諸老，去五日午後六時，又啓春宴於江山樓，會者近二十人，席上創聯栢梁體，能酒者幾人，又與雛妓猜拳，同浮大白，興趣淋漓，酒酣，決議自今而後，要爲義務出席，至九時許，扶醉而歸，聯句如左……。

由聯句中的人名可知瀛社中婆娑會的成員有洪以南、李悌欽、鄭奎璧、朱俊英、陳其春、王成渠、倪炳煌、葉煉金、林遠臣、陳培根、林知義、張家坤、歐陽朝煌、黃耀坤、謝雪漁、林子楨、周儀愷等人。婆娑會的老人士紳們，以詩酒自娛，用栢梁體寫作，有團體競技的趣味，席間並有雛妓相伴划拳有「風月」之興。〔註73〕

謝雪漁原爲瀛社副社長，昭和2（1927）年接替病歿的洪以南爲瀛社第二任社長，直至1953年病歿。〔註74〕其在詩社詩會活動中常任詞宗，奠定在漢詩文壇上的地位。〔註75〕而他也在與日本官員、漢學者的詩文活動中留下作品，其詩作屢能收錄於《南荣園唱和集》、《鳥松閣唱和集》、《大雅唱和集》、

〔註70〕《台灣日日新報》，大正15年1月1日，9215號，六版。
〔註71〕《台灣日日新報》，大正15年1月4日，9218號，八版。
〔註72〕《台灣日日新報》，大正15年3月7日，9280號，四版。
〔註73〕嚴羽：《滄浪詩話》云栢梁體乃是漢武帝與群臣共賦七言之作，每句用韻。
〔註74〕據黃美娥：〈北台第一大詩社——日治時代的瀛社及其活動〉一文中研究，瀛社初創之時並無社務組織，直至大正7年才由顏雲年在瀛桃竹聯合擊鉢吟會上公開推舉洪以南爲社長，謝雪漁爲副社長，魏潤庵、劉篁村爲幹事，其他如林湘沅、李逸濤、林石崖、陳其春等人爲評議員。
〔註75〕如王瑤京在《台灣日日新報》詩壇〈奉贈雪漁詞宗竝乞賜和〉云：「西歐東亞聘征鞍，多少才人願識韓。一領襴衫留碩果，十年豪氣霸騷壇。琴樽隨處娛風月，結納逢人示膽肝。儂有鍾期知己感，不妨重作伯牙彈。」（大正4年9月26日，5482號，六版）又如林菊塘詩壇〈有懷呈雪漁潤菴二先生〉：「未曾識範早神馳。雅愛高風淡愛詩。我比飄蓬遭世亂。公眞霖雨合時宜。虛懷容物胸無黨。秉筆避嫌口有碑，甚欲龍門師禮謁，栽培學問仰清詞。」（大正8年3月27日，6743號，六版）詩中寫出詩壇晚輩之人以「願識韓」、「躍龍門」的稱美，望「霸騷壇」、「合時宜」的詞宗謝雪漁能多加提攜、栽培，可知謝氏有文壇大老之譽。

《東閣唱和集》等官民聯吟詩集中，可見其詩具有正確性或可讀性。〔註76〕謝氏也邀請諸多日籍詩人參加六十還曆大壽宴會，席間有七絕〈瀛社花朝瀛社紀念吟宴祝余還曆席間次伊藤先生瑤韻〉二首：

> 一天煙雨漫芳辰，酒暖花香海國春。
>
> 二十三年舊吟侶，醉毫揮灑綺筵頻。〈其一〉
>
> 已是騷壇老後身，藻辭終絕讓新人。
>
> 同看舊撮花朝影，盡失紅顏昔日春。〈其二〉〔註77〕

七律〈花朝瀛社紀念兼祝余還曆次久保天隨博士席間偶拈原韻〉：

> 浮瀛民生有不聊，輿臺貴自美蟬貂。
>
> 經書事業堪千古，軒冕功名只一朝。
>
> 也覺心情當老壯，休教顏髮爲愁凋。
>
> 神仙何處得才子，浩浩天風聽赤簫。〈之一〉〔註78〕

由這些著名日本漢詩人與漢學者齊聚爲其祝壽的歡宴場景，「二十三年舊吟侶」之語，都可以想見謝雪漁不僅在殖民地台民社會中具有崇高的聲望，有

〔註76〕除此之外，謝雪漁等瀛社重要幹部也屢屢透過徵詩活動或課題詩作，將官方治台的政策加以包裝，並宣揚殖民德政。如《民商法詩錄》一書，即由謝雪漁、林熊徵、顏雲年三人評選瀛社的課題詩〈民商法施行有感〉，並將得選詩作編輯成冊，由瀛社發行。謝雪漁在序言中言：「台灣改隸已還經二十八星霜於茲矣，歷代督憲藩憲以次各當局皆仰體先帝一視同仁聖旨，撫字台民，力謀富庶，使共登衽席之安……督府評議會決議施行內地現行之民商法於台灣，而就民法之第四第五兩編暫爲除外例……自今以後，吾台灣之人將益進而爲法治之民也。瀛社幹部磋商以〈民商法施行有感〉爲題，限古近體爲紀念徵詩……由瀛社名譽會長林薇閣君分發贈品，以資潤筆，並將排印出版，分送各界，使藉以知文人對此感想之一斑。」（大正12年1月1日，瀛社發行。）

〔註77〕《台灣日日新報》，昭和6年4月6日，11127號，八版。另可見《雪漁詩集》頁36。

〔註78〕謝雪漁與久保天隨頗有淵源，其進入《台灣日日新報》後首次翻譯的漢文長篇作品即是久保天隨所寫作的《支那文學史》，而久保天隨二次來台期間，謝雪漁也參加了歡迎宴會。《支那文學史》由明治40年7月18號（2761號，三版）連載至同年11月7日（2855號，三版）。本翻譯文從序論談文學研究之必要及方法，支那文學的特質，接著將支那文學分上古、中古、近代時期探討，雖然此篇譯文只譯到中古文學——兩漢文學，但其中頗可見日漢學家對於中國文學的糾葛情感，也有很多不知是謝雪漁誤讀或是從實翻譯而產生的斷接觀點，因爲其中牽涉的問題頗爲複雜，因此本論文先割捨此一文學史翻譯議題，留待日後再行闡述。引詩出自《雪漁詩集》，頁24，原詩刊於同上日期，號數，惟此詩於收錄詩集中時改寫較多。

詩壇祭酒的地位，在日台官紳界中也有綿密人脈。謝氏為慶還曆結集的個人詩集《奎府樓詩草》，中卷〈感舊篇〉及下卷〈寄懷篇〉中，琳瑯滿目、為數眾多的詩作，展現其豐富、豐沛的社會人脈關係也展現出其有意「名留經史事業」的企圖心。又謝雪漁亦在任瀛社社長時，出版了《詩海慈航》一書，作為引渡有心學漢詩者的慈航方便法門，據《台灣日日新報》上〈詩海慈航出版中豫約〉消息：

> 瀛社長謝雪漁氏，為研究詩學者謀利便，搜集關係詩學書籍，參互考證，採取卓論，闡明蘊奧，編輯《詩海慈航》，分上下二卷。上卷，備載源流，及歌、謠、吟、引、曲、篇、弄怨、五七言絕、五七言律、五七言古，列舉作法。六義八病，詩中常用語及虛字，引證用法實例；下卷載歷代詩學大家略歷，及詩話拔萃。裝潢優美，外護布函，上卷約百帙，下卷亦約百帙，與□人近人所著者迥殊，定價金四圓，預約金三圓，將付剞劂。按本年九月中出版，欲購讀者，可函知台北市蓬萊町二二一番地，又託委人帶有預約書各地募集，與之接洽亦可云。〔註79〕

根據筆者於央圖台灣分館翻讀此書，上卷中載有謝雪漁的序言，文中言詩有抒發性情的詩教之用，出版此書是為了「人苟欲事理通達，心氣和平，捨詩將何所從事哉？而世之師心自詡者，竟為短笛無腔，不妨信口。」「捨詩將何所從事哉？」〔註80〕漢詩有其象徵地位，能承接中國文化「詩教」的傳統，也是與新統治者交流的「同文」實用工具。該篇序文在簡述完漢詩由虞舜皋陶之歌謠，至清詩的各代特色後，結語為「嗟乎漢學衰微，風雅凋喪，尚新詩者，欲舉前賢之粹美而盡棄之，以為無軌道之奔馳，前路茫茫，憂心耿耿，

〔註79〕《台灣日日新報》，昭和 10 年 6 月 6 日，12637 號，八版。

〔註80〕這段文字或可視為謝氏對二、三〇年代文學運動之回應。新舊文學甚至台灣話文運動的論爭，因當時回文者多用筆名，所以筆者無法確切推斷謝氏是否有參與論爭。但謝雪漁對於新生代的新文學家有種既憂且懼的複雜心情，雜報〈新月旦〉並列以下兩則：「支那舊學家，藉以彭取功名者則腐爛墨卷百篇；而新學派，特以標榜文明者，則老朽譯書數冊，是皆驅於虛榮，不求其實務也。詎得日此勝於彼乎？」「學校畢業諸生，動以文明自許，侮慢漢學前輩，不知諸漢學家，但生不逢時，學違其用，其智識學養亦不無過人者，況諸生所謂文明者，特皮相而已乎？」所以他對這些標榜新學派新文明的年輕晚輩的學養是頗有質疑的，豈可以「新」自詡用來說嘴並挑戰他們這些純正漢學出身的文壇前輩呢？且「文明」豈是用「說」的虛相呢？而此觀點早於明治 40 年即有紀錄。《台灣日日新報》，7 月 12 日，2756 號，三版。

大雅扶輪，中流砥柱，企於望之。」其所期待的台灣社會為「風雅」社會，不可棄置的是「漢學素養」，從這段深有感慨的文字中，筆者以為謝雪漁認為風雅社會的特徵，還是要保有文學吟詠純粹美學的空間，雖時局變遷，有「新詩」之體式，但能上承「詩教」之正統仍為「漢詩」體式，故日治時期的漢學的喜好者必學「漢詩」方可共負扶輪大雅之責，才算是殖民社會的中流砥柱。換言之，謝氏以為新文學家刻意藉文學評議時事或是暗含改革社會的企圖，只會讓台灣的文學領域反備受政治打壓。由此段文字，亦可推知昭和時期的台灣文壇（不論新舊文學）都已感受到殖民政權對文藝的管控壓力，即使是有親日曖昧色彩的台灣漢詩人，若詩篇中的政治傾向不夠正確、適宜，恐怕也會遭難。

　　《詩海慈航》下卷收有著名日台文人的題跋，如南海下村宏、吳佩孚（子玉）、江朝宗（雲山散人）、東史郭希槐、小魯吳子瑜、魏清德（潤庵）、莊玉波（櫻癡）、王少濤（小維摩）等，這些題辭中不外是讚揚文壇耆老謝雪漁的《詩海慈航》一書有獎勵詩學、傳承詩風、保存風雅、引導文風的功能。〔註81〕如吳子玉言「閱及謝君新著集，慈航滄海名其詩。欲濟群生登彼岸，莘莘學子奉為師。」郭希槐「雪漁雪漁靈運魂，少以詩名重台灣……上極離騷下明清，歲流萬眾包羅並。一咪宏納五千載，擲地鏗作金石聲……願藉春秋書麟筆，來寫詩派傳衣圖。」魏潤庵「茫茫詩海中，波瀾日險怪。後生失師承，哪辨源與派……誰為渡迷津，共上光明界，詩卷誠慈航，迥異扮堂芥，所舉皆明徵，一一垂法戒。」吳子玉「誰挽狂瀾障百川，先生甘作中流砥，詩海慈航一集成，搜索前賢舊精隨，堪當詩家指南針，指點殊途循正軌……古人最重及身傳，千秋事業為公喜。」〔註82〕綜觀全書，不論是談作詩的法則、詩學源流、詩體的特色、字學（此部份較為特別，其以西方文法學的分類，將實字各分為名詞、動詞、形容詞等詞性特質將以說明）等，大都是相當簡略扼要的詩歌歷代流變史及作詩的格律問題。〔註83〕其對所舉詩文的解說也

〔註81〕預告出版消息後，《詩海慈航》一書於昭和 10 年 10 月 1 日印刷，5 日由瀛社出版社發行，故瀛社不僅只是漢詩社團，後更涉及印刷出版事業，而決定印刷的冊數，則取決於預約人數及作者的名聲。

〔註82〕謝雪漁於這些題跋後附記感謝這些文友為其書添加聲價，只因這些題詞是在上卷印行後才寄達，因此只好置於下卷卷首，從以上文辭，不難見到文人互相吹捧的溢美之詞。

〔註83〕筆者以為其分類談論的方式，與嚴羽：《滄浪詩話》頗為雷同，尚待細究。

只可視爲概說，缺乏深入的意境，也缺乏對文學修辭美感的詮釋，故此書頂多只可算是引導有意學習寫作漢詩者的詩學初級入門書籍。謝雪漁以北臺第一大詩社瀛社社長的詩壇詞宗身分，寫作詩學指引書籍，並大力利用報刊推銷己書，都可見愈至日治末期，漢詩從寫情抒志的有感之作，漸次成爲有公式可套的習作，使漢詩品質日益下滑——無眞實深刻的感懷，亦無創新意境、精進詩藝之企圖，故新文學家動輒以「詩翁們」諷刺所學有限的速成漢詩人。

　　而此書是否眞能因謝雪漁的文壇聲望而順利銷售？〔註84〕隔年報上有〈詩海慈航貶價發售〉消息：

> 瀛社長謝汝銓老所著詩海慈航。昨年秋季發刊一千冊。甚爲内外詩人歡迎，銷售甚暢，<u>現尚存二百餘部，欲悉數賣卻，以便再版</u>。定自六月十五日起，至八月十五日止，兩個月間，購取一部者價金二圓，五部以上者每部金一圓五十錢，十部以上者每部金一圓云。〔註85〕

若扣除贈閱友人的書籍冊數，一年多來尚餘二百多冊，推知應是一本四圓的價格過於昂貴，且新文學瓜分了讀者群而進入了三〇年代後，經濟問題導致民眾生活更爲困窘，因此書籍的銷售狀況普遍不佳。〔註86〕而此時《三六九小報》就以「小報」的篇幅，消閒的銷售策略，另闢了漢文發表空間。〔註87〕《三六九小報》的成功，也誘使已漸失每日報刊漢文發表空間的謝雪漁等傳統文人／漢文記者傚仿，以創立花報爲名，網收各類雜錄奇聞，用瑣碎消閒向大眾靠攏。據《台灣日日新報》載〈風月報按來月發刊〉消息爲：

> 謝雪漁氏，此番與林述三、王少濤、歐劍窻、林其美、林夢梅、簡荷生、卓夢庵諸氏，<u>籌刊花報，名爲風月報</u>。不涉及政治，豫定來月初旬發刊，每三日間一回，每部金三錢。推戴台中吳子瑜氏，爲

〔註84〕《詩海慈航》的銷售消息也見於《風月》的廣告版次中，而《風月》也連載《詩海慈航》的上卷多章内容。

〔註85〕《台灣日日新報》，昭和11年6月12日，13006號，十二版。

〔註86〕謝氏有詩〈歲末〉「經濟疲極端，奔流如急湍。那知諸事業，更比去年難。富士無餘裕，貧人有飢寒。臘鼓琴琴響，十中八九嘆……」（原詩刊於《台灣日日新報》，昭和5年12月19日，11021號，四版。）《雪漁詩集》，頁6。

〔註87〕昭和5（1930）年臺南南社與春鶯吟社的成員創辦《三六九小報》，逢每月3、6、9日發行，所以稱爲三六九小報，共發行5年（至昭和10年），共計479號。關於《三六九小報》的研究，可以參見毛文芳：《情慾、瑣屑與詼諧——〈三六九小報〉的書寫視界》一文，其言因《三六九小報》的小報特質，將詼諧的話語帶入公共空間，以瑣屑用物拼湊臺灣都會的日常生活版圖，並注入情慾感官的享樂窺探，也因此引起一股閱讀小報風潮。

名譽社長，謝氏為主筆，林述三氏副之，林其美、歐劍窗、王少濤、
杜仰山、卓夢奄諸氏，為編輯員。雞母治、小雲英二氏，為女訪員。
李天意、歐小雲、林錫麟、林夢梅四氏，辦理營業。以林其美氏，
為發行人，林述三李天意二氏，兼會計。並推薦笑花生、黃洪炎、
張晴川、高肇藩、簡荷生、林清月諸氏為囑託，事務所置於市內下
奎府町謝氏宅云。〔註88〕

《風月》的發行間隔亦是三天一回，價格便宜，很快地接替了停刊的《三六
九小報》，成為想要在戰爭期間定期閱讀漢文刊物讀者的選擇，也因謝雪漁擔
任《風月》報系主筆，因此可藉以了解已接近古稀之年的謝雪漁如何在昭和
12（1937）年 4 月 1 日總督府暗示要報社廢除漢文欄的訓示後，再次延續文
學生命。〔註89〕

三、《風月》報系發起人╱主筆╱編輯顧問

　　成立於戰爭前期並跨越戰爭期的《風月》報系，發行期為昭和 10（1935）
年 5 月至昭和 19（1944）年 4 月，經歷多次停刊又復刊的改組及改版工作，
隨著版面頁數的擴張，臺灣新舊文學也在這份被允許發行的少數刊物中進行
一場文學發聲權的角力戰。《風月》原是每逢三六九日發刊的舊文人花報，屬
於風花雪月、交誼性質的小報，如同謝氏等人另組「婆娑會」一般，年過半
百，達到一定的社會地位，就應該要享「任老子婆娑風月，看兒曹整頓乾坤」
之樂趣，不須涉及現實的政治問題，故《風月》的主旨為「維持風雅、鼓吹
藝術」。而從刊登於《台灣日日新報》中的發刊消息，可知《風月》初期的主
要編輯成員為《台灣日日新報》的漢文記者群與北部瀛社、鷺州吟社、高山
文社等幹部所組成，謝雪漁被推舉擔任主筆，而《風月》初期的發行所也設
於謝宅中，因此謝雪漁可說是掌有《風月》編輯走向的「掌舵者」。

〔註88〕《台灣日日新報》，昭和 10 年 4 月 18 日，12588 號，八版。
〔註89〕根據河原功：〈1937 年台灣文化台灣新文學的狀況：圍繞著報紙廢止漢文欄與
　　　　禁止中文創作諸問題之探討〉中提到早在 1936 年平塚總務長官在全島地方長
　　　　官行政會議上提出實現國語一元化的理想之訓示，隨後三大日資報社代表人
　　　　《台灣日日新報》《台灣新聞》《台南新報》共同發表同意廢止漢文欄宣言。
　　　　1937 年 3 月 1 日《台灣日日新報》於報上登載《有關漢文欄的廢止╱島內四
　　　　家日刊報紙的商定》宣佈將由 4 月 1 日起全面廢止漢文欄。（台灣文學史書寫
　　　　國際學術研討會，行政院文建會主辦，2002 年 11 月 22～24 日。）

　　綜觀《風月》1至44號大致都能遵循三天出刊一號的方式，而版次維持在四版的短篇，參與寫作的舊文人群以短語叢錄、專欄的方式，雜錄眾多生活題材，如花柳、史遺、笑話、謎語、詩文、言情志怪小說、科學新知、藝苑等，有《三六九小報》的影子。以「雜」為特質的專欄，名稱常處於變動狀態，往往可視為傳統文人尋章摘句的筆記紀錄。正因如此，同一個專欄中刊載的作品也放射出極高的歧異性，條目間無明顯的邏輯性，因此筆記也是雜記，看似沒有特定意義，是隨手摘取的資料紀錄。但也因為這些從事撰稿的文人們所寫下或引用的片段文史資料，使讀者得以補充或擴大不易從其他方面獲得的閱覽視野與新奇享受。小報是輕鬆可讀的閱覽物，吸引了各階層各有所愛的讀者。

　　《風月》發刊辭言：「為今日之創刊，文宜共賞，德必有鄰，雅俗同流，是非不管任老子以婆娑，思美人之態度。」其所呈顯出來的生活是雅俗兼具，屬於生活消閒品味，此種風月行徑發展到了極致，就產生「美人投票活動」——以物化女性的觀點，收狹戲之趣。《風月》37至43號刊載稻江區域藝妓、舞女、女給的寫真照，並將選票置於《風月》的一角，強調話題性，吸引好奇者，以情色刺激《風月》的銷售量。﹝註90﹞正如毛文芳為《三六九小報》所定出的「情慾、瑣碎、詼諧」的書寫視域所言：「小報展現閒暇的生活、消費的手段與感官的快樂，通過詼諧言談的張揚宣說，變成一種文化上的裝飾，用以確定娛玩『享有』、慾望『消費』的社群性質。」這種婆娑風月的態度，正是傳統士紳們的閒暇遊樂，也是在戰時壓抑的年代下，短暫尋求心靈放恣的紓解方式。

　　根據筆者重新整理謝雪漁於《風月》第1號到44號所刊載的作品，可以很明顯地看到謝氏專欄的出現，是初期重要的稿件來源。如從第1號至6號連載了《詩海慈航》的部分內容，後又有出版預約、廣告、頌揚題詞等相關資料直至44號為止。﹝註91﹞而自第18號至39號有〈蓬萊角樓詩話〉專欄，共11回，簡短概略地介紹並評論近代中日台漢詩人的生平、詩集，甚至與己的交遊情形。

﹝註90﹞楊永彬：〈從《風月》到《南方》——論析一份戰爭期的中文文藝雜誌〉提到了在炒作花選時，〈風月〉的發行量約在三千七百多部到五、六千部之多。而其中的因素除了風月活動被大力宣傳形成話題外，當然也不排斥是為了吹捧某位知名花柳女子，刺激其恩客或支持者能特意多買幾部〈風月〉增加選票量。本文收錄於河原功監修：《風月・風月報・南方・南方詩集：總目論・專論・著者索引》，台北：南天，2001年。

﹝註91﹞其實至第45號尚有〈詩海慈航特別發售廣告〉、第72號詩壇莊玉波：〈題雪漁瀛社詩海慈航〉的刊載。

如第 18 號介紹清宣統帝大臣兼老師鄭孝胥，著有《海藏樓詩》；第 30 號介紹林朝梧（俊堂、癡仙），有《無悶草堂詩存》，〔註 92〕提到二人皆視擊鉢吟活動為鼓勵後生讀書識字的楔子；第 31 號介紹東史郭希槐，感謝其為己《詩海慈航》贈題詩；第 35 號介紹日漢詩人小室翠雲（翠雲道人），有《歸雲集》，言其於昭和 7（壬申）年春遊台灣與己唱和之事；〔註 93〕第 37 號寫石川戈定氏（柳成）善於詩畫，有《稗海槎程》、《海上唱和集》；第 39 號寫鷹取克明氏（岳陽），編有《大雅唱和集》，強力讚賞其詩藝甚高，風格清朗可讀。〔註 94〕

　　而為了讓其編輯內容符合「花報」的形象，從第 10 號開始連載謝氏的通俗漢文小說〈新情史〉，其在序言中大談戀愛無疆界，亦無貧賤之別，自由戀愛乃人類特權，亦為人之要素。愛超越一切，講自由平等。只要戀不及於亂，皆可任意為之。但戀愛者要互相理解，雙方出於本心，「以禮為經以情為緯」，並將戀愛形式分為文明人之戀——不專重肉體歡愉、野蠻人之戀——專注肉體接觸，故蒐集近代名流，為情顛倒，為愛纏綿之事，以為讀者借鏡。文中還特別強調本篇絕非普通說戀愛之事「讀者宜以意逆志，無以辭害意。」〈新情史〉中寫近代西方及日本名流人士的風流韻事，說明戀愛可激勵人心的論述，與一般通俗小說將敘述主軸放置於男女小情小愛的衝突糾葛不同，其有意談「情」。〔註 95〕西方名流——詩人、文學家、學者，因女性的活潑生氣、

〔註 92〕《奎府樓詩草》感舊篇有〈茂才林俊堂知友〉：「一身都病不容醫，萬縷春蠶自縛絲。無悶那知仍有悶，言癡莫認是真癡。」《雪漁詩集》，頁 48。

〔註 93〕《蓬萊角樓詩存》有〈許文玉君招宴小室翠雲畫伯忝陪席末賦贈〉、〈小室翠雲先生停驂高雄壽山畫竹賦詩，郵寄惠贈深情足感次韻以謝〉：「好駐征驂直到秋，煙雲草木繪炎洲。海南看錯有心味，共醉江山古酒樓。」原詩刊於《台灣日日新報》昭和 7 年 3 月 29 日，11483 號，八版。《雪漁詩集》，頁 83、112。

〔註 94〕《奎府樓詩草》寄懷篇有〈鷹取岳陽先生〉：「悠然亭靜見南山，曾為吟觴一叩關。幽趣小篇詩二十，洛中知否夢台灣。」《雪漁詩集》，頁 69。

〔註 95〕謝氏早有〈風流誤〉一詩，提到情乃本性，乃維繫繼起生命之所需：「浩蕩乾坤大氣彌，人間群類自繁滋。盤旋磅礴妙奇用，十二萬年無已時。人類一情互維繫，滅情何事可能為。太上能忘次不及，所鍾吾輩復悉疑。不能用情者其拙，不擅用情者其癡。拙者不癡癡不拙，為癡為拙總非宜。好花甫開旋見落，皓月初盈忽見虧。盈虧開落等閒事，花亦無言月不知。今古死生爭一瞬，悲歡離合看無奇。今人後生古人死，前事寧忘後事師。急管繁絃歌艷曲，長篇短句寫新詞。哀鳴難脫鳥投網，煩惱自尋蠶紼絲。試稽內外風流史，不誤平生究有誰。十載揚州早無夢，何須惆悵折花枝。」謝氏晚年頗喜風流之事，平日亦喜聞名人風流韻事，因此就情為何物？情有何用？生發出一連串之感懷。原詩《台灣日日新報》昭和 5 年 9 月 19 日，10931 號，四版，亦收錄於《雪漁詩集》，頁 9～10。

溫柔善解，鼓舞男性重新振奮，且這些才貌兼具的西方女子能堅守婦德——從一而終，不離不棄，故以賢內助之名，間接助夫婿成其事業，留下歷史佳話。而談及日本名流時，謝雪漁所選擇的是維新前後浪人武士們與藝妓間的故事，只有極少數能成就婚姻美事，多數則爲逢場作戲的風流韻事，這些非婚姻關係的情場糾葛，情節相對複雜離奇，如有藝妓慧眼識英雄，戀貧才不戀富商，毅然自行落籍跟隨；亦有藝妓周旋各恩客間，行斡旋意見之實；又有變性慾者，以象皮製裸體美人，空氣充之以洩慾，被人得知後反認爲此舉一可免浪擲金錢，二可免受染梅毒，應鼓勵青年利用，以防因性慾而墮落。這些有著豐功偉業的日本維新名士，轉而成爲謝雪漁筆下或感嘆或嘲諷其風流逸事的「人」，可見《風月》以消遣娛樂爲取向的寫作策略，亦可展現《風月》雅俗不忌、列國趣聞、異事皆收的視域。

　　自第44號後，《風月》停刊近一年半，《風月》的編輯群們亦重新調整，第45號的本報執事者中，謝雪漁任編輯主任，執事名單減少，且《風月》舊成員多未列名其中，僅成爲撰稿者，《風月》停刊之因據編輯同仁的〈風月中興啓事〉言乃是因經費問題：

> 因經費關係，遂至中輟，無限延期。至於今日，茲者江湖同志，簡書紛馳，策勵中興……發刊小報，趣味悠然……手持一卷，洗滌煩襟，詞淺意深，隨人索解，茶前酒後，與世談資，洵斯世不可缺之物也……斯文未喪，則在吾儒，大道復明，光斯昭代。

當然，經費問題應與中日正式開戰有關，總督府再次思考「漢文」在戰時存在的意義，而戰時台灣漢文亦必爲「同文同文」、「聯亞抗歐」、「東亞盟主」、「皇民奉公」等戰爭需求服務，而從第46號至52號有〈國語讀詩法〉、〈國語成語彙集〉的專欄，謝氏標示如何以國語（日語）讀日本漢詩人的作品，〔註96〕如此才可將漢詩視爲「詞旨精妙，有益世道人心者」。〔註97〕此次復刊改

〔註96〕這種標註日語讀日漢詩的做法對謝雪漁而言並非首次的嘗試，根據《台灣日日新報》，昭和9年9月14日，12375號報載的資料，瀛社發起一個附屬的漢詩文研究會，由瀛社社長謝雪漁擔任指導：「……讀音用國音，不用華音，以爲國語普及之助。蓋作文之法依舊，而讀文之音從新，有時且從內地之訓讀而讀之，如是則兩全矣。」

〔註97〕關於中日之間的關係對於台灣漢文的影響，可以參見張明權：《同文政策下的台灣漢詩壇（1931～1945）》（靜宜大學中文所碩士論文，2008年）。其以爲該欄目有連結國語及漢文之意，以擴大將台灣漢文融入日本帝國「在華漢文主義」之中，頁98。

版後，《風月報》版面多達二十四版，所以在〈歡迎投稿啓事〉中提到：「凡關於藝術部類、詩文書畫新稿、以及擊鉢詩稿、小說雜談近著，肯爲惠寄，是所歡迎。」這塊被特許發行的漢文通俗刊物園地，增加高達六倍以上的篇幅，在戰時資源管控的局勢下，實爲一特殊現象，也可由此看到此刊物欲網羅所有漢文寫作者及閱讀者的企圖心。因此由謝雪漁主選的〈詩壇〉，各詩社的徵詩及擊鉢吟錄等漢詩作品被大量地放入，版次往往多至七、八頁之多，將漢詩因報刊廢止漢文欄後而被壓縮的發表空間，轉移至漢文通俗雜誌中。復刊後的《風月報》於第 48 號載有章程十三條，第三條爲「目的在研究文藝，涵養德行，高尚品詣。」第十一條「會員得以其所做詩文揭載於風月報，但取捨權在編輯。」第十三條「非本部會員之詩文，欲請爲揭載或刪正，則徵收其手數料，價額多少，照其詩文之數酌商。」由以上數條章程可知，刊載詩社的擊鉢吟錄或徵詩集，自然就可廣收欲切磋文藝的訂閱者，甚至可以收取詩文的刊出費用，這也是維持《風月報》經營的重要經濟來源之一。而擊鉢吟及課題詩的寫詩方式，將已質變的漢詩限束在追求文學性的鬥巧上，可說是對當局最無殺傷力的文學形式；加上有親日傾向的編輯群們有權將可能被禁或有疑惑的原稿捨棄，因此〈詩壇〉在《風月報》中就佔有幾近三分之一的版面。

在改版之初，稿件來源還未充足的情況下，謝雪漁爲了撐持住倍增的版面，其所寫的欄位也相對變多了，如增加了〈考據篇〉，談中國書風的轉變，並分時代爲漢時、晉隋、唐、宋，並頌揚弘法大師（日人）的書法爲我國（日本國）第一。另同置於考據專欄的還有科學常識，如介紹如鮫、河馬、海牛等各式水產異物，或就動植物談趣味科學，因此考據篇中所談不只是文人文事，也介紹了西方趣味新知。而自第 45 號至 75 號有〈奎府樓詩話〉，用以承接《風月》的〈蓬萊角樓詩話〉，此詩話的內容除了介紹日台詩人如國分高胤、江朝宗、郭東史等人外，也發表了關於漢文學詩詞創作的相關論述，如第 65 號介紹了絕律詩的平仄問題、流水對、詩六義、詩話、彈詞等，此詩話專欄的寫作完全依謝雪漁的詩學素養爲本，以簡要概述的方式介紹漢文學。根據筆者比對謝氏在《詩海慈航》一書中所談及的詩詞、文學體裁與寫作原則，可以發現謝雪漁並非再發新說，而只是將舊論重談，用以填補版面。另外，謝雪漁自第 45 號至 60 號的〈講談篇〉欄中，以小說筆法寫人物傳記，介紹維新志士的事蹟，如有加藤彌六、護糧殺敵壯烈全隊戰死、加藤清正大戰九

洲赤鬼彈正、赤穗義士關係逸話等，這一部分的故事敘述主軸在扣準這些人物的武勇行徑，稱揚他們為尊王大業勇於犧牲，是擁有大和魂的武士道精神典範。〔註98〕

　　至第 48 號後，《風月報》為了維持一定的閱覽人數，勢必不能將閱覽對象只圈限在對傳統文學有興趣的讀者群，必須進一步鼓吹對白話文（或稱新文學）有興致的新世代漢文識字者加入讀者的行列，故廣受歡迎的新文學家徐坤泉自第 50 號起，就以「改革內容為條件」加入《風月報》編輯群，將《風月報》改以「新舊二翼齊飛、雙管齊下，今後篇幅一新，冀能滿足諸多文人墨客的待望」為旨趣，吸收更多元文學的喜愛者，繼續支持訂購《風月報》，並再度強調《風月報》的基調為「是茶餘飯後的消遣品，是文人墨客的遊戲場」。徐氏在〈卷頭語〉寫到：「趣味二字為藝術之別名」、「《風月報》到底是誰的所有，無疑的，當然是我們眾人的所有，是誰亦不得獨占。以前的風月報，可說是藝妲、女給的寫真帖，現時卻不然了，是一部令人可歌可泣的文藝雜誌……切不可使之成為不純不粹的文藝雜誌。」所以，趣味、純粹、通俗、可歌可泣的文藝雜誌成為徐坤泉入主《風月報》後的編輯策略，其希望《風月報》與「國策宣傳品」及「舊文人風月之事」拉開距離，得以真正成為戰時大眾的刊物，即便還是消遣品、遊戲場，但是已經更為傾向「大眾」的喜好。謝雪漁當然沒有就此全然放手讓新文學家掌握這個由舊文人所創辦的刊物，其持續掌有「舊文學欄位」，因此自 48 號後至 56 號，謝雪漁所主掌或書寫的欄位，仍約有三分之一，直至第 59 號後，謝雪漁才由《風月報》的編輯主任退位成為編輯顧問，逐漸淡出實際經營工作。是以，新文學家加入後的《風月報》，依舊重視趣味性，只是那種趣味性已經不再只限於舊文人的風月，而是必須更廣泛地顧及通俗大眾的喜愛與需求。〔註99〕而也從第 60 號

〔註98〕除外還有如楠公舉族忠義——願七生殺賊報國（由《日本外史》摘錄者）、為指南番痛擊——懷血屍訪名師、偵探小說——小學生椿孝一協助警視廳破刑案、林掃部征韓時年十三獨不惜虎等故事，但多數人物主角已為日籍人士，用以宣揚日本國民（皇民）精神。

〔註99〕下村作次郎、黃英哲認為必須從日本近代文學的演變去理解台灣大眾文學，而日本近代所謂大眾文學是與純文學相對，具有娛樂讀物、大眾文藝等特性，其中包含有推理小說、武俠小說、家庭小說、幽默小說等類型。通俗文學（popular literature）指稱非純文學的商業性文本。如何在「文學類型」（genre）上明確區分「嚴肅文學」與「通俗文學」無疑是困難的。鄭明娳提出用準實用正文／虛構正文、直指式語言／文學語言、表面結構／深層結構、寫實／

後，謝雪漁除了還在連載的長篇小說欄位外，亦將重心放至〈詩壇〉的編輯，如從第 60 號至 107 號，共有三百四十首詩作大量集中地發表在題為〈奎府樓吟草〉的欄目中。

此外，漢詩是否也可在戰時「宣揚國策」上有所表現呢？《風月報》第 59 號中有〈愛國吟稿募集〉消息：「台北鷺洲吟社，因鑑於戰時體制下，超非常時局之秋，我島內官民，宜共舉國威之宣揚，皇道長久之作興，兼民族文化之甦生，乃挽國風藝術之餘徽，使一般起忠君愛國之觀念……吟詩報國，避免滄海遺珠之慨也。」吟詩報國論起，公開徵募愛國漢詩，以募集規則說明愛國詩就是要共舉國威、作興皇道、甦生（東洋）民族文化，並編纂成《現代傑作愛國詩選集》，由瀛社長謝雪漁寫序並校閱刪訂。謝雪漁在該書序言中提到愛國吟詩是戰時大功勞：「鄭君此舉可謂於吾瀛東詩界，其功不淺。」如〈國民精神作興〉、〈忠君愛國〉、〈忠勇義烈〉、〈國民精神總動員〉、〈從軍行〉等題，都可見台人的漢詩作品已須公開表態支持日本軍國戰爭。而第 69 號再登列的〈風月報之主旨〉說明，因本島上有許多老年輩不解國文（日文）者，故以漢文提倡國民精神、提倡東洋固有道德，同時養成進出大陸活動之常識（研究北京語、白話文、對岸風俗習慣）。自此後，皇民、興亞、新東亞共榮圈、復興東亞文藝、雄飛大陸等軍國口號也在《風月報》上急速增加，而已退至編輯第二線的謝雪漁，也在〈詩壇〉詩題的選擇與設定上，因應戰爭時事，[註100] 恭賀日軍勇猛戰勝與歌詠不畏犧牲的大和魂精神，如第 65 號有〈皇軍破徐州喜賦〉：「……聖戰我皇軍，南北攻粉碎……皇軍最仁恕，勸降機飛去，降票散空中，得此持為據，降者數萬兵，皆得保餘生，敗軍既如此，良民更同情……振興大亞洲，創我東方霸。」第 81 號〈祝南海戰捷〉：「瓊州大

象徵、單義／歧義二元的區分法加以辨別，但此種方法有太多交混的中間詮釋空間；而林芳玫則從文學社會學的現象分析，指出二者間的界線是象徵權力的鬥爭過程，關係到「文化正當性」（legitimacy）的問題：「知識份子藉著批評攻擊通俗文學而替社會整體定義出什麼是理想的、有價值的、值得追求的文化。」作品雅俗有很大的權宜性，會因著閱讀人口的素質、開發的潛能與社會氛圍、商業操縱手法等而有游移、越界的現象。因此如果耽溺在僵化文學定義上的解釋權，恐怕也無法真正發揮對廣大民眾的影響力。《臺灣大眾文學系列》（台北：前衛，1998 年）。鄭明娳：《通俗文學》（台北：揚智文化事業公司，1995 年），頁 41～70。林芳玫：《解讀瓊瑤的愛情王國》（台北：時報文化出版公司，1994 年），頁 15～16。

〔註100〕《風月報》第 78 號有編輯部謹告：聘謝雪漁為常任編輯顧問兼主詩壇。

島海天開，鎖住南州過峽來。奇襲皇軍新破敵，燈旗行列祝全臺。」謝氏以詩作重伸日本帝國興戰乃是為「振興大亞洲」，亦肩負「東亞盟主」之重責，對抗西方侵略。

第77號後，因徐坤泉以「商務關係」前往華南上海而離開編輯主任之職，此號起，謝雪漁重新執筆《風月報》〈卷頭語〉，卷頭語的題目與所談都與戰時相關，如第101號為〈大和男子忠心耿耿〉、102號為〈蕃薯今亦歸統制〉、103號〈皇統綿綿我國二千六百年歷史〉、106號〈黃稗亦占重要穀物地位〉、107號〈蕎麥玉黍麥菜豆均可獎勵為代用食〉等，從這些標題可知戰況愈見激烈，日軍越來越難取勝，戰時資源管制也越見森嚴，因此戰時奉公、武勇犧牲、物資籌備的布告也愈為簡要頻繁、不容疑惑。

謝雪漁自第107號後暫時離開《風月報》，連最後的連載專欄〈周易說〉亦撤下，接替者林荊南以「雪漁又正忙碌家事不得幫忙」交代之。《風月報》改名為《南方》後，謝雪漁再擔任《南方‧南方詩壇》的詞宗角色，其作品也零星出現其中。另值得注意的是第143號中有〈漢詩研究會公啟〉，黃純青倡〈漢詩研究會〉，並於第150號中公佈名為「南風吟社」的漢詩研究會暫行社則，宗旨為「願振興詩教精神，發揚忠孝之美風；願青年詩人以國語吟漢詩，養成古武士風格；願體三百篇風人主旨，寫社會真相含有時代精神。」因此，國語吟詩、漢文報國、鍛鑄皇民武士精神等戰時口號，使漢文寫作者必須更明確地表態支持戰事。如謝雪漁擔任南風吟社徵詩課題〈國姓花〉的詞宗，國姓花即平戶（鄭成功出生地）所產的杜鵑花，將台灣的鄭氏王朝與日本帝國勾連上，藉以鼓舞台民表態支持中日戰爭。

總言之，《風月》報系從舊文人的遊戲消遣中走向新舊並呈，追求通俗，再到呼籲大眾追隨戰爭的路向，謝氏始終不能棄捨這份由他主筆興辦的戰時漢文刊物，年邁的他隨時接手編輯，應時調整，雖然越至戰爭後期，漢文越被拘限，也越被壓抑，所寫都不脫穿插戰時的訴求與口號，但編輯、支撐漢文刊物的經營，也可視為他努力維持漢文存在的努力，就如謝雪漁在88期卷頭詞所言：「今者東亞新秩序建設，彼議廢漢字者，必見其心境變化，不獨不提倡廢用，且將鼓舞盛行矣……欲入中國活躍，非語言文字二者俱精，殊難望其大成功也。」從這段話看來，他清楚地體認到，殖民地台灣的漢文唯有能在戰爭體制下發揮裹贊國是之用，才得以獲得存在空間——以漢字的表意功補充語言的不足或差異，即使新舊文人們都不得不將白話文／淺易文言文

一起帶入戰爭的文學奉公體制中，鼓動著青年投入尚武、為國犧牲的皇民運動中，但這終究是殖民地台灣人民被時局所迫，無可逃避的沉重負擔與表態。

第三章　從「漢文」到「同文」的置換過程

第一節　漢文意義的質變

　　日治時期台灣匯集了多樣漢文場域的意涵，有傳統中國的文化資源、維新日本的古典素養及殖民地台灣的在地應用，由於殖民地的特殊性，這些被迫割離的清末台灣傳統士子們，心中必然詠懷著對漢文的依戀，那是深層文化與原鄉血緣的象徵。而台灣社會長期存留著話文分離的狀態，生活所用的語言涵括有閩南話、客家話、原住民語等，加上各地方言口音的差異，各族群、地區間語言相解的程度有限，因此如何使用最為一統的書面漢文字做為殖民地台灣日台溝通的橋樑，就成為這群熟悉舊文化又渴求新文明的傳統仕紳們努力思索及嘗試的方向。〔註1〕因此，表述文字或文化資本的多義性，就成為漢文字使用者重新找到自我定位的方式。〔註2〕文字所形構出的場域對文字使用者們產生

〔註 1〕 簡言之，台灣長期處於相當複雜的話文不一狀態，話跟文被切割應用於不同層級、族群的體系中，有鑑於此特殊的情境狀態，陳培豐說道：「日治時期台灣社會的文化駁雜性（hybridity）相當高，台灣人對於統治者或自己（包括『祖國』）語言文化，經常有一套非常複雜、務實和巧妙的看法以及應用策略。以這些事實來看，台灣人對於語言使用的選擇，似乎很難和文化或國族認同劃上等號。」陳培豐：〈識字‧書寫‧閱讀與認同〉——重新審識 1930 年代鄉土文學論戰的意義，頁 1。

〔註 2〕 Pierre Bourdieu（布迪厄，1930～2002）談到文化資本（Cultural capital）是用以描述掌有正式或非正式的知識成就概念，個人可以藉此進入和確保在特定社會圈、專業組織裡的位置。因此擁有文化資本的個人可以鞏固或保有其在社會中相對的優勢。彼得.布魯克（Peter Brooker）作，王志弘、李根芳譯：《文化理論詞彙》（台北：巨流出版，2003 年），頁 81。

難以抗拒的誘惑，各自憑其感懷、意圖，試探、再現文字的可能，記錄著新政權破舊立新的過程，也陳述著因時變動的局勢與認知。〔註3〕

是以，當台灣被納入日本帝國的殖民地區時，各種知識、文化、文明等概念開始轉介、交融、質變，剪不斷理還亂的中日台的歷史過往被重新堆疊、排序，文化的相應關係及權力的位階再次調整，殖民地社會中呈顯出不新不舊、又舊又新、破舊立新的紛雜社會氛圍。為了能在理解過往與展望未來的現實中找到突破點，因此多樣貌的文學嘗試就成為一種被允許的紙上談兵、角力斡旋的抒發管道，放射出文字所能承載的豐富意義，也因此被殖民者擁有了與殖民者對話的彈性機制，藉著柔軟的姿態、含糊的文意，消解政治上絕對的從屬關係，填補了被迫成為殖民地人民的無奈精神空缺。〔註4〕

在殖民地社會中，擁有流利文筆與社會聲望的台灣傳統士紳們，只要他們願意表態或不公開反對，往往能在新殖民政經體制中被賦予新的社會職分；而殖民者也藉由鼓吹重文尊賢的活動，達到懷柔撫慰的功效。殖民者先塑造一批台民因感己之落後，而願意接受挾帶著殖民主義、資本主義侵奪性質的現代性，再由他們傳播殖民的「偽善果」，協助殖民者改造台灣；這些願意配合成為新「典範」、「順民」的士紳們，扮演著殖民政府宣揚政策的傳聲筒及受益者，藉以獲得不同程度及層面的利益，這是一個互相為用的交換過程。而在這些看似絕對明瞭的政治權力位階關係中，實則存在著相對映照與改變滑移的動態可能，殖民者與被殖民者雙方應該都多少感受到對方的意圖，暗潮洶湧地進行著你退我進、我進你退的滑步移動。武力上不足差異所導致的落敗轉為刺激積極學習的動力，用以子之矛攻子之盾的深蘊力量改變強勢的殖民政權，殖民者的絕對權力隨時間推移而被稀釋，文化與國族的想像認同也得以重整，開展出了更多文化／文學／政治斡旋意義的可能性。而這個「模擬、學習、反思」的歷程正好可作為觀察日治時期被殖民者特意拉攏的傳統仕紳們的心理認知與行為狀態的漸變歷程。

〔註3〕同上註，布迪厄以為場域（Field）是個人投資其文化資本並運作習癖的脈絡。習癖指涉個人在世間行事的態度和習性，因此習癖成為具體且正在進行的歷史過程，內化成為第二天性而忘卻其歷史過往的積極呈現。每個場域都包含了個人、制度、影響力等多重積累的網絡，但有其自身的邏輯和結構。換言之，場域的數量無限，個人帶著他們獨特的習癖和文化資本，以混雜且不均等的方式到達或進入各個場域中，參見頁154，180。

〔註4〕關於謝氏如何以多樣的文學樣式從事各類題材的書寫，下章將以小說及古典散文為例說明之。

　　前面已提及了漢文是日台雙方初期接觸時可以互相溝通的書面語，而願意學習說國（日）語就成為願意接納日本帝國統治的具體行動之一，這些富有學養的傳統仕紳們接收著殖民者所釋出的意向，只要成為理解中日雙語文複雜系統的新文人——即可用日語口說能力與殖民者或是來台日人應對，也可用漢文書面語為介質——為殖民政權說解，他們就可成為獲得政權保障者，得到某部份的權力和利益，再配合上殖民者所引入的現代報刊體系，官方報刊就是奉殖民政權指導的「文明開化」機構，報刊的漢文記者也成為殖民現代性的台籍發言人，參與改造殖民地社會的工程，引導台灣人民進入殖民文明的政治運作中。

　　有鑑於此，筆者試圖釐析出謝雪漁如何在自覺或不自覺中將中國漢文概念連接到日本同文政策，建構（或稱為斷接）出新的漢文視域與殖民現代性接軌，呈現出既破又立、既新又舊的多層次堆疊文字表述空間？其又如何回應自二、三○年代風起雲湧的話文論戰。如果說總督府推動同文的最終旨意在於同化殖民地人民，那麼為何經歷了長達 40 年的殖民統治後，同文終究成為空虛的幻影，最後仍需藉由戰爭期間所提出的各項強制手段，全面制約各式的漢文活動，獨尊日本「皇民化」的重要？這些從理解、接受、置換到漸進、鍛接、重述的過程中，在殖民者的政策操弄下，被殖民者該如何逃避管制，用且戰且走的迂迴方式應對強勢的政策宣傳？漢文書寫如何以多重視野的交疊與再顯，對諸多的殖民者語彙，以纏繞、混雜的方式溢出殖民框架，說出自己的話文，重新表述台灣漢文的意涵？

　　針對以上的疑問，我們有必要從謝雪漁早期發表的詩作中開始談起。日治初期，謝氏曾對他耗費時日苦學的中國傳統詩書及漢文能力，有相當強烈無用於當世的失落無助感。其仕詞林〈感懷四首〉中言：

　　　　悔不曾攻有用書，可薰佳士未香如。

　　　　功名牛馬風前走，身世滄桑劫後餘。

　　　　止得邱隅深羨鳥，樂從濠前早知魚。

　　　　輪蹄歲歲勞南北，笑殺羊裘大澤漁。

〈其二疊前韻〉

　　　　別無長物只琴書，哭到途窮阮籍如。

　　　　愁緒春蠶絲不盡，錢囊冬澮水難餘。

　　　　惜珠爭奈教彈雀，緣木何從覓得魚。

未許壁間化龍去，織梭雷澤困於漁。〔註5〕

〈其三疊前韻〉（承前）

少特攤解滿床書，卻怪炙輠壯不如。
春草報暉心尚歉，秋鴻踏雪爪空餘。
搏風自愧藩籬鷃，失水誰憐涸轍魚。
煩惱魔催人易老，清閒福信讓耕漁。

〈其四疊前韻〉

家貧生計等傭書，投筆班超嘆不如。
愁破酒當兵力用，吟成詩或鬼名餘。
纏腰莫羨人騎鶴，彈鋏終羞客食魚。
花樣翻新年少讓，歸休我合老□□。〔註6〕

舊清朝的科舉仕進在新殖民時局中是不合時宜、不合世用的學養，陷入清貧困挫中的傳統士子謝雪漁不甘就此隱居終老，他以為劫後餘生的青壯生命，應該還有開創新局的能力與時間，雖然他也會猶疑，有「深羨鳥」、自由自在的想望，但隨珠彈雀的不平之心，更讓此際他有應台南知事磯貝靜藏推薦進入總督府國語學校語學部——國語學科就讀的動機，南北奔波、汲汲學習新學之舉，也許會讓如嚴光般隱居鄉間的友人「笑殺羊裘大澤漁」，但是，與其抑鬱而終，不如力圖再起，雖然現實環境此時看似龍困淺灘，但是他相信以自己積極努力、融入新局的作為，終究可以如馮諼客孟嘗君般，因勇於自薦、把握機會而受得賞識。遭困險而不志窮，極力振作精神，正是識時務者為俊傑的行徑，不遇只是一時，只要能坦然面對接受新局，自然有機會化危機為轉機，翻轉自己的困境，此乃燕雀安知鴻鵠之志的豪氣。是以，謝雪漁也展現出其願為「溫馴良善的日本臣民」的內在動機乃是深感「青袍久已儒生誤」，〔註7〕他清楚日本帝國的國力已躍居亞洲第一，是唯一可與西方列強抗衡的東方強國，清朝疲弱腐朽，自身難保，中國傳統學術亦在西潮的推擁下顯得無用，經世應時，就成為他再次學習、力求突破的強烈心念。而期待能在新時代中有所作為的謝雪漁，就成為勇於表態的傳統士子，以其漢文的學養基礎

〔註5〕《台灣日日新報》，明治36年8月30日，1601號，一版。

〔註6〕《台灣日日新報》，明治36年8月29日，1600號，一版。

〔註7〕語出《台灣日日新報》詞林〈甲辰舊曆元旦〉，明治37年3月9日，1754號，一版。

及台語的聽說能力，接受殖民者所帶入的新語言、新政策，利用通解和漢雙
語文的能力，進入了吟誦風雅的官紳文人交際圈中，開展了日治時期的社會
經歷。〔註8〕

　　清領時期，台灣各地的傳統文人原本就有文化雅集或組織詩社的文學活
動，謝雪漁在私塾就學時，一方面磨練其文采，先後請益於「科名春榜得經
魁」的許南英、「藻辭才子譽瀛東」的蔡國琳、「才華艷說八閩雄」的施士洁
等文士，〔註9〕台島易主前，也觀摩、參與過傳統文人用以切磋文藝，交流情
感，提昇社會聲望的詩社活動，因此謝雪漁相當熟習將文學雅事視為文士應
酬交際的活動。〔註10〕加上官方的饗老典、揚文詩會活動，揚文之風吹到了
民間，成為詩會、詩社再起的誘因。謝氏近千首的應和詩作數量，亦看出其
藉文會場合開闢、擴大個人在新殖民體制中的人際網絡，塑造社會聲望。〔註
11〕在他未進《台灣日日新報》前，就曾在《台灣日日新報》詞林中發表了〈南
菜園訪衣洲先生拜贈〉詩：

〔註8〕 謝雪漁自言在就讀國語學校期間「閱台日報章，讀藤園督憲及棲霞藩憲與內
　　　 台官紳，廣唱迭和佳什，見獵心喜，時一為之」。從將「嚮所讀經書，悉數高
　　　 閣，供飽蠹魚」到「技癢有作」、「頻與同事唱和」、「倡設瀛社」、「前後約三
　　　 十年間，所詠之數不少」，都可以知道謝雪漁將漢詩文的長才發揮的淋漓盡
　　　 致，因此在他身上，筆者以為可以描繪出漢文質變的個人軌跡。上引文可以
　　　 參見《奎府樓詩草・自序》。
〔註9〕 以上之詩句，引自謝雪漁：《奎府樓詩草》中卷〈感舊篇〉〈進士許南英夫子〉、
　　　 〈孝廉蔡國琳夫子〉、〈進士施士洁山長〉，亦可參見《台灣日日新報》〈感舊
　　　 百詠一〉，《台灣日日新報》，昭和6年3月3日，11094號，八版。《雪漁詩集》，
　　　 頁39。
〔註10〕如他在瀛社詩壇：〈瀛社雅集即事得橫字〉中言成立瀛社乃是延續漢詩風雅：
　　　 「……韻事當年曾不減，浪吟教憶赤崁城。（余在南時曾附浪吟詩社之末故
　　　 及）」《台灣日日新報》，明治42年7月11日，3359號，一版。在〈憶窺園〉
　　　 一詩中，也提到「窺園昔所遊，高會時興偕。」《台灣日日新報》，昭和8年
　　　 10月17日，12045號，八版。亦可參見《雪漁詩集》，頁79。
〔註11〕詳細的詩名及發表時間，可以參見筆者以所見整理出的謝雪漁漢詩作品目
　　　 錄，依筆者目前收錄的資料，扣除同詩於不同報刊發表的數量，概算謝氏漢
　　　 詩作品約有三千四百多首。部分詩作亦可從其《台灣日日新報》中所發表的
　　　 〈感舊百詠〉及後收錄於《奎府樓詩草》的中卷〈感舊篇〉及下卷〈寄懷篇〉
　　　 的作品，得知其綿密的中日台友人交流網絡。或許這些詩作也可以視為某種
　　　 形式的「詩話」紀錄，其用漢詩體例，挑選對此人、此事最有感受的特點加
　　　 以書寫，並由詩名可知其與他人的關係，或是該人職稱、社會地位為何，因
　　　 此既是記情又是記史，詩句中帶有對新時局的各項觀察、記述、抒懷，頗有
　　　 互為參照及可觀之處。

　　數椽茅屋寄吟身，負郭依村出俗塵。

　　繞宅雲山俱入畫，成蹊花柳自爲春。

　　<u>酒樽坐滿論文客，車馬門多問字人。</u>

　　<u>信是前生謫仙吏，得消清福有緣因。</u>

　　竹關同□謁淵明，掃徑偏深愛客情。

　　李郭神仙初面識，機雲才藻久心傾。

　　憑看顧度金針巧，勝讀欣聞玉屑清。

　　<u>此後端宜絲買繡，敢云求友效鶯鳴。</u>〔註12〕

南菜園是第四任總督兒玉源太郎的度假宅邸，環境清幽，樸素的木造建築是兒玉在台期間公餘的休憩之處，當地田園景象秀麗，雲山環繞，溪流繞宇，處處可引發詩興，雖興築此地的主人兒玉未長期留台，但南菜園已是兒玉時期舉行文會的重要場所，其言「酒樽坐滿論文客，車馬門多問字人。」日台詩人在此吟誦風雅，切磋詩藝，「敢云求友效鶯鳴」，營造出文人間和樂融融交際之樂。而能獲邀進入南菜園，對於身爲被殖民者的台籍文士更是極大的殊榮，因此謝雪漁吹捧日本漢詩人的詩作是「李郭神仙初面識，機雲才藻久心傾。」應總督之邀來台訪住的籾山衣洲詩藝如同「謫仙」般，自成高雅品韻，才藻文辭別具格調，能開闊台籍詩人的眼界，以日本漢詩意境之美，提升台灣漢詩文藝，極力展現願攀交爲詩友的企圖心。

〔註12〕《台灣日日新報》，明治 37 年 2 月 9 日，1730 號，一版。籾山衣洲（1855～1934），日本東京人，明治 31 年（1898）應臺灣總督兒玉源太郎之聘，來臺參加揚文會並擔任《臺灣日日新報》漢文欄主筆，深獲信任，居總督別邸「南菜園」，爲日治初期來台之著名漢學家。後奉命編輯《南菜園唱和集》，該詩集前有籾山於 1900 年春所作序文，說明南菜園得名及建築與活動特色，內文首錄兒玉結廬於古亭庄時所作絕句一首：「古亭庄外結茅廬，畢竟情疏景亦疏。雨讀晴耕如野客，三畦蔬菜一床書。」共收錄諸家和韻八十七首，詩集所收錄之詩作內容多以風雅之姿寫南菜園時有品茶、閒耕、讀書、賞花、玩月之樂。而籾山之詩幽婉雅致，鏘然可誦，被同爲日籍學者神田喜一郎及島田謹二共推爲文壇祭酒。居臺六年（1898～1904），著有《鬢絲懺話》。其人相關紀錄可見《臺灣歷史人物小傳：日據時期》（台北：國家圖書館，2002年）。施懿琳撰：《台灣歷史辭典》（台北：遠流出版，2004 年），頁 553。《全台詩》作者個人資料，第九劃，籾山衣洲條目爲楊永智撰。對於其人近期的研究則可以參見薛建蓉：〈日本漢詩人籾山衣洲在台經驗、交遊及其對台灣文壇的影響〉，國立成功大學文學院主辦的「異時空下的同文詩寫——臺灣古典詩與東亞各國的交錯」，2008 年 11 月 29、30 日。

　　而籾山衣洲離台時，謝雪漁也不忘發表了〈送衣洲詞長旋梓敬次留別瑤韻〉詩：「一葉扁舟返梓鄉，武甯遺跡讀書堂……知交應羨歸來客，滿載詩篇艷舊裝。」〔註13〕《感舊篇》〈籾山衣洲先生〉詩：「譯學僑津寓四年，燕雲詩集世流傳。重逢海嶠鬚眉白，贈字猶勞擘素箋。」〔註14〕二詩稱揚籾山在台期間詩作甚多，滿載詩篇歸鄉，日台皆留下文名，對己有贈字之誼。而謝氏除了與日籍文士積極交流外，〔註15〕謝雪漁更不忘對官員的送往迎來留下應和詩作，如其在明治39（1906）年在詞林發表〈恭送棲霞方伯上京〉二首：

　　　　九載勤勞治化成，戴公恩德識公名。

　　　　蜺旌今日去瀛嶠，黎庶攀轅泣送行。〈之一〉

　　　　近世環球尚殖民，如公政策殆非因。

　　　　富源開拓滿南野，機杼爭看又出新。〈之二〉　〔註16〕

〔註13〕　《台灣日日新報》，明治37年4月21日，1790號，一版。

〔註14〕　謝雪漁：《奎府樓詩草》中卷〈感舊篇〉，《雪漁詩集》，頁42。

〔註15〕　同上註，除了籾山衣洲外，謝雪漁也跟諸多日籍漢詩人亦有很多的應和之作，如伊藤壺溪、小泉盜泉、館森鴻、豬口鳳菴、鷹取岳陽、尾崎秀眞、藤波千溪等，而這些發表於報刊的你來我往的和詩，無形中也提高了謝雪漁的知名度，讓他可以逐步以詩藝踏上詩壇祭酒的位置，進而進入以日人爲主的政經領域中，有綿密的人際網絡發揮其社會影響力。

〔註16〕　詩出自於《台灣日日新報》，明治39年10月3日，2529號，一版。棲霞方伯指後藤新平，因爲當時第四任台灣總督兒玉源太郎常不在台灣。任期自1898年2月至1906年4月。（1900年爲伊藤內閣的陸軍大臣，1903年爲桂太郎內閣的內務大臣兼任文部大臣，後轉任參謀本部次長。日俄戰爭爆發後到遼東半島任滿州軍總參謀長）故民政長官後藤新平就成爲此段期間治臺的主要人物，推動一連串的土地調查、人口普查、漸禁鴉片、鐵道路修築、港口建設、專賣制度等政策，而謝雪漁在初入《台灣日日新報》時，就發表甚多贊同、鼓吹其政策主張的社論。而南滿在日本帝國眼中是擁有豐饒物資之地，更是進入清國領土的前方軍事要塞，因此日俄兩國皆覬覦其地的資源與險要戰略地位，日帝國在戰勝俄帝國後，看似可以獨佔滿州的利益，但仍在列強的施壓與考量要進攻中國領土下，於1931年扶助溥儀成立滿洲國，更於1934年讓溥儀稱帝，看似復辟帝位，但實質的統治權力仍是屬於日本關東軍，這一段史事，謝雪漁在〈滿州國頒帝制溥儀執政即位謹賦〉詩中寫到：「有無分合事何常，朔漢河山祖發祥。縱說新邦仍舊國，翻新（卻教）執政做興王。成功士飲黃龍府，應運人生白燕鄉。封衛楚邱齊創霸，桓公恩義哪能忘。」《雪漁詩集》，頁88。原詩刊在《台灣日日新報》，昭和9年3月1日，12179號，八版。由此而知，日帝國對於南滿的勢在必得並非一時起意，而是有長遠的考量，有將其納爲繼台灣之後第二個殖民地的打算，因此才會調動兒玉源太郎及後藤新平先後進入，開發南滿。關於日滿華之間，可參考張明權的相關論述。

前詩將後藤新平以懷柔揚文方式收攏文士之舉稱爲恩德、教化，當時台灣總督兒玉源太郎因兼有他職的原因，留台時間不長，殖民地台灣的政務多爲民政長官後藤推動，後藤形同是殖民地最高權位者，因此謝雪漁用形容帝王的「蜺旌之去」寫後藤離開台灣至南滿任鐵路株式會社的首任總裁之事。後藤的「生物學」理論，使殖民地治理很快有了基本的雛型氛圍，〔註17〕謝雪漁在明治時期，多次發表了關於土地調查、戶口普查，風俗習慣調查等政策評論，〔註18〕而台民是否眞如詩中所寫「攀轅泣送行」，或許有誇美之意，但也可推知後藤離台之際必有眾多日台籍官員士紳列隊送行。第二首詩提到後藤離台之因乃是因接任開發南滿的重責任務，頌揚其可以治台的殖民地經驗爲依據，順利經營形同第二個日本帝國殖民地的東北地區。前後二首著各有焦點，既褒揚後藤的治台政績，也爲後藤離台寄上祝福。

另，兒玉源太郎過世二十五週年忌時（昭和6年），謝雪漁亦寫了〈藤園將軍廿五週年忌南菜園追思會席上賦〉：

> 將軍跨鶴自遊仙，南菜園荒廿五年。
> 巢燕樑間明落日，歸牛林外直炊煙。
> 藤花一架蟠庭側，樟樹雙株聳屋前。
> 手澤摩娑談往事，龍蛇草字讀遺篇。〔註19〕

詩壇〈南菜園懷藤園將軍〉：

> 將軍仙去經卅載，芳躅尚餘南菜園……

〔註17〕其言：「殖民地行政計畫，在目前科學進步之下，必須根據生物學的原則。也就是要發展農業、工業、衛生、教育、交通、警察。如果以上各項能夠完成，我們就可以在生存競爭中獲得保全及勝利。」相關的論述可以參考楊碧川：《後藤新平傳：臺灣現代化奠基者》。（台北：一橋，1996年。）

〔註18〕如其在《台灣日日新報》，明治38年4月30日發表〈論台人之愚昧〉一文，談到以公債收大租的政策（2096號，三版）。同年5月4、19日談〈活財說〉，鼓吹個人財富必須活用以利群利國（2107、2112號）。5月24日〈論納妾之弊害〉言維新後，納妾爲法律所約束之（2116號，三版）。9月30日〈國事調查辨惑〉言調查重點在了解日治台十年間殖民地教化及國族種族的認同問題，受日語教育的人數多少？能辨五十音及讀日文者多少？（2226號，二版）。從這些議論的發聲，都可以看見謝雪漁身爲《台灣日日新報》的漢文記者，肩負有傳導政策的教化社會責任。

〔註19〕原詩發表於《台灣日日新報》詩壇〈南菜園藤園將軍追悼茶會承招感賦〉：「將軍跨鶴自□仙，南菜園荒廿五年。巢燕□閒明落日，歸牛林外直炊煙。閉門豈□英雄跡，闢疆還參老佛禪。手澤摩娑談往事，□□□□下雲天。」（昭和5年7月31日，10881號，四版），改寫後收錄於《雪漁詩集》，頁18。

詩卷酒樽壇坫開，不將人格分外內，

一視同仁欲實行。巍巍蕩蕩無能名，

恩威並濟民心服……（日俄朝鮮戰功）召公南國遺甘棠。〔註20〕

對於一位實質在台時間不長的武官總督，謝氏溢美地推崇其治台的德績，是「不將人格分外內，一視同仁欲實行」，而其中最令人感懷的即是恩威並施的揚文之舉及開疆拓土的殖民之功，以周代召公行德政，人民感戴形容之，可算是有心治理殖民地的總督。〔註21〕那麼對於首位文官總督田健治郎，以素愛漢詩文吟詠著稱，又是如何讚譽？大正10年瀛社主辦全島詩人聯吟，到會者百餘人；田健治郎總督亦於會後遍邀中日詩人開吟樽，自吟七絕一首，使席間次韻，共得詩百餘，由鷹取田一郎編纂爲《大雅唱和集》，該詩集題名爲「大雅」，取揚文風雅的意義，是倡文治社會之實際作爲。〔註22〕謝雪漁有〈寄田讓山爵憲〉詩：

〔註20〕 《台灣日日新報》，昭和11年7月23日，13047號，十六版。

〔註21〕 謝雪漁頌揚治台總督的詩篇頗多，依筆者所見，除了第一、二任總督樺山資紀、桂太郎未見其紀錄的詩篇外，其對第三任乃木希典有《台灣日日新報》詩壇〈懷乃木將軍〉：「兩洲國境跨歐亞……清室何弱俄何強，欲吞蒙滿滑華夏，東洋一角古扶桑，助弱鋤強罪無赦……（日俄奪滿州）皇師仁義不誅降，簞食壺漿遠相迓。武士之道大和魂，環球震動揚聲價……」（昭和11年11月22日，13168號，十二版）。頌揚乃木希典的軍事成就，能以助弱（清國）鋤強（俄國）的大和魂精神，率仁義之師的姿態，堂堂皇皇地進入佔有中國東北。而其與第五任總督佐久間左馬太，則因推行斷髮改裝一事有所面會，《台灣日日新報》〈臺政要聞——謁督憲稟斷髮會事〉（明治44年2月8日，3849號，二版。2月28日，3849號，二版重刊一次。）而對於在生前留遺囑，要將墓地設置於台灣，卒於任內的第七任總督明石元二郎，謝雪漁則有〈明石督憲靈轜歸葬臺北賦此誌哀〉詩「……擁劉威德在三韓，警政權操策治安……從容持節鎮台疆……大銘柏陰繼藤園，儒雅風流有定論，奇句公餘閒抒藻，吉光片語漢詩存……」（大正8年11月3日，6964號，三版）詩中稱揚其特別重視警察事務，平靖地方治安，更是繼藤園之後頗有雅興詩懷的總督，而願歸葬台灣之舉，更是護國鎮台的終極象徵。後尚有〈督憲內田竹窗先生〉、〈督憲伊澤多喜男先生〉、〈督憲上山蔗庵先生〉、〈督憲川村亞洲先生〉等詩，因爲數頗多，不再一一列舉，相關詩作可見《雪漁詩集》。

〔註22〕 鷹取岳陽在〈大雅唱和序〉中言：「百廢俱興，今茲歲在辛酉冬十月廿四日，天氣清爽，雲影閒澹，後園菊殘，幽香可人，乃設席於石檻之上，以延請文雅之士。茂林脩竹，仰瞻王右軍之衣冠；流水長堤，緬想石季倫之襟度，咸謂此會繼述前人遺縱，以影扢揚風雅之旨，實一代盛事也……蓋我臺雖僻處于海隅，詩書絃誦，文華積秀既久，所謂海濱鄒魯者是歟。乙未變革之後。藤園將軍風懷淳雅，夙有揚文興化之志；幕佐後藤棲霞氏，亦甚解其意，於是乎南菜園唱和忽成，烏松閣唱和亦續成。木鐸鳴盛，今尚可想也。自將軍歸去以降，風氣漸移，文章漸衰，時運所嚮，不勝慨嘆。當此時，迎讓山總

南巡鶴駕駐台疆，學者榮膺列薦章。

錦盒菊紋宮內果，恩頒先祭祖宗嘗。

〈敬悼讓山田男爵〉：

封疆重任寄文臣，駐節南瀛首治民。

薄賦輕徭除制舊，明刑弼教煥猷新。

襄陽廟貌悲羊祜，河內蒼生念寇恂。

青簡名原高紫府，迎歸緌仗有仙人。〔註23〕

這兩首詩中，從寄到悼，表達了謝雪漁對於帝國以文臣治台的感佩，一方面感謝讓己榮獲學者紳章之肯定，文官治台代表殖民地台灣已經可以脫離用軍事鎮壓的動盪時期，另一方面也讚許田健治郎任內以內地延長主義作為治台的方針，標榜「內台融合」的同化政策，謝雪漁以三國羊祜喻總督所釋出的善意，稱許能減輕賦稅、去除舊制、改革法治、安撫民心，加上文臣總督有漢學涵養，能使用漢文記事（寫日記）寫詩（漢詩文），因此就如東漢寇恂般，以博大心胸寬容治民，以宰相之才智慧處世，藉由這些稱譽，謝雪漁感受到可以更往成為日本人一途前進。〔註24〕

督於我臺灣，天未喪斯文可知矣……」鷹氏將吟誦風雅之事，上與中國魏晉文人的文雅生活方式相比，然後視台灣為海外鄒魯之地，因台灣自明鄭時期起，大量接受了中國文化的薰陶，而乙未變革後，更因為日本治台的殖民事實，讓台灣可以免於動盪，遠離清朝被列強欺凌的屏弱與無助，接受日本歷任總督的倡文懷柔的用心，得以感受日本漢學之美，因此台灣士紳應該心懷感激，如此才算是未喪斯文的明智之舉。此番論述，既表明了當時台籍文士們與日本漢學者的深層心理狀態，日本漢學可供台灣漢學觀覽，中日間的歷史淵源及國勢地位的翻轉雖始料未及，但如今世局的轉變是巨大且無可抵抗的。而對於台籍文士而言，日本帝國也算是接受過漢文化圈薰陶的文化之國，而這些日籍官員及漢詩人也的確擁有一定的漢學基礎，能藉文雅之事緩和緊張權力關係，因而也在接受唱和懷柔之餘，逐步認可了殖民者擁有統治的實質權力；而對於日籍漢學者而言，來到台灣，可以讓他們感受到塑造文雅社會的使命感，畢竟日本國內自明治維新之後，西學有取代漢學地位的趨勢，漢學從原本貴族必備的涵養逐步成為記懷興致之藝，因此就在各有所求、各有所需的互動下，台灣士紳們接收了殖民者刻意塑造出的文治社會、生活安定的狀態，願意發揮他們原有的社會影響力，讓總督府治台的窒礙能夠減輕阻力及消除異聲。

〔註23〕《雪漁詩集》頁 19、30，後詩原刊於《台灣日日新報》，昭和 5 年 11 月 22 日，10994 號，四版。

〔註24〕田健次郎任內提供共日台共學通婚，謝氏於《台灣日日新報》〈第廿五回始政紀念感言〉有「且今者田督憲新開共學之例……又將創通婚之制……養育第二

　　但謝雪漁在文壇政商界的經營之路並非一路平順，身爲被殖民者揣測
殖民者心態時，難免會有所偏失，謝氏雖也不斷地調整其以漢文寫作的言
論範疇與深度，探摸界線，減少犯忌的可能，但有時亦會遭懲警告，最明
顯的例證即是他外派至馬尼拉辦報的經歷。謝氏於在明治 45（1912）年春
疑遭人構陷加上思想有誤，而此時《台灣日日新報》出現財務窘迫的狀態，
〔註 25〕因此謝氏被外派、遠行到南洋珉埠（菲律賓馬尼拉），擔任《公理報》
主筆。於馬尼拉停留半年後（3 月 5 日離台，9 月 22 日歸台），以水土不服、
氣候不適爲由匆促返台。這段先搭輪船至廈門、福建，再至南洋的旅程，
是謝雪漁首次踏出台島的海外遊歷經驗，因此他寫下了心情感觸與觀察南
洋風土民情的詩文作品。此段看似被拔擢、主辦海外漢文報刊的光榮經驗，
實際上卻是台灣漢文記者被試煉、修正言論的外放經驗。〔註 26〕

　　謝雪漁在大正 7（1918）年的〈紀念日之蕪詞〉文中，隱微地表達了這段
被派駐海外的原因：

<hr>

代國民」之語。（大正 9 年 6 月 17 日，7191 號，二一版）又興辦高等教育，
將原本的國語學校改爲台北師範學院，有〈國黌同窗會預聞〉：「本年學校同
窗會……又同校現經改稱爲台北師範學校，故同窗會之名義，亦要於是日磋
商改易云。」（大正 8 年 11 月 3 日，6964 號，三版）另有鼓吹崇聖會及祀孔
事宜，以獎勵民風淳厚，有〈總督與崇聖會〉：「崇聖會長木村匡及幹事李種
玉、謝汝銓三氏十四日聯袂到總督官邸訪問喜多秘書官，敘禮後談及崇聖會
有希望文廟再興之熱心云云。」（大正 8 年 11 月 16 日，7007 號，六版）謝氏
於大正 10（1922）年任台北市委員，羅蕉鹿於南瀛詩壇有〈白水雪漁潤庵諸
社兄兼任市委員撮什誌快〉詩：「從容扇羽又巾綸，此去興情謂下詢。勿泥庶
人議有道，蒭蕘端不外先民。」（大正 10 年 6 月 29 日，7568 號，三版）亦召
開第一回評議會等舉措，都可見謝氏對田健次郎極力推崇，甚至以官派代表
的身分赴日參列孔子二千五百年的大祭，謝氏在此段時期與總督府的互動關
係極爲密切，有助於提高文壇、政壇、商界的聲望。

〔註 25〕《雪漁詩集》〈戲贈辛未歲君〉有「獄疑角觸罪人得，詩美素絲化南國……吞
氈嚼雪憐孤忠，證擾陷親羞直躬……」此詩原刊於《台灣日日新報》，昭和 6
年 1 月 9 日 11041 號，四版，頁 13。魏潤菴漫評爲：「古詩點綴故事，不過一
種遊戲，故名戲贈。」另王采甫：《雜錄》有〈祝賀謝雪漁社友創設南洋公理
報成立〉詩九首。謝汝銓在瀛社詩壇：〈將之呂宋瀛社友開吟宴於宜園送別賦
謝分眞韻〉：「載筆天南欲繪春，漫言分袂太無因。高樓一角開吟席，翻謝宜園
好主人。」由此可知，謝雪漁並非出於自願至海外發展，「太無因」就是有外
在的因素所造成，面對此一無法抗拒的馬尼拉之行，眾親友們只好以「壯遊」
慰藉之。

〔註 26〕台籍漢文記者被外放恐非少數特例，如魏潤庵曾至福建閩報、林子楨至廈門
等，這些漢文記者的海外遊歷或是派駐海外辦報的經驗，是個值得觀察省思
的現象，筆者擬留置日後再整理探究之。

本報創刊於明治三十一年五月。余自南來北。就學於國黌者。正在
此時。曾取讀於圖書室。深知其有價值。然未知作者之苦心也。迨
明治三十八年春仲，辭警官練習所教職，入本報，學操觚，翻閱新
聞條例，又親見社長主筆其他同事，每日編輯報章，苦心造詣。無
論與國家社會有利害關係者，即一物之細，一事之微，苟足以資人
群之發達者，靡不搜羅及之。言論樹人類之楷模，記載盡環球之情
狀，<u>政府倚爲股肱，然非阿諛權勢也。於是余乃知報社之經營不易，
而記者之責任匪輕矣。</u>顧余之廁身操觚界者，亦既經十四年於茲，
人事變幻……彼先余而來，迄今尚揮健筆，十餘年如一日者，其爲
尾崎古村一人乎。<u>我漢文報紙，亦隨時勢之推移，與和文報紙，由
合而分，又由分而合，將分而余來，復合而余去。余之來，以擴張
篇幅，有需佐理而來。余之去，則非削減版面，淘汰冗員而去，蓋
余之來有因，而去則太無謂也，以思想有錯，遂不得不暫去者。</u>余
之去而復來，今又過六年矣。奈無崇高學識、璀璨文章，以補益社
會，<u>只做漢丞相依樣畫葫蘆</u>，爲最可羞耳。當此二十周年之紀念日，
能以潦艸文章，穢諸君目，爲余大幸……〔註27〕。

在這篇文中，謝雪漁敘述自己初入《台灣日日新報》時，是寄望自己身負文
明記者的職份，報導國家社會事務，紀錄時局變革，以「苦心」引導人群進
步，以史官之筆褒貶直書，爲政策提供建言。但很快地，他發現了即便有心
進於文明、用心編輯報刊，但台島是日本帝國的殖民地，台民是殖民地人民
──是次等的被統治者，因此在思想或行徑上動輒得咎，若稍爲疏忽，無法
正確臆測上意，即可能以「思想」有誤之故，觸犯報紙檢閱條例；或是在言
談笑鬧時，不經意得罪日籍官員，亦有可能遭到構陷，以行爲不當之因成爲
被懲戒的對象。

　　獎罰本是一體兩面，權力擁有者以獎勵誘導的方式，引人進入遊戲規則
中，必須符合遊戲規範者，才能持續參加獲取權力的遊戲。換言之，權力是
建立在給予之上，看似獲得，實爲剝奪，它剝奪了自由意志的展現，它限制
了可以探究的空間，因此當殖民地人民爲獲得名利的獎勵而遵守規則時，無
意間就陷入權力的泥淖陷阱中。「規訓權力主要是通過整理編排對象來顯示自

〔註27〕《台灣日日新報》，大正7年5月1日，6413號，六版。

己的權勢。」﹝註28﹞這些有權在報刊上發表文章的漢文記者實則處於被支配、被觀看、被檢視思想的位置中,那究竟謝氏犯了怎樣的「錯」以致被懲,筆者嘗試檢視其被外放前所寫作的詩文作品,推想謝雪漁究竟在文字中表露出何種思想上的錯誤?

〈愛茗說〉:

……人多嗜酒,吾獨愛茗,愛其性之淡也似道,而苦也似介,與吾有同也……夫佳茗如佳士也,患無有用者,尤患不善用之者。有用之者,其才學可以見,有善用之者,其才學乃得展。今之用人者,亦不善飲茗者等耳,固欲以其祿秩,羅致佳士,然其未得也。想慕如渴,既得之,又不爲大用,與之以薄俸,置之於末班,似有所待,士以其初就也,忍不敢言,遲之又久,不克自見,遂與素餐者無以異,而用之者,漸視如凡庸,而惡其剛直,且欲使之奴顏婢膝,阿諛苟容,以取悅於己,士至於此,非易其操守,變其氣質,不可一朝屈也,夫既失操守矣,改氣質矣,尚得謂之佳士乎哉?是猶以銅鐺煮茗,而欲得其天然香味也,不亦難乎?﹝註29﹞

此文中,謝氏說自己性淡而苦,堅持操守,有爲有守,有才有能,可惜殖民者以爲台民無知,不願重用,抱怨懷才不遇之語直接強烈,指控殖民者得佳士又不用佳士,只以微薄的俸祿敷衍了事;又處處設限,惡其剛直,並視爲庸俗之人,欲使奴顏婢膝,令佳士蒙受尸位素餐之恥,更於文末諷刺殖民者如「銅鐺」,根本不識「佳茗」,著實是令人苦惱難耐。此段毫不掩飾的怨懟之情,直指殖民者未能眞心善待台籍人士的抨擊,勢必引起日籍官員或報刊主筆的不滿。

另,叢錄雜著——〈假樓記〉:

余浪跡於瀛北者十四(按 1897~1911)年,居艋津者十稔,庚戌季冬朔後三日,內人出所蓄私財,購翁氏舊宅,將爲久住之謀。地鄰清水岩,少塵市囂……曰假樓……因諭之曰:名者實之賓也,本無其實,而飾以美名,實之不存,名將焉附?……汝曹能有成,則由今日之假,或有後日之眞,今日之假又何傷?倘汝曹無所成,則欲長留今日之假

﹝註28﹞ 米歇爾・傅科著,劉北城、楊遠嬰譯:《規訓與懲罰:監獄的誕生》,第三部份,第二章〈規訓的手段〉(台北:桂冠,1992 年),頁 221。

﹝註29﹞ 《台灣日日新報》,明治 41 年 1 月 1 日,2901 號,六版。

者，恐不可得……況自滄桑變後，吾之爲□亦假也，覺今吾之吾，非故吾之吾，故吾之吾爲眞吾，今吾之吾爲假吾……以假吾之吾，與汝曹共處斯僂，□□其宜。名之以假，正以求吾之眞精神，捨假之一字，實無其旨者。且今天下事事□假，孝悌忠信，禮義廉恥，人生之最要也，亦有以假爲之者，何論其他？又何論乎斯樓？汝曹既厭斯樓之名爲假，則事事宜戒其假，而求乎眞，則此樓假亦爲汝曹之箴□也。兒輩□喻余意，而樓遂定其名爲假焉。〔註30〕

謝雪漁以新居落成爲題，論到眞假之別，他坦言滄桑後的自己已非昔日之眞己，今日之己算是假，眞己是佳士，假己則是受人驅使的漢文記者。社會萬象眞假難辨，徒令人憾恨與不平。新居命名爲假樓，實則是以假爲戒，外相可以虛假，但內質必須守「孝悌忠信」、「禮義廉恥」，方是爲人準則。換言之，因台島易主，在時代變動之際，人唯一之眞應是道德操守，若無法兼善天下，就獨善其身，爲人力求眞實，才不致於迷失眞我，故被時所迫由眞轉假乃是不當之事，宜深自警惕，以此爲戒。是以，此文中，謝雪漁的深層意識裡仍以儒士自許，欲堅守儒者防線，若不是爲求生活平穩，實不願因微薄俸祿而奴顏屈己，故勉子孫以虛假爲戒，時時謹省在心。而此種心態，讓日方警覺到謝氏親日的動搖。

又明治45年，謝雪漁有〈哭毓卿社友〉詩：

其茲鯤海作遺民，吹聚萍蹤有夙因。

此日道山君竟去，關情痛癢更何人。

亢宗有弟亦能人，能護妻兒養老親。

似此全無身後慮，也勝孤憤活紅塵。〔註31〕

〈將航呂宋留別諸吟朋〉：

爲有新恩未忍忘，卻教行止費商量。

言歡舊雨兼今雨，寄跡他鄉等故鄉。

相馬人爭思伯樂，除狼我獨問張綱。

前途第一快心事，禹域江山色換蒼。

春風短舸趁波平，書劍天南賦遠征。

願把金針度鴛繡，羞爲瓦釜混雷鳴。

〔註30〕《台灣日日新報》，明治44年6月26日，3983號，一版。
〔註31〕《台灣日日新報》，明治45年1月22日，4185號，四版。

有其後會勞群待，無限相思懶獨行。

餞送渭城三疊曲，一杯酒飲故人情。〔註32〕

詞林〈鷺江旅旅次晤南樵兄出滬上與陶黃白三詞人唱和詩相示即次其韻〉：

忍讓劉鞭著早朝，聞雞舞自超中宵。

已無駭浪翻滄海，尚有妖雲幻碧簹。

憂患可知時末艾，興隆漫說日非迢。

揫秤一局旁規者，柯爛何堪做晉樵。

楚囚何幸脫南冠，大地春溫不覺寒。

得易卻教亡亦易，創難須識守尤難。

前籌著欲張良借，遣興杯憐杜甫寬。

一管手錐三寸舌，功成休作等閒看。〔註33〕

「孤憤活紅塵」是沉痛至極，而孤憤之因乃是由於思想有誤、遭人構陷，又要被迫遠渡重洋、離鄉背井，得易失亦易，如果說離台是無法拒絕的強勢要求，那麼謝氏只好自我安慰此行乃是以漢文金針度人的壯舉，並兼有紀錄時局，傳播文明之效，此亦是感念「新恩」的具體表現。告別在即，親朋開擊鉢吟相送，林石崖有〈次韻送社友雪漁兄赴馬尼拉〉七古詩：

七尺昂藏志不忘，東山功業更難量。

何須展布愁無地。正好風雲會異鄉。

萬卷善收新學術。孤芳雅守舊倫綱

（君有倫常宗舊學術維新之聯故及）。

此行霜雪都消盡，無復欺人鬢髮蒼。

八年（按：入台灣日日新報社）褒貶慎持平，又好風騷事遠征，

一筆無寬嚴董筆，善鳴直愛作郊鳴。

文章自古多陳跡，世界于今重實行，

此日送君南浦去，綠波春水不勝情。〔註34〕

〔註32〕《台灣日日新報》，明治45年2月18日，4210號，四版。

〔註33〕《台灣日日新報》，明治45年4月21日，4271號，三版。

〔註34〕《台灣日日新報》編輯謄錄載有「雪漁馬尼拉之行，本日下午三時，吳昌才君別墅宜樓上，有瀛社社友擊鉢吟會之送別。明日下午三時餞別會則在龍山寺也。」（明治45年2月21日，4213號，五版）。2月23日（4215號，五版）刊有「雪漁氏送別會盛況：……是日來會者計百人，內地人伊藤本社主筆小野西洲二氏，桃園吟社詩人簡朗山氏基隆區長許梓桑氏亦代表來會……極未

林氏寬慰謝氏雖是離鄉，但往遠處想，以謝氏春秋鼎盛之年，秉持不畏艱難之精神，將爲國雄飛、遠行之事視爲兼善天下之行，散播新學新知，讀萬卷書，行萬里路，眞可算是時代的中流砥柱，且有助於擴展個人視野與建立功業。

而馬尼拉之行過後，謝氏確切感受外放的無奈與難堪，讓他返台後不再輕易發出「不平之鳴」，也不在報上「大鳴大放」，此後他的言論措詞更加溫順，姿態更爲柔軟。

進入了大正時期，第一次歐戰結束，歐美列強無暇顧及在亞洲殖民地既有勢力，日本帝國在外在壓力鬆弛及內部資本主義蓬勃發展下，興起了眾多的社會運動，如追求政黨政治——開放民眾參政權，自由主義——站在人道主義的立場，馬克思主義——無產階級運動等，這些內地的社會運動思潮也逐漸經由日籍人士、台籍留學生及海外報刊的銷售管道進入了殖民地台灣，在開放台民參政權方面，先有以「同化」主張爲名所組織的「台灣同化會」，爲台籍士紳參與人數最多的團體，對總督府造成一定壓力。大正2（1913）年林獻堂赴日與日本明治維新大老、自由民權運動領袖板垣退助伯爵見面，指出殖民地台灣日台不平等的現況，並主張台灣應該是日支親善最佳的溝通橋樑，因此隔年板垣退助應台籍士紳林獻堂、蔡培火、蔡惠如等人之邀抵台，並於大正3（1914）年12月20日在台北成立同化會，該會成立的目的在消除日本人與台灣人之間的差別待遇——「使土著之島民與日本官民互忘其形骸而渾然同化」，板垣退助並前往台灣中南部進行演講活動。在板垣退助的聲望和林獻堂等人的號召下，同化會人數多達三千多人，其中多數是台籍各領域的士紳或是知識份子，參加同化會蔚成一股社會風潮。但板垣離台後，總督府開始一連串的整肅活動，並於大正4（1915）年1月26日以「妨害公安」爲名，下令解散該會。即使以台民爲主體的同化會遭到解散，但總督府依然必須面對此一風潮做出貌似善意的回應，藉以標舉將一視同仁的同化政策視爲施政主軸。但「一視同仁」能達到怎樣的程度，則依台島的民度（人民程度）而定。

面對同化的訴求，謝雪漁有〈歲首感言〉言：

> 改隸以來，寒暑幾易，此所謂新曆正月元日者。今既經二十二次於

有之盛況。」2月26日（4218號，四版）有瀛社詩壇：〈宜園小集送雪漁詞兄之呂宋〉，如洪以南、黃贊鈞、林子楨、王采甫等人都寫詩贈之。

茲。然歲歲年年，循例致祝者，殆惟內地人耳。本島人除奉職官屬
與會社，或與內地人有密接關係，形式的迎年者外，□淡然視之，
漠然置之以爲內地人之迎年也……本島人之願望同化，不幾等於口
頭□，而無誠意者乎。今年本報提倡改曆，贊成者如響斯應，幾遍
全島，雖時期已晚，然尚得爲桑榆之收，羊牢之補也，如是豈獨本
島人之幸哉，於政治亦殊有裨矣……近者督府當局，明察幾微，知
非向精神的方面刷新不可，爰欲藉宗教之力，以爲政治之臂助，道
德齊禮之意……曆數翻新，舉凡精神智慮，一一鼎新，以臻新機運，
以爲新國民，以得新幸福，是所以辦香祝之者也。〔註35〕

台灣改隸以久，一年又始，雖傳統台灣社會重視舊曆新年，但新曆元旦是現
時的官方曆法，故台民在制度面上，還是必須表現出有意「同化」的表現，
而精神同化亦須努力，可藉由宗教的信仰，加速政治、智慮上的「同化」進
展，方可成爲「新國民」，有「新幸福」。〔註36〕

是以，漢文、漢學、儒教混同成爲宣揚國民性的利器之一，必須作爲佐
理殖民政權穩定的工具，發揮引導日本臣民精神之用，而台民亦要確切地認
識日本天皇國體，國民精神成爲一種宗教性的空虛、崇高、不容置疑的內涵。

簡言之，筆者以爲明治時期的謝雪漁對於漢文的態度先因感漢文無用而
灰心（無用指稱的是因乙未之變後，失去了參加科舉應試的仕途之路），而爲
了另求發展、維繫生活所需而勇於進入國語學校就讀，期間所培育的基礎日
語文能力，可以讓其在官方懷柔的文會活動中逐漸嶄露頭角，並成功地塡補
了乙未割台後離台的重量級詩壇耆老們所遺留下的文壇空缺，並因官方揚文
會的舉行，謝氏轉而善用漢學素養與漢詩技藝，將漢詩文視爲與日籍來台漢
學者及官員間的唱和應酬工具，藉切磋詩藝，拉近彼此情誼，縮小權力位階
落差的自卑感，雖然其詩文中夾雜有刻意迎合的時代政治用語，但也能騙用
中國傳統典故，透漏其隱微矛盾的心理狀態。而那種不知如何分辨殖民性或
是現代性的疑惑，在經歷過外放馬尼拉〈公理報〉後，大正時期的謝雪漁已
呈現出與其苦惱探究如何分割日台漢文內涵、國民性／道德性、殖民性／現

〔註35〕《台灣日日新報》，大正6年1月1日，5928號，四三版。
〔註36〕當然這只是一種有限度的制度「同化」回應方式，如謝雪漁在眾多詩作中，
　　　　往往新舊曆並祝，新舊俗並寫，既參拜神社，也有民間的佛道教信仰，故在
　　　　他的身上，筆者看到了與世推移的圓融處事方式及多元混雜的文化空間。

代性等錯綜複雜的問題，倒不如就順應殖民者的政策，再偷偷將隱藏的心緒微言展現，隨波逐流亦是圓融處事的狀態，此心念一轉，謝氏就失去了明確抵抗或怨懟的意志，半推半就地投入了殖民者的意志中，也擴展其政商文界錯綜複雜、盤根錯結的關係人脈，從外化的順民慢慢走向內化的次位殖民者！

到了昭和時期，面對中日戰端，戰事擴大，殖民地台灣更成為帝國南進的前哨站，[註37] 動員台灣島內資源，要台民成為「皇民」，語言文學藝術，也須為戰爭所用，協助戰時管控、皇民奉公、興亞報國，漢文至此再變為前進中國的戰爭工具，台灣的漢文書寫進一步往通俗及愛國兩極端發展。

謝氏於〈歲暮〉詩提及戰前台灣陷入經濟貧困的狀態，〈癸酉元旦〉：「迎得年光六十三，菀裘築就老瀛南。蛟騰鳳起終無分，狗苟蠅營更不堪。安石東山憂晉亂，祖伊西伯恐黎戡。幽并廣遠曾分域，周召共和非美談。」〈癸酉舊除夕〉：「邊地風雲幻劫灰，戍營茄鼓曉昏催。民心險惡深防備，局面艱難力打開。遣悶惟憑詩一卷，消愁不藉酒三杯。清操未必人能識，孰為儒林傳季回。」[註38] 老年的謝雪漁再一次被捲入戰爭，此次戰爭不只是國與國的爭戰，是範圍更大的「世界大戰」，其心中萬般無奈，也只能「安石東山憂晉亂」。此時的他已清楚認知到在殖民地台灣致力於追求日台平等，其實只是不堪的的空虛想像，因此才有寄情詩酒、安度晚年的心願。

昭和 11（1936）年日本帝國因應戰局擴大，再度更換台灣總督體制，改派武官（海軍）總督小林躋造至殖民地台灣，日本軍國主義擴張，讓中日、亞洲戰雲四起，此時謝氏更是小心翼翼地將漢詩文的寫作主題鎖定在「個人」體悟及回顧上，大量記錄人生歷程中所相交的故人、友人，鮮少針對時局再發表意見，如〈感時〉詩：「紅羊劫幻慘風雲，南北兩華征戰紛。豹飾羔裘成孔武，雞鳴狗盜走田文。函關鼓角秦兵合，曲沃池城晉室分。陽氣潛藏龍勿用，可憐諸夏竟無君。」可憐中國地大物博，卻內亂不斷，擾攘不已，加上

〔註37〕 台灣為日帝國南陲重鎮並非戰爭時才生發出之言論，早在明治末年，謝氏在《台灣日日新報有》盛世元音其一〈臺灣之形勢〉一文（明治四十四年一月一日，3814號，三版），言：「昔隸於支那，稱為南邊七省門戶者，非我臺灣也耶？今歸日本帝國，號為南陲重鎮，將來對清之發展地者，非我臺灣也耶？又土壤肥沃，物產豐饒，詡為天府之國，亦豈非我台灣也耶？我台灣之得有此數者，蓋地勢有以使之然也。」因此，台灣商業資源及戰略需要正是引起列強覬覦與日本要求割讓台灣為殖民地的主因。

〔註38〕 《台灣日日新報》前詩刊於昭和 8 年 2 月 5 日，11793 號，八版。後詩刊於昭和 9 年 2 月 27 日，12177 號，八版，收於《雪漁詩集》，頁 106、102。

外國勢力分割中國利權，使中國無法自強自立人民流離失所。〔註39〕而在中日開戰後，文壇大老謝雪漁也須發表「支持國策」之作，如其在詩壇〈丁丑紀元節賦祝〉：「作興民氣濟時難，國境河山共壤安。老到雄心仍勃勃，猶思顧盼離據鞍。〔註40〕」寫戰時全民要振興民氣、共赴國難，自己雖已年老，但仍須表明願爲國效力之心，號召年輕台民爲帝國犧牲乃是國民義務，亦是實現大和魂的武勇行徑，台島老弱會在後方全力支持台島青年奔赴戰場犧牲，如頌揚壯烈犧牲有〈肉彈三勇士次玉波君韻〉：「忠義生來鐵石肝，吳淞血戰劍光寒。粉身碎骨酬君國，青史千秋痛肉彈。」〔註41〕其後再發表七言〈雜感〉八詩：

> 年來國際輒干戈，軍陣爭誇有鵬鶿。
> 利器翻新人薙草，彈丸飛散死傷多。
> 拼將身命報皇恩，志願親書血液溫。
> 白櫻編成爲別隊，櫻花同散大和魂。〈其二〉
> 縱說生存事各殊，古今忠孝有屠沽。
> 崇神敬祖皇民化，鞏固南藩此要圖。〈其六〉
> 前門拒虎後門狼，拔劍終教力鬥強。
> 辛苦主持風月報，熱誠愛國有文章。〈其七〉〔註42〕

〈台日漢詩壇〉選者魏清德評此組詩爲：「一肚皮不合時宜，古今人牢騷所發，往往嬉笑怒罵，成爲文章，然皆不失乎正，是詩亦欲云然。」謝雪漁先哀戚現代戰爭利器殺人如麻，彈丸落處人命如草芥般微弱消逝，寫出其對戰爭之反感，但在當時局勢下，若只發表此詩則有違反國策之疑，因此接下來的數詩，謝雪漁應時呼籲台人必須全體動員，共體時艱，而青年學子們更被鼓動須以「血書」表態，將爲天皇犧牲的死亡視爲即開即落的櫻花哀壯大和魂之

〔註39〕《台灣日日新報》，昭和7年3月6日，11460號，八版。
〔註40〕《台灣日日新報》，昭和12年2月13日，13250號，八版。
〔註41〕《雪漁詩集・蓬萊角樓詩存》，頁113。
〔註42〕《台灣日日新報》昭和13年3月16日，13644號，四版。此組詩談及的面向頗多，另有「倫常講學莫儒如，眞髓都存漢籍書。狂妄小人何解此，詭隨言行□□閶。〈其三〉」「思想歐流誤少年，侈談戀愛寫狂篇。貞操婦道無輕重，禮教深護古聖賢。〈其四〉」「宋儒施教與元人，變體文爲白話新。藉作機關圖赤化，罪魁千古是胡（案：胡適）陳（案陳：獨秀）。〈其五〉」以上諸詩皆有對新知識份子／文學的評判及嘲諷。

美，如此才可死後爲皇民之魂，全皇民之忠，眞正「皇民化」，台島才可稱爲帝國南藩，拒虎狼之侵（按：指抗日之美英及中國蔣介石），以越見嚴厲、強烈、急促的口吻，寫戰時的種種社會側面，從紀錄時局艱難、戰爭死傷慘重，到疾呼捨命報皇恩、爲國捐軀，戰爭字詞「軍陣」、「鵬鷲」、「皇民化」、「南藩」充斥在詩題及詩作中，而組詩最後一首：「吾家門巷□烏衣，□□紅襟異瘦肥。栖穩□深何處是，故□雙燕老堪依。〈其八〉」烏衣巷口，雙燕堪依，昔盛今衰，瘦肥異態，身處戰事中的「辛苦」、「生死」，的確可見掙扎、無奈。

隨著戰事的成果，日軍於戰爭初期勢如破竹的凌厲攻勢，謝氏有詩〈海南島戰捷〉：「瓊州大島海天開，鎖住南州過□來。奇□皇軍新破敵，燈旗行列祝全臺。」〔註43〕日本帝國國威遠揚，詩中稱頌皇軍的英勇，戰勝消息被刻意渲染傳播，以激起台島熱血青年勇於爲國效命的熱切心情，將爲國犧牲視爲最高的大和魂榮耀。但這些聲嘶力竭、連篇累辭、頌揚戰勝的愛國詩文究竟起了多少振奮人心、美化戰爭的功用？實際上，廣大的台民對於此次的戰爭總動員多數是採取默然、被動的旁觀姿態，戰爭已讓生活陷入貧困，這些空虛的戰爭口號著實令人心灰意冷，這些宣示願爲天皇犧牲的言論，配合著皇民化運動——藉由軍國主義至高權力推行的激進同化運動，試圖在短時間內將台灣的人民進行語言、文化、宗教、生活習慣等全面性改造的種種措施，筆者以爲謝氏的戰時詩作並不足與他人區別，反正就是戰爭詞彙的堆疊，每個人都說，也就相對平常了吧！筆者只能由此思考，究竟有沒有辦法在極端同化主義（或稱爲皇民化）的內部找到弱者與強者協商交涉的空間，並尋求一個被認可、尊重的主體位置？台灣人在自我／他者的辯證下，如何醞釀一種邊緣、越界、混雜的身分認同，並由此談判出一種「自我」、「自主」空間的存在？此種掙扎，如同幽靈般，隨時閃現，卻也見不得天日。

除了官方的《台灣日日新報》瀰漫著戰爭進展紀實及謳歌戰事的氛圍外，《風月報》也再以修訂主旨因應時局，如69期中公告《風月報》主旨第1條爲：「以漢文提倡國民精神。」第 5 條：「提倡東洋固有之道德。」到戰爭中後期，第133期改稱《南方》，編輯方針更聲稱要「發揚日本文化的精粹、明徵國體的本義」、「作大眾文藝的公表機關，促進台灣文藝界，特別是戰爭文學、皇民文學、興亞文學的振興。」昭和 15（1940）年日本近藤內閣展開新

〔註43〕《台灣日日新報》，昭和 14 年 3 月 16 日，14007 號，四版。

體制運動，表示「新體制」是爲了建立社會新秩序，要「最大地發揮國家、
國民的全部力量」，使全國所有力量集中一元化的高度國防國家的體制。〔註
44〕同年10月成立「大政翼贊會」，在〈大政翼贊會實施綱要〉中主張「致力
文化新體制之建設。」近衛派的有馬賴寧事務總長針對上述宗旨加以闡發爲：
「當務之急爲回歸日本固有的教育精神，闡揚人格性，啓發培養正義廉恥責
任的觀念……要以日本民族的傳統精神爲基調，力圖有志於大東亞文化的國
民文學及藝術的創造。」〔註 45〕而《風月報》改名《南方》後，第二次世界
大戰進入了決定勝負的緊要關頭，因此漢詩文報國論述不斷在戰時唯一被允
許發行的漢文刊物中被提及，最明顯的例子就是昭和17年5月由黃純青、簡
荷生聯名發起的「漢詩研究社」，漢詩要有報國之用。〔註46〕從軍事動員的角
度來看，1942、1943 年是相當急速進展的戰爭實際動員過程，陸軍志願役、
海軍志願役徵募，至 1943 年 9 月 23 日，更直接由台灣軍司令、高雄警備府、
台灣總督府共同宣布從昭和20年開始台灣徵兵制，也因此將年輕人的效忠天

〔註44〕 引自柳書琴：〈大政翼贊運動與台灣文學活動的復甦〉《戰爭與文壇——日據
末期台灣的文學活動（1937.7～1945.8）》（台大歷史所碩論，1994 年），頁 60。
而李永熾：《日本近代史研究》〈日本「大東亞共榮圈」理念的形成〉也提到
了：「一九三〇年代日本『國防國家』一詞中的『國防』，具有積極意義，一
切物質與精神皆爲『國防』而存在。『國防國家』這個語辭直到一九四〇年七
月近衛文麿第二次內閣決議的『基本國策綱要』中才正式使用，但在此之前，
所有國防或國防國策，大都含有『國防國家』的意蘊……國防國家理念正式
以『國防國策』名義公諸日本全國，是在一九三四年日本陸軍新聞班頒布的
小冊子『國防的本意及其強化的提倡』中……在總體戰與持久戰的未來趨勢
中，國家一切力量須全部集中於國防上，因爲，這是基於『戰鬥』的需要，
而『戰鬥』又是萬有的根源……而近代國防觀則因國際生存戰爭日趨白熱化。」
（台北：稻禾出版社，1992 年），頁 326～7。

〔註45〕 同上註，大政翼贊會宣傳部：〈大政翼贊運動指針：實踐要綱完成〉《大政翼
贊會會報》第三號，1941 年。

〔註46〕 參見黃純青：〈漢詩研究會創立公啓〉《南方》143 期，昭和 16 年 12 月 1 日，
頁 17；簡荷生：〈漢詩研究會成立啓事〉《南方》150 期，昭和 17 年 4 月 15
日，頁 44。正如黃美娥：〈日、臺間的漢文關係：殖民地時期台灣古典詩歌知
識論的重構與衍異〉所言：「細譯『漢詩研究會』的成立宗旨與創造旨趣，彷
彿可見台灣漢詩逐步朝向日本漢詩邁進的形構軌跡，從早年國民性反映論或
本質論的追尋、建構，迄今日本忠孝精神的發揚與寄寓；從漢字『同文』到
國語吟讀的『同調』宣示，以及更向時代精神與國策靠攏的『風雅』論，台
人最終走向了『吟詩報國』的同化表態之路，致使台灣古典詩歌知識論成
了政治認同的實踐。」，頁 19。

皇義行拔升到最高位，而謝雪漁在《南方》詩壇上發表〈祝海軍特別志願制
度施行〉：

> ……版圖易色政新施，被澤皇朝民皐皐。薄歛省刑五十秋，一德同
> 風行偃草。大東亞戰興義師，滿華兩國聯結早。皇軍前線殲美英，
> 共榮圈創同種保。族性閩粵與高砂，實踐大和武士道。既先志願陸
> 軍兵，戰勝南洋殺夷獠。者番何幸下恩綸，許列海軍伸素抱。寄語
> 同胞諸少年，休爲驚馬芻戀皂。祖宗多隸水師來，巨鑑台澎風浪浩，
> 急徵祖逖著先鞭，合格神前爲君禱。

明明知道以皇軍、義師爲名要台島青年奔赴戰場，最終只有犧牲一途，但父
兄也只能爲其「合格神前爲君禱」。另，每題的刊頭都有號召從軍、感謝護國
英靈、一億一心、滅私奉公、強化後方、增產報國、完成大東亞、共榮保種
等口號，可見當時殖民地台灣已經無法置身戰事外，必須要全體動員，用血
償還皇恩。

漢詩文報國論的另一個重點即在以「日華親善」、「天皇臣民」爲論調的
社會教化功能。論者曾指出具有固定敘事模式的通俗文學表現了集體意識的
潛流，而廣受大眾喜愛的作品更可以視爲作者觸及大眾集體潛意識的塑造與
外現，〔註47〕消費此類通俗文學有助於抒發群體的共感，凝聚出不言而喻的
默契。故將戰爭的語言亦置入通俗文藝寫作中，宣傳、凝聚了國民精神與國
家意識，也是戰時文藝被收整到謳讚皇國、鼓舞戰志的必然趨勢。〔註48〕總
之，皇民化的全體奉公，讓殖民地台灣陷入戰事的肅殺氛圍中，也再度重挫
了殖民地人民對同化的想望，看似由推動志願兵到義務兵，台民似乎已經等
同於日本帝國國民，可是戰爭時期的特意徵兵作爲，其實也昭示著流盡鮮血
才是台民成爲皇民的唯一選項。

在強制的戰爭局勢下，我們看到了謝雪漁將台灣漢文屬於文字／文化／
歷史意涵上的深層隱喻分割、拉離、再詮釋，讓漢字／漢文／漢學更徹底的
從民族／中國中脫出，順應日本帝國主義的話語，將「同文」視爲使用漢字

〔註47〕 集體潛意識（collective unconscious）是 Carl Jung（榮格）所提出的心理分析
理論，應用在文學創造上即是文學原型的展現。而通俗文學對於當代社會或
文化圖像的觀察與影響，應可適切解讀爲特有社會文化知識背景下所展示出
來的集體潛意識表現。

〔註48〕 謝氏主要以通俗小說作爲發揮戰時社會教化功用的平台，其通俗小說的題材
及故事內容下章再詳述之。

的東亞區域共同擁有、運用的符號系統，因此漢文就有推廣日華提攜、協力大東亞、鼓吹東亞共榮、吹捧日本為東亞盟主之用。總之，從觀察謝雪漁的詩文寫作，可以看到漢文於日治時期質變的軌跡，在初期的殖民地台灣，漢文有其存在的溝通實用性，先是應酬唱和的文學技藝，再因是「國語」的他者，被淨化、被抽離文化／民族的指涉意義，再成為描述大東亞的戰時工具，而重述的過程就是強調漢文質變的意義，使原本堅定的敘述產生滑動，也使漢文應時重整、涵納新局。

第二節　殖民地同化議題的交鋒

　　本節分為三部份，欲整理說明謝雪漁對「同化」議題的相關論述，從外在形貌的改造、血緣通婚教育接軌至呼籲皇民精神，足以察覺殖民者看似細膩，但又充滿變動的「同化」矛盾。

　　身體外觀的改變是最明顯表達認同傾向的變動方式，〔註49〕外顯的身體不自覺地被國家及現代因子推動，成為被箝制的表徵，身體持續被外力形塑，侵蝕身體自主的權力。是以，筆者欲將身體變化視為考舊查新的出發點，觀察台籍士紳的身體在近代殖民體制的發展下如何被積澱或重塑？當具有指標性的個體被鼓動改變了身體外貌，這股改裝的風潮如何擴及到社會，成為區隔我群與他群的界線？〔註50〕換言之，「混血」的身體經驗，使身體成為各方競相較勁爭奪的場所，以改造身體為提升文明或貼近權力的立即作法，身體在應然的大敘述中是否有察覺身體的指涉意義，還是單純只是瑣碎的堅持或是個人意義的追尋？具體地來說，身體也經歷了「殖民」的「移植」過程，

〔註49〕黃金麟：〈身體與政治〉《歷史、身體、國家近代中國的身體形成1895～1937》中提及「身體生成」的概念，所指稱的是一種在肉體既存的狀態下所經歷或進行的政治、經濟、軍事、社會或文化模造的過程，此種過程會讓身體逐步感受到差異、變化，進而抉擇、改造，最後也許就會趨於穩定呈現或是再次變動。因此「身體生成」的概念是指稱自然的個別人體受到社會群體的影響而產生的變化歷程，是一種「無始無終的生成過程」、「不確定、成為（becoming）、未確定（unfinished）」的發展流程，自然與文化的交雜混合就是其特質，不易被限定或單一化，但放在時間的脈絡中，即可顯然地呈現出不同的時代或時尚訴求。（台北：聯經出版，2005年），頁3～12。

〔註50〕這樣的概念論述以傅柯的「規訓權力」（disciplinary power）為切入點，其所觀察到身體為因應各種不同的微權力機制（micro-power mechanisms）的行使，而被教化或是規訓為溫馴（docile body）的身體。

從身體髮膚受之父母、、對傳統家庭及禮教的認同，轉移爲對新「國家」或「文明衛生」的認同意義，身體逐漸公有化，也使個人漸次地被收整入國家中。或是可從另一面設想，在國際情勢詭譎變動的世局中，一個穩定且強勢的國家組織，的確可以提供某方面的安定感，此時國家「保護」個人就成爲一種心理的需求，國家轉而成爲個人生命、財產、自由的守護者，國家也可以此爲由，對人身展開理所當然的引導與箝制，藉此營造出國體的群性重要性，強化國家的統治權與教化權，因此，殖民地台灣的改裝斷髮政策符合文明衛生宣言，其實還是剝奪了台人對於自我自主權的掌控。是以，台民將身體外觀改爲趨近日本化，藉由身體的改造、形塑，表達出個人或群體願意追隨殖民文明教化的意義，而台籍士紳群選擇成爲「新民」，就必須回應殖民者所釋放出的改變訊息，將之宣傳放大強化，成爲殖民論述的鼓吹者或相關知識的消費者與再生產者。

　　明治 44（1911）年，總督府對士紳明示了改變外觀的必要，〔註 51〕男性身體提倡斷髮不改裝，女性則是倡解纏足會，以自斷辮髮的方式，表示台民在心理、思想層面上，欲徹底脫離清朝的舊影響，追求頭腦換新，好做大邦國民。而這些從傳統文人轉型爲《台灣日日新報》的漢文記者們，就成爲最佳的示範人物，除了詳實地用文字記錄了看似由民間發起，實則由總督府做

〔註 51〕 其實斷髮解足之說早在明治 40（1907）年就見諸《台灣日日新報》報端。如明治 40 年 6 月 1 日（2722 號，一版）藝苑〈斷髮有感〉臺北陳德誼：「少時頑鈍無知識，辮髮長垂廿四年。今日纔思多有碍，把他斷去理宜然。服裝換得文明式，思想應非昔日同。寄語台陽諸戚友，願無相箁異端攻。」雪漁讀：「髮之斷不斷，在普通人，固無關緊要。然陳君學醫者也。不斷髮。於技術上，有所不便。毅然斷之，時爲得宜，兩詩自抒胸臆，明白了當。」同年 6 月 21 日（2738 號，四版）〈新月旦〉有：「斷髮改裝：人多謂必解國語者，使合其宜。吾（按謝雪漁）以爲不然，蓋斷髮原爲洋習，而非日本國俗，未聞內地人之斷髮者，必能操洋語者也。」6 月 29 日（2745 號，二版）〈新月旦〉：「男子辮髮，女子纏足，均外人所揶揄爲惡習者，唱設天然足會者，早有其人；而唱設斷髮會者，寂然無聞，其以爲時機尚早者歟？抑欲辮髮終古者歟？」7 月 12 日（2756 號，三版）〈新月旦〉：「近時赴內地觀光者，文明事物，印象腦筋，思想頓變，多有先學形式之文明，剪除辮髮。本島人則交口毀之，內地人則極力譽之，是豈阿其所好者歟？」從以上數則可知，謝雪漁認爲若能從形式（身體）上的改變，即有認可文明的象徵意義，因此斷髮解足與語言、種族問題無關，而是與認同文明、衛生、便利有關。可參見黃美娥：〈差異／交混、對話／對譯：日治時期台灣傳統文人的身體經驗與新國民想像（1895～1937）〉。《中國文哲研究集刊》二十八期，2006 年 7 月，頁 81～119。

為指導的斷髮不改裝會與解纏足會的活動外，也將士紳們斷髮後的寫真照放置報紙欄位中，以茲斷髮紀念，並作為有心仿效人士依循改變外觀的新標準，而從明治 40 年就以漢詩、〈新月旦〉評論等方式，發表對於辮髮、纏足看法的漢文記者謝雪漁就是名列其中的活動主事者之一。以下是幾則相關的新聞紀錄。

〈剪辮實行之期〉

大稻埕區長黃玉階君及本報記者謝汝銓君等，倡設斷髮漸改裝會（當由黃君稟明）。佐久間督憲內田藩憲龜山內務局長（甚蒙嘉許，諭即擇期實行剪去各等因，既見前報，現聞已決定）。紀元祭日，（即）舊曆正月十二日，實行剪去。（現正準備期內容俟後再登。）〔註52〕

〈台中通信——斷髮響應〉

臺北紳士黃玉階與本社漢文記者謝汝銓諸氏，發起斷髮不解裝會，贊成者已有數十人，台中張棟梁氏亦出而鼓舞經將此意編定會期，以與台北相響應，則入會者尤必多也。

〈台中通信——斷髮勵行〉

本社記者謝汝銓氏，提倡斷髮不改裝會以來，各地響應，而台中合昌商會理事連雅棠與台灣米穀公司長蔡惠如二氏，經於本日正午，各將辮髮斷去，合拍一照為紀念。二氏原擬紀元節日，與台北同志者定行，因是日欲偕赴南社總會，恐有不便故先斷去，以為台中人士之先導。又聞連氏斷髮之後，霧峰富豪林獻堂氏贈以禮服一襲為祝其革新之意。〔註53〕

〈臺政要聞——謁督憲稟斷髮會事〉

昨日午後二時，督府有泉翻譯官，帶斷髮不改裝會發起人黃玉階謝汝銓仇聯青三人，進謁佐久間督憲於官邸，以創設斷髮不改裝會一事稟明。督憲諭曰：汝曹發起斯會，本督憲實深嘉許。夫台灣人為帝國臣民，斷髮改裝，實分所應為。惟改裝則與經濟有關係，一時難以遽行，在紳士輩固不以經濟為慮，下此則有難焉者，故不改裝亦無不可。且著舊制衣服，亦殊不惡……著支那服，戴鼠色之中折帽，覺有可觀……且諭辮髮欲斷，既為此美舉，而於婦人之纏足，

〔註52〕《台灣日日新報》，明治 44 年 1 月 12 日，3823 號，三版。
〔註53〕《台灣日日新報》，明治 44 年 1 月 27 日，3838 號，三版。

尚望致意及之，勸令解纏……徒以風俗移易，非一朝一夕之故，隱忍至今……督憲接見之際，和顏悅語，以賓禮相待，發起人深引以為榮也。〔註54〕

〈斷髮會事兩則〉

大稻埕長興街洪成枝及林熙教竝吳神求昨日報名入斷髮不改裝會。又斷髮不改裝會，決定紀元節日實行。繼疊見本報，目前該會發起人等，復會於黃玉階君處，就舉行之日式場各係執事，妥為選舉決定左開各氏。儀式係……斷髮系……會計係……接待系：黃玉階、謝汝銓、魏清德……酒席係……餘興係……受付係

〈編輯日錄〉

（二月八日）雪漁嘯霞醉痴三人，因紀元節舉行斷髮會式之日，各有執事，當極忙碌，爰與葉鍊金張培貞相率於昨夜赴石坊街浪花床理髮處，先實行斷髮。本日登社，嘯霞著洋服來，雪漁醉痴二者，則皆著長袍，戴中折帽，和文部諸同事，皆以為像。且極言不改裝，反有一種佳趣。同人之未斷者，皆怦然心動，三人於正午同赴社內寫真部撮影，載諸報端，以紹介於世。又黃玉階氏正午來訪，亦為避忙碌，已於本日斷髮，覺增矍鑠之精神，形容一變。〔註55〕

〈編輯日錄〉

（五月十一日）正午洪逸雅君寄函雪漁，略謂前夜於山口先生送別筵中，荷吾兄催倡解纏足會，女會長一席，昨商諸拙內。據云，解纏已屬本意……□出苦海，開一光線，且為後生者成一美俗……昨日以實行解纏矣，成效期間，以六個月為限，自研究良法，今得端緒……為男子者只力為補助，後創解纏足會，須以女子為會長，其次為幹事，互相勸誘，觀感自易。別以男子為評議員，為顧問……計在必行，纏足之害，甚於辮髮，日前本報已詳論之。〔註56〕

謝雪漁等台籍士紳所倡議的男子斷髮不改裝及女子解足會，股動台民勇於改變身體外觀，應此舉獲得佐久間總督的公開認可，明載台民有意改裝即是願

〔註54〕《台灣日日新報》，明治44年2月8日，3849號，二版；2月28日，3849號，二版重刊一次。

〔註55〕《台灣日日新報》，明治44年2月9日，3850號，二、三版。

〔註56〕《台灣日日新報》，明治44年5月12日，3939號，三版。

為帝國臣民的表徵，是分之所在，以求風俗移易。男子斷髮一事固然迫切，
有「頭顱換新」、「增進精神」之用；而婦女解足之事亦當有所做為，仕女們
在官府及士紳的鼓勵下，能自行研究解足良法，使女子脫離身體禁錮之苦海，
展現社會美俗。對於總督府而言，治台已屆十年，社會權力架構已漸趨穩定，
不需再以尊重舊慣為名，展現寬鬆容忍態度；且清國即將因孫文革命戰火四
起而覆滅，故此際正是台民改裝變服，移易風俗，將截去髮辮的作為視為截
去追念舊屬意義的最佳時刻，男子斷髮，女子解足，改裝則可暫緩；因此選
定於日帝國的紀元祭日，準備以公開斷髮方式，讓台籍士紳們以身示範舉行
一場觀摩會。文中更不忘提及總督和顏悅色的威嚴告誡，並將能親自獲得總
督接見視為台人莫大的光榮。而這股由台北士紳發聲倡議的身體革新活動，
在報刊的大肆宣傳下，開始帶動台灣各地斷髮之風潮，而謝氏等人將斷髮、
解足的身體活動，視為願革新思想、增進衛生、振發精神之舉，呼籲台籍士
紳、仕女群起響應，以鼓起社會革新風潮。而這樣的昭示進入文明的具體改
變舉動，的確造成了全島士紳們的思索與迴響，如台中通信就記錄了如連雅
棠、林獻堂、蔡惠如、張棟樑等人斷髮支持的舉動，而報端也大力讚揚這些
斷髮之人是文明先覺的大邦民。如〈新評林——首三人〉有詩：「實行斷髮者，
本社首三人。（雪漁嘯霞醉痴均於一昨日剪去）。<u>衣服雖仍舊，頭顱已換新。
免貼豬尾誚，好做大邦民。寄語同胞者，努力起效顰。</u>」

　　而王采甫在藝苑〈社友黃玉階、謝汝銓、湘沅、魏潤庵、楊仲佐、王毓
卿諸氏斷髮書此祝之〉：「西洋習俗漸東漫，風氣維新此一番。避世何須狂散
髮，憤時差免上沖冠。<u>文明頭腦今先覺，強毅鬚眉亦壯觀。君解順天（不可
逆）為首唱，不教垂辮長鬖鬖。</u>〔註57〕」詩中進一步明說了斷髮乃是「順天
意」的文明習俗，從贊同與否可見台民覺先後之差，而這些漢文記者就是以
「先知覺後知」的方式，親身示範，強健精神，維新風氣。

　　如果說明治時期將身體的改變示為外顯的精神、認同表徵，那麼大正時
期對於「同化」的討論，就成為因外在國際局勢刺激及殖民地治理大致趨於
平和下所生發出的內在精神重塑過程。「同化」的議題，雖是天皇「一視同仁」
概念的話語，但台灣經歷了 25 年的殖民統治，「同化」程度理應有所改變，
而也正迎上了國際民族自決的風潮，且日本帝國進入了大正「民主」的時期，
因此對殖民地台灣而言，「同化」與「自覺／自決」如何勾連詮釋，就成為了

―――――――――――――――
〔註57〕《台灣日日新報》，明治 44 年 4 月 2 日，3900 號，一版。

社會應當面對的問題。謝雪漁回應了總督府宣傳「國民性」、「新國民」的必要性，引導詮釋了孔教在日本國體中的道德之用，將日本天皇統治的「教育敕語」制定，輾轉說明爲殖民地台灣人民看似相似、認識、傳統的儒教意涵。〔註58〕如報端有〈祀孔慰勞會記事〉：

> 祀孔典禮慰勞會，去十八日午後七時，如期開之於艋舺俱樂部，來會者七十餘人。宴將及半，木村委員長起而敘禮……時安東督憲曾依例贈祭粢料金，早經拜領，謹報告於諸君。<u>茲更欲述所希望者，孔夫子爲世界之聖人也，與釋迦基督爲世界之三聖</u>。孔子之道，誠如顏淵喟然歎曰：仰之彌高，鑽之彌堅，瞻之在前，忽然在後者。常正正堂堂與乾坤爭大，與日月競光者，然一言以蔽之，實在仁義禮智信。故歐洲之支那學者，謂儒教欲以之爲一宗教，毋令以之爲社會的道德之現則也，謂此孔子之道，與形而上之觀察所主者無矛盾，經年閱世愈久而愈彰也。<u>台灣爲支那之領土也，及專施孔子之道，所謂儒教者，孔子之道，與教育之敕語，其無所矛盾可信也。</u>故當今之少年，受新教育者，得日新文明之新智識，同時依教育敕語之旨趣，以受修身之教。修身之教，包容孔子之道之精神。<u>台灣之老年壯年，不能受新教育者，不可棄孔子之道，宜益勉力修身，不識不知自合教育敕語之旨趣。</u>大正協會與瀛社其他團體，協同以行祀孔典禮，其理由有二。第一，以爲講明修身之道之手段。第二，<u>台灣今方在社會組織變化之過渡時代，禮儀有紊亂之虞，當此之時，示以釋奠所行之禮，實有必要。故吾人之行祀孔典禮也，實不可不重乎禮，與研究孔子之道者</u>……故祀孔典禮，以禮典爲重，而又以感知孔子之教之精神，又將來希望諸君協同一致，組織揚文會，又

〔註58〕「國民性」一詞源於日本明治維新時期的現代民族國家理論，是英語 national character 或 national characteristic 的日譯。此一理論的特點是把種族和民族國家的範疇做爲理解人類差異的首要準則，以幫助歐洲建立其種族和文化優勢，爲西方征服東方提供進化論的理論依據。國民性是「現代性」理論中的一個神話，說它是神話，指得是它隱喻了知識的健忘機制。理由即是國民性的話語一方面生產關於自己的知識，一方面又悄悄抹去全部生產過程的歷史痕跡，使知識失去自己的臨時性和目的性，變成某種具有穩固性、超然性或真理性的東西。摘引自劉禾著，宋偉杰譯：《跨語際實踐：文學、民族文化與被譯介的現代性（中國，1900～1937）》（北京：三聯書局，2002 年），頁 76、103。

建築文廟，以爲恭行祭聖之地，闡揚儒教之基云云。於是舉行祝健
康……又次謝汝銓氏起述所希望，且就木村委員長之詞意，闡明一
番。於是賓主更歡飲，至約九時散會。〔註59〕

由這篇記事詳細的文論中，可以知道當時官方所倡的國民性已跟孔子學說連
結至天皇體制運作中，原屬於中國傳統道德修養準則的儒家就成爲儒教的宗
教精神，是殖民者欲同化被殖民者所操弄的精神手段。〔註60〕陳培豐在《同
化の同床異夢》一書中，將總督府含糊解說同化政策及天皇一視同仁的意旨，
做了相當細膩的操解說明。日人欲同化台民的方式因應每個時期不同的社會
局勢變動，有一套看似可以自圓其說的矛盾解釋，總督府與台民們在不同層
次上各自發展同化的論述，各自說解，也各自體會，形成一場如禪宗公案般，
風動還是心動的各表過程。

原是生物學譯語的「同化」一詞，在殖民主義的操弄下，「同化」就是要
把殖民地當作本國施政的延長區域，以壓抑地方特殊性的方式，進行殖民地
精神、思想、血緣等同質化的措施。後藤新平的「生物學」概念下所闡述的
「同化」，即是以「『同化』基本上是擁有高等文明者對低度文明者所做的同
質化運動」、明治二十九年（1896）年八月二十日《台灣新報》的記事：〈台
民必讀〉，說明在翌三十年（1897）年五月八日舉行台灣住民國籍選擇以後，
『本島土民有願爲日本之臣民，而日本政府自必推恩擴德，一視同仁與本
邦……』、「然而，『六三法』之存在否定了『一視同仁』的施政宣傳，證明
了這些立足於『國體論』思考的欺瞞性……也就是說，在國體的架構中，對

〔註59〕《台灣日日新報》，大正7年2月21日，6344號，六版。
〔註60〕此外，尚有編輯賸錄（十月四日）：「新竹周維金氏來信。言所募『國民性』
詩鐘。至截收當日。計得五百餘首，不日當攜帶上北。囑本社雪漁潤庵兩氏
選定。」（《台灣日日新報》，大正7年10月5日，6570號，五、六版）演說
要旨補登：「既報祀孔典禮慰勞會，去二十八日下午七時，開于俱樂部樓上。
席上木村匡氏演說之要旨如左……意者將來欲繼續祀孔典禮，須要常設祀孔
典禮會團體，其祭祀亦歸於整肅，資社會風教之所裨補……蓋欲傳東洋倫理
原則之孔教大本，招式來今……是故祀孔典禮，不在於古禮，不在於典雅古
式形骸，而在於教示有生氣道德之典型……孔子尚愛古禮，而況支配東洋幾
億民眾心理之孔教，其行事上現於祀孔，其典禮不宜泯滅也明矣……宜努力
於孔教之宣傳，並誘導朝野有力者合建聖廟……祀孔典禮，非以禮式爲主體，
以孔教大本爲主體也。」（大正7年11月4日，6600號，三版）大正時期致
力於祀孔、揚孔的活動，都表露出其已將儒學納入日本國民性的範圍內了。

台統治顯示了理念與現實乖離的現象。」〔註61〕承陳培豐的說明，後藤新平以社會進化論的觀點，將殖民地同化於本國的可能性推遲至無限期的未來，殖民地的民度成爲是否同化成功的關鍵。殖民者是同化政策的倡議者，但同化的成敗卻歸屬於被殖民者是否能服從殖民者的政策方針。〔註62〕簡言之，一開始同化政策就只是殖民者用來安撫被迫成爲殖民地人民躁動民心的美麗說詞，以「天皇」的施恩爲由，殖民者先用物質文明的進展震懾住被殖民者，再以台民在精神文明上的不足爲立論，極力顯露出殖民地民度的不足、文明思想程度的落後，藉以壓抑被殖民者的不滿，並引導被殖民者的嚮慕帝國母國之情。此種無限拔升的同化精神操弄手法，隨著統治時間的延長，台民被「一視同仁」的同化難度也隨之提高，影響同化的變因也逐漸增加，如此，方可使殖民者持續保有政權的權威性。

　　而這些總督府沒有明說的同化統治話語，確實也讓一部份的台籍士紳們將「同化」於殖民者理解爲「接受近代文明」，也因此謝氏才有明治時期關於〈說文明〉等相關論述。〔註63〕實際上，日本的近代文明與西方的近代文明在精神理念上是存在著相當的悖論，對於殖民地的殖民者與被殖民者而言，兩造對「同化」議題的討論與認知也存在著相當的落差與距離，台民要的是「與日本人有同樣的待遇」，而總督府要的是「台人必須讓母國容易統治、利用的奴性」，因此雙方對於同化問題往往是點到即止的「各表」狀態。

　　那麼台民究竟如何談同化的問題呢？我們可以從崇文社所舉辦的〈促進同化論〉課題徵文活動，〔註64〕了解台民如何在順從的表象下曲折回應殖民

〔註61〕陳培豐：《同化の同床異夢》，頁58～59。

〔註62〕同上註，有「差別待遇事實上也可以解釋爲一種出自自然的平等……對於坊間譁然『一視同仁』問題，後藤以『差別即平等』這種進化論式的態度接受之，並自圓其說。」，頁115。

〔註63〕本章下節再討論。

〔註64〕崇文社是1917年黃臥松、賴和等召集中南部地區文人士紳籌組，以「因憤慨風俗頹壞，人心不古」爲由成立文社，原推彰化宿儒吳德功爲社長，後改由黃負責。自1918年起，採每月出一課題，向全臺徵文的方式進行。內容多屬「挽救世風之事，扶持名教之端，爲我臺所宜設施，島民所常勤勉者」，來稿作品由黃臥松逐一謄抄後，再請全臺文學宿儒，評定等第。從1918年始至1941年黃氏因病停止徵文止，該社共結集出版了《崇文社百期文集》、《崇文社二十週年紀念詩文集》等作品集。相關資料可參見施懿琳，〈日治中晚期臺灣漢儒所面臨的危機及其因應之道：以彰化「崇文社」爲例〉，（成功大學「第一屆臺灣儒學研究國際學術研討會」論文）。另相當於同期間，台灣文社成立，

者的「同化」政策。此次公開的徵文活動，評選者即是具有親日色彩的漢文
記者謝雪漁，作品的優劣不只是文詞上的暢達，更是政治理念的正確詮釋。
而徵文活動的號召者與執行者就隱身在徵文的遊戲規則之後，觀看並評斷著
所有的徵文參與者。評選者擁有權力可以決定稿件是否能入選、是否被看見，
因爲他們掌握報紙的欄目，可以根據他所理解的政策訊息進行初步的篩選，
而最終作品是否能被允許刊登在報刊之上，還是要取決於日籍報紙檢視官員
的認可。換言之，此次的徵文題目頗具政策意義，而能通過一連串檢查過程
後入選的作品，就具有引導台民對於同化議題認知的指標作用，入選的作品
即是能給予正確官方「同化」意涵的闡釋。因此，我們可以藉由解讀謝雪漁
所評選出並刊登在《台灣日日新報》上的徵文作品，了解台人所認知到的同
化意涵及對如何促進同化的建言，也可藉此了解謝雪漁趁機表露出對於同化
問題的態度與傾向。此次徵文活動共選出十篇入選作品，並自大正7（1918）
年9月8日（6543號，六版）連載至同年9月27日（6562號，六版）。

　　總地來說，此次徵文入選的文章，是站在贊同殖民者爲進化前行、強大
文明者的基準點立說切入的作品。例如，評選爲第一名的通宵詹安言：「同化
如何，固待爲政者政策，被治者之覺醒奮發……同化政策之成敗，多爲母國
國力消長左右」；第八名台北張金石：「同化者，同帝國文明之化也。」這些
入選文章的共通點都是先肯定殖民者於文明「物質」便利使用上已給予殖民
地「同化」的成效，而今缺乏的則是殖民地「精神」的同化。而爲何日帝國
於領台二十餘年卻無法達到精神同化？作者們都先表態自己絕非是站在批判
殖民者對待台民不公的立場，而是將精神同化的難行歸因於台民怠惰，不知
努力，不積極配合政策，不解日本帝國的期許等緣由。如第二名彰化王敏川：
「我島民乏自覺之力，失乎促進同化之道。」作者皆表態稱許總督府的確對
同化台民進行了相當程度的努力，那麼該如何使「精神」更有效的同化，首
要即是在「教育」上多下功夫，如詹安：「一施義務教育，振興學校教育以眞

《台灣日日新報》編輯賸錄：「中報傳錫祺君寄聯名函於逸雅雪漁潤菴，略謂
中部諸友爲維持文學計，□設一社，名曰臺灣文社。謀刊文藝叢誌，冀聯絡
全島學界，化畛域爲大同，敢乞極力鼓吹，俾社運蒸蒸日上。昨開理事會，
經議決推薦列位爲評議員，此責在許選詩文，及隨意受稿，該文社設立之主
旨，及社則，現方付梓。不日郵上左右，敢煩配布。云云。當此漢學廢墜之
秋，此舉洵不少可，想全島文人學者，皆有同心也。豈特彼三人已哉。」（大
正7年10月16日，6581號，六版）由此可知，同化已經逐漸滲入了漢學、
文學的社會論述中了。

國民教育教之」、王敏川「廣興教育以啓發智德」，具體的教育真國民的措施，應該是廣設學校施行義務教育，讓台民除了接受公學校教育外，也有機會接受與日人相同的中高等學校教育，以啓發民智。通觀各篇，筆者以爲詹安之所以能夠獲選爲第一名，主要是因他在教育問題上著墨最多，將教育的成敗視爲同化是否成功的主要關鍵，此一想法與謝氏於日後所發表的〈讀評議會議案〉一文中，對於台民義務教育的實施與設置中高等學校有相當的共通性，詹安先將同爲殖民地的台灣、朝鮮與日本內地的教育模式做了一番概略的對比說明：

> 例如朝鮮之就學兒童，有學齡兒童七成以上，能解國語者，十中八九；台灣就學兒童，僅學齡兒童之一成，能解國語者，百中四五……內地人，人也，本島人，人也，我國內不可容眾愚民蠢動，恥辱文明國體。而內地人受初等教育者，九成七分；台灣僅一分。故須施義務教育，應當擔一樣義務，故內地人必要之教育，亦本島人必要者，無些區劃。如是東洋協會、商公學校，施混合教育，吾人大爲福讚不已，小學、中學、醫學專科何苦拒島人之學乎？若有相當學力，入該相當學校，何害之有？

姑且不論其所提出的受教人數數據比例是否正確，但可想見當時台島的公學校只偏重在基本日語五十音教授及日常實作，的確讓有志於更深入接觸文明、學習新知的台民心有不滿。而總督府以「六三法」的治台，讓台灣各項制度設施與內地有判若的差異，如商法、徵兵、地方自治、警察制度等，這些制度隨殖民時間的延長，尤需要再行討論適用性，方可符合殖民地社會進展需求，唯有讓「制度之物，接近母國，終同一軌，是精神融合，兩無懸隔，同化之徵也」，將殖民地法制面與母國相合，才是對擁有不同血緣的人民釋出追求真正精神同化的善意表徵，才有生發出「國民精神」的可能，「故吾人講求促進同化……重在步內地國民之精神。」更進一步說，總督府若沒有開放部分參政權，給予殖民地人民有表述政治意見的機會，就不算積極培育殖民地的「真國民」甚或是第二代的殖民地「新國民」，無法讓台民感受到「一視同仁」的天皇皇恩，如此將有礙台島成爲帝國南方鎖鑰，及對日華親善的推動，「台人是日支親善楔子，若使島人受高等教育，具政治智識、外交手腕者，奔走兩政府之間，則不啻日支兩國幸，實東洋之幸。南方發展，島人可使爲之先鋒……欲遂國家的大事業，非有智識不能，非有國民精神不能，約言之，

非同化不能」。而這也是謝氏由馬尼拉之行觀覽到美國殖民地菲律賓人能擁有
參政自治權心生羨慕的口吻。〔註65〕因此，如何應時體驗「一視同仁」的意
義，就考驗著總督府對於殖民地人民的容忍限度。

　　臺民除了追求殖民地教育、制度層面可與日帝國內地相通銜接外，這些
文章也提到了日台通婚的意義，王敏川言：「通婚之事盛行，則風俗習慣、思
想感情、言語容貌，渾然同化也。」王則修言：「蓋結婚則血液融化。」血緣
上的自然融合相通才可實質促成日台民間的親密感，「混血」的意義，形同越
過了種族／民族的界線，渾然合而為一，也唯有如此，才可從跳脫先天血液
所帶來的固定認同僵化，避免日人以統治者自詡，蔑視被治者台人，造成不
屑與台人為伍、劃分日台人活動區域的現況，〔註66〕是以，追求共學、共制、
通婚的具體作為也就是謝雪漁以為同化可成的關鍵。由此，台民們的「同化」
想法藉由寫作文章發揮，而編選者有意的排列與選文，凝聚出具有特定指向
的社會共識，精神「同化」的必要性、具體推行的方式，透過報刊進行傳播，
擴大影響漣漪，形塑出殖民地社會對於「同化」問題的思維基調，感受到自
己是應被同化的對象，也是必須被平等以待的帝國人民。

　　由此筆者不禁要問：到底看似抽象的「真國民」、「第二代新國民」若可
由通婚、共學、共制的方式交融產生，那麼這些「真國民」、「新國民」究竟
應該具備怎樣的「國民精神」？從謝雪漁所選之〈促進同化論〉各篇所論，
日本國民性應包含有大和魂的忠君愛國心，表現義勇奉公、臨危思義的群體
性，如台北吳桂芳：「對於國家集全注之精神，鼓舞之，踴躍之，又犧牲一切，
務必發揚國家之光輝……一片忠君愛國之真誠……而為帝國忠良之臣民。」

〔註65〕謝氏於〈遊岷里剌紀略〉文中談到美在殖民地菲島的行政措施為：「菲律賓人
　　　　學識之程度尚低，而於政治亦握有重權。法院為神聖尊嚴之地，菲人亦廁身
　　　　裁判官之列。議會為立法之機關，而岷里剌有設，以菲人為議員。與聞政治，
　　　　其各官署長官，雖皆美國人自為之，然其僚屬則菲人多於美人也。就外容觀
　　　　之，似乎殖民地民之幸福，莫有愈於菲人者。」《台灣日日新報》，大正二年
　　　　一月三日，4521號，四版。
〔註66〕筆者以為當時社會台籍菁英份子之所以會提到異民族間的通婚是打破彼此藩
　　　　籬最有效的方法是由於日本的天皇國體論基本上就是一種擬血緣關係的擴
　　　　大，因此唯有血緣上的相通才有可以在語言相解的情況下，更進一步融入日
　　　　本的國體論述中，就如同陳培豐所言：「因為近代日本基本上強調單一民族國
　　　　家論，利用血緣關係的同一性，打破江戶時期遺留下來的社會階級，凝聚團
　　　　結力量，克服內憂外患……換言之，日本人的政治平等觀念是建構在血緣關
　　　　係的同一性之前提條件上」。《同化の同床異夢》，頁202。

王貴：「學大和魂，存愛國念……具有此國民之資格。」而大和魂與天皇思想又與中國傳統思想有相互涵攝之處，如台南楊建言：「內地人之大和魂，則吾人之孝也、知也、義也；內地人之武士道，則吾人之忠也、剛也、勇也；彼則致知力行。」張金石：「獨至同化之尤重者，全在乎精神克忠克孝，內外一心，以扶翼天壤無窮之皇運焉。」是以，文章入選者以爲可以將儒家傳統的忠君、孝道觀念轉嫁到天皇政體上，擬血緣的臣民關係雖有上下位階但仍不失爲一家人，而扶翼皇運才是責無旁貸的國民職責，故殖民地台灣的人民，就用傳統儒家思想與天皇教育敕語的宣告作爲日台文化統合的接點。〔註67〕

此一時期也可在報刊上看到以〈國民性〉爲主題的演講、徵詩、徵文活動四處舉辦並大肆宣揚，形成傳播漣漪效果，如以〈國民性〉爲題的籠紗格徵詩鐘的活動中，身爲左詞宗的謝雪漁（右詞宗魏潤庵）亦不避嫌地選入了自己的文句（右四左六）〔註68〕：「道德文章宗孔孟，禮儀謀□□□。」直言孔孟道德即是國民性，由此可見其漢學認知滑動的跡象。〔註69〕此後，大

〔註67〕 教育敕語是爲日本明治天皇於 1890 年 10 月 30 日頒布的教育主旨文件，教育敕語的中文翻譯爲：「朕惟我皇祖皇宗，肇國宏遠，樹德深厚，我臣民克忠克孝，億兆一心，世濟其美。此我國體之精華，而教育之淵源，亦實存乎此。爾臣民孝于父母，友于兄弟，夫婦相和，朋友相信，恭儉持己，博愛及眾，修學習業，以啓發智能，成就德器，進廣公益，開世務，常重國憲、遵國法，一旦緩急，則義勇奉公，以扶翼天壤無窮之皇運。如是者，不獨爲朕忠良臣民，又足以顯彰爾祖先之遺風矣。斯道也，實我皇祖皇宗之遺訓，而子孫臣民之所當遵守，通諸古今而不謬，施諸中外而不悖。朕與爾臣民。俱拳拳服膺。庶幾咸一其德。」教育敕語的內容，著意強調以國爲重的修身觀念，並以此爲國民道德的依歸，而這段文字中的遣詞用句及其所援引的道德觀念，的確深有儒家的影子，可見大正時期日本國內的各式社會運動思潮也煽動了殖民地的人心，因此總督府必須在此際重伸教育敕語及孔教的正確性，以壓抑民心的浮動。

〔註68〕 《台灣日日新報》，大正 7 年 11 月 39 日，6626 號，六版。

〔註69〕 當然我們也別單純地以爲一切社會改革議題只有殖民者才能操作，對於提倡儒教的同時，台籍文人亦可藉此再振漢學的重要性，因此崇文社繼〈促進同化論〉後，下一個徵文題目即是〈維持漢學策〉，將漢學視爲東洋之源，並生發出特有的東洋概念中，藉以作爲西洋的對照面。如第一名台南許子文的作品刊載在同年 10 月 31 日，開篇即言「漢學是東洋文化之源，光輝於五帝三皇、漢唐宋明諸代，傳播九州八荒滿蒙回藏之外，道德知慧之開化，農工商業之發達，學術治術之進步，合爐而治，匯流而東，光彩陸離，郁馥爛漫，以吞吐夫東半球……第舊時政府，以科學（按：指科舉之學）限制人才……豈足以利世益民……改隸以來，學校如林，大有神於人生……國語之中含有漢學之精神……小之作修身正己之方，撮其要而致其知；大之明治國平天下

正協會與瀛社也陸續舉辦了各地的祀孔典禮、興建／修整聖廟（孔廟）、宣／講（孔）教會等活動，亦有社團組織如台北崇聖會，以「施行釋典，經營文廟」為宗旨，後更發行〈聖教報〉。〔註70〕。至此，中國儒家思想成為有宗教意義的儒教，台灣各界日台籍領導人士們以總督府意向為引導，將儒教涵納於天皇國體中的國民道德範疇中，將忠君（天皇）、利群（日本帝國）等概念標舉為應然的漢學新倫理。

是以，這些士紳文人們的言論及舉措就如同投入台民社會的小石塊，激起了台民稼接思想的可能。殖民地社會祀孔儀式的推演及主陪祭人員的配置，象徵現今的日本帝國擁有漢文化圈領導者的位置，有改造／重伸殖民地社會的權力象徵，又台籍士紳們同倡恢復孔教，將天皇的教育敕語視為東洋倫理的準則，藉以突顯國民的利益是被置放在為國付出的前提下。此舉不單是有助於穩定殖民地浮動的人心，亦可滑移漢文化，讓漢文、漢學在重構出混合、同一的可能。此外，對大正時期的日本內地而言，強調儒教亦能重拾日本人民對天皇體制的注意。因此大正 11（1922）年謝雪漁、許庭光、李種玉三人應總督府之命，至東京湯島參加由內地斯文會舉辦的大成至聖先師孔夫子二千五百年追遠紀念祭，崇聖會幹事長謝雪漁返台後寫了〈內地遊記〉長文，以滋紀念〔註71〕。是以，日本帝國也希望藉由儒教強化天皇的權威性，讓日本國民培養出更強大的「帝國國民性」，故日本朝野大張旗鼓舉辦祭孔大典，廣邀台韓派人與會，希望強調歷史的日本是深受儒家傳統薰陶的文化之國，而日本帝國則是兼有東洋道德禮教與西方文明盛況的亞洲強國，以力服人兼以德服人，因此是名正言順領導亞洲各國與西方列強抗衡的盟主。

又，隨著殖民時間的延續，總督府多次延長使用六三法，接著又提出三一

之義，得漢學之眞衣缽。」歷史的漢學開枝散葉到東半球，能厚生利用，可大用也可自修。接著此文中將中國九流說與現代學科相合，如儒家之學為教育學與政治學，道家之學即哲學，法家之學即法律學等，結語為「倘不講漢學，而欲遠適異國，與彼都人士相親相近，以開拓富源，此論理學上所不可能之事也。」言下之意，部分台籍文人也藉「國民性」的議題擴充討論了漢學的地位問題，重振漢文的聲勢，漢學既是根源，又足以生發出新意，拔升漢學在新時代的地位。換言之，對於台籍人士而言，日本帝國的國民性與中國傳統漢學間的討論，拉扯出日台中若即若離、不上不下的含糊空間。

〔註70〕 〈崇聖會章程〉，《台灣日日新報》，大正 7 年 12 月 24 日，6650 號，三版。

〔註71〕 《台灣日日新報》，大正 11 年 11 月 25 日至隔年 3 月 15 日，8082～8192 號，下章再詳述。

法，實將台島視爲特殊區域的殖民統治方針，不斷與號稱一視同仁及文明殖民的宣稱牴觸，總督府被迫必須對台民要求開放政治權做出回應。在台民部分，先是大正9（1920）年，林獻堂及蔡惠如成立新民會，決定應開始向日本國會進行設置台灣議會的請願運動。大正10（1921）年第一次於日本國會的貴族院及眾議院提出「台灣議會設置請願書」，宗旨是讓台灣享有地方自治的權利：「設置台灣議會，並賦予有關應施行於台灣的特別法律及台灣總督府預算的協贊權，以圖與帝國議會一致，實現台灣統治的健全發達……」〔註72〕台灣總督田健治郎看到台灣人民已有政治自覺、組織政治團體的能力，爲了緩和緊張的社會氛圍，便在同年公佈了「台灣總督府評議會官制」，由台灣總督任會長，總務長官任副會長，另由總督任命「總督府部內高等官員」及「居住於台灣之有學識經驗者」爲評議員，評議員中總督府高級官員佔七人、僑居台灣的日人佔九人、台人佔九人。台籍評議員乃由辜顯榮、林熊徵、顏雲年等（較爲）親日士紳擔任，雖然林獻堂也在任命之內，但也因此被總督府就近監管。而台灣評議會的設立：「屬於台灣總督之監督，應其諮詢，開陳意見。」從評議員人數的比例來看，佔多數居民的台人代表比例是最低的，這種似是而非的「官方」議會機關，評議員們能就總督府提出的議案發表看法，但也就是建議權，無實質審核決定權，因此評議會頂多就是總督府的諮詢機構，台籍評議員則是爲總督府政策背書的代表。〔註73〕而漢文記者謝雪漁亦針對第一回評議會的開會過程做了文字記錄，兼抒發個人意見，有〈讀評議會議案〉一文：

> 此次督府開第一回評議會，所提各項議案，既於本會質問辯明，更交付各委員會，仔細審查。本會閉會之際，<u>田督憲且諭各評議員，廣徵有識階級意見，各陳其利害得失</u>，俟本年九月間，再開第二回會，乃定其可否。吾人深感新制施行，不滋弊害，凡屬台灣一份子者應深感紉。鄙人固乏政治智識，卻多社會經驗，<u>爰欲略舉所知，以貢一得之愚</u>。〔註74〕

〔註72〕《台灣總督府警察沿革誌》第二編中卷（台北：台灣總督府警務局纂，1933年），頁340。

〔註73〕評議會在田總督任內（1923年去職）只召開三次，「決定有關道路規劃方針、有關民商法施行之例外設置、有關義務教務實施及方法，以及有關訴願制度之設置」等。可參見許世楷：《日本統治下的台灣》（台北：玉山出版社，2006年），頁272。

〔註74〕《台灣日日新報》，大正10年6月24日，7563號，五版。

此篇文章中，謝雪漁以自己之社會經驗，雖無政治「智識」，但以「感謝」之心對第一回評議會提出「愚見」，挑出民法及義務教育兩問題探究，因他以爲此次編修討論的民法總則、親族篇及義務教育本質、施行方式爲本次會議中最重要的議題。他先將民法與台灣慣習做一番比較，他肯定了民法總則篇將台民成年年齡由 16 歲提高爲 20 歲；而爲使台灣戶籍人口更爲確實，法條則增加了准禁治產、禁治產的管控及對失蹤人口的考核。至於親族篇部份，謝雪漁認爲有幾點尚待討論，應考量視台灣習俗別設除外例：第一是台民慣習的分頭相續制，若強制改爲同日本內地的長子相續制，則有違社會人情。第二是農業社會中有男丁務農的人力需求，而貧困農家亦有養童媳之需，本是互蒙其利、互取所需的社會習俗。但進入了日治時期，社會經濟型態逐漸轉變，童養媳之風反而助長了殺害女嬰、賣女爲妓的惡習，因此謝雪漁認爲必須由官方設立各地養嬰堂，並明令殺嬰視同殺人；另農家若有養媳之需，地方官員要詳查雙方家庭眞爲貧家，且要正子與養媳的夫妻名分，方可導正社會陋習，又符合貧民無力負荷養子及聘金的生活實況。第三則是強調了一夫一妻的合法性，除非能取得醫師證明妻不育，才可開納妾之門。〔註75〕第四則是說明招夫婚姻與死後養子之不宜，提出了女子亦可承續香火與財產之說。以上諸說，可看出謝氏以爲法律不外乎人情，因台灣社會特殊的狀態，故有這樣的建議。

〔註75〕此說謝氏在明治 38 年有〈論納妾之弊害〉一文就提及：「……蓋夫婦之於家也，如天地之於世界也……天地之界，雖判高地……一覆一載，各定其位也……又如陰陽之於氣候也……陰陽之氣，雖別剛柔……而貴於和也。輓近之世，家之不齊者，由於夫婦之道紊也，其道之所以紊者，則由於納妾之風靡也。……就我台灣而論，據最近所查戶口，計二百八十萬二千九百四十八人……是何異奪人之妻，而爲以之妾乎，亦何忍耶？善夫歐西之美風也，一夫一婦，終無有納妾之人，蓋彼知奪人之物者謂之盜，而不甘受盜名也……我台灣舊例……其於倫理大不合宜……若或有伯道之戚（按：比喻人沒有子嗣。），爲似續計，而望枯楊之生稊，則其納妾也，亦情有可原，而理有可恕。」（《台灣日日新報》，明治 38 年 5 月 24 日，2116 號，三版。）而大正 9 年 8 月，謝氏亦遭逢妻王氏亡，而同年 10 月就有納寵、續弦之說，編輯賸錄（十三日）：「雪漁登社，笑謂潤庵及同人曰，君等太多事，現時名分未定，不過一侍兒耳，謂之納寵或可，謂之續絃未可也，催粧何爲者？同仁爭曰，不論其爲納寵或續弦，同仁總有致賀義務，且有食甜茶之權利，相與粲然。」（大正 9 年 10 月 14 日，7310 號，六版）由此言可知，謝雪漁的確很快就走出喪妻之痛，展現出文人風流一面，正妻死，爲枯楊生稊即可納妾，因此謝氏直至 64 歲老齡，還生六男，並有〈六男宗德喜生賦〉：「剛逢六十四韶光，興建雖貧亦不妨。蘊釀柔條春自茁，生稊漫說是枯楊。」《雪漁詩集》，頁 125。

至於義務教育，謝雪漁認為：

> ……我國維新以來，文明大啓，人才輩出，闊步於歐美列強之間，豈非教育之力哉。田督憲蒞任以來，仰體一視同仁聖意，言明台灣為帝國之延長，酌量民度，欲咸與維新，於是有此義務教育之提案……<u>故義務教育之施設，當無人敢為異議</u>……議案有三年制、有四年制、有六年制，六年制者，現時內地所行之制也。<u>此三種制度，何者為適，一視經費何如耳</u>……曰延長、曰撤廢，是皆關於吾台文化之程度，若不施內地人同樣教育，則內地人常如壯年者，本島人常如幼年者……細查現時全島民力，若施設經營，專歸吾民負擔，無論六年制難，則四年制亦難，三年制亦難……然則若何而可乎，<u>曰準酌民力，三制並行</u>……<u>蓋學校經費，現皆自籌備，準備力之厚薄，而制不妨有異同</u>……為今之計，且極力準備校舍，先就此志望入學，而不能收容者，悉數收容，乃實行此義務教育……<u>故宜多設中等程度學校</u>。又有資產家之子弟……負笈東渡……<u>故台灣之初等學校與中等學校，宜改正教科書，使其與內地聯絡一般的教育宜急，而拔萃明教育，亦不可緩也</u>。

此段文字中，謝雪漁以一視同仁的天皇旨意為前提，認為在台島施行義務教育乃是必要有舉，言下之意是總督府有協助台島進於文明之責。但台島官方所設公學校嚴重不足，無法滿足台民的求知需求，又官方不願支持地方教育經費，長久以往，將會使興學、共進文明之詞淪為口號宣傳，因為多數地方，根本無力自辦教育。如此一來，只是持續拉大台島與內地的文明差距，令社會民心躁動不滿。因此謝氏委婉地說，唯有總督府在經費上補助、鼓勵、支持地方興學，能普設公學校，才是在台灣教育上「一視同仁」的具體作為。但謝氏還是不忘提到台灣現時民度、民力的問題，雖然長期的教育目標是在受教年限及享有受教權的義務與內地接軌，而短期可行的目標應是允許台島依地方人士支持程度設立中學校及受學年限，並以內地教科書的內容教學，〔註

〔註76〕 大正4（1915）年，中部士紳林熊徵、林獻堂、辜顯榮等人，有感於公學校教育程度低落，且總督府限制台人子弟進入日人的教育體制中（小學校、中學校、高等學校等）就讀，讓有心向學的台籍資產家子弟無法獲得啓蒙、提升新知的機會，因此集結眾人向總督府請命，以台民士紳之力，集資創辦臺中中學校。此一倡議終於於兩年後獲得首肯，台中中學校成立（即是台中一中前身），有台人爭取教育權之指標意義。但此一爭取教育權事件的成功只為單

76〕讓台籍子弟不需再迢迢東渡內地求學，除可讓（資本家）子弟方便就學，
也才可確實提昇民力，更全面地扎根子弟接受文明薰陶。

　　總之，這篇〈讀評議會案〉並沒有對總督府召開評議會的目及修民法的
過程提出否定，只是提出可稍微再慮之柔性建議；但其對於台島教育資源的
缺乏及教育的目的，有較深入的著墨，雖教育問題還是點到為止，沒有明說
殖民地教育的具體內容，只說了希冀能普設公學校及增設中高等教育，讓台
島教育在未來能與內地真正相同。通篇文章口吻淡然溫和，而其將法律與教
育問題放置同一篇文章中並列討論，恰恰就出現了很弔詭的情形。在法制上
要求民法需思考台灣慣習，開除外例，以合台灣特有的風俗人情。從法理上
來看，此次民法修定的內容重在希望革除台灣社會中的「風俗陋習」及確實
掌握台民人口的流動與數量，完全無實質增進台民利益的考量，謝氏應也有
此種感受，故有開例外之說。另在教育問題上，因資產家及士紳們體驗／接
收社會進化論，故希望台灣學校能確實成為文明啟蒙的機構，要求將殖民地
教育的實施與內地的教育做全面性的接軌，如此才能真正體現天皇在殖民地
統治中不斷強調一視同仁的聖意，如此又要求「同一」了。教育要同一，民
法又要開除外例，謝氏等於默認了目前殖民地台灣還是處於日本帝國特殊區
域的狀態，亦走向一個不知如何的未來。從這裡，筆者以為看到謝氏心理狀
態其實是很矛盾的，而這種亟欲跟上文明，又希望被寬容對待的情緒，無非
是由於殖民者以社會進化論不斷灌輸殖民地人民是次等人民的影響，引出了
傳統文人逐步轉型為親日文人後，對於殖民現代性既欣羨又疑惑的複雜心態。

　　到了昭和時期，「同化」確切定義為「皇民化」。故官方的皇民文學立基
即是為戰時日本帝國召喚台灣人徹底成為天皇子民、為天皇帝國奉公的美麗
呼聲，但其宣告的內涵，卻始終是模糊而充滿無止境的空缺，就如同《警察
沿革志》的編者鷲巢敦哉在《台灣保甲皇民化讀本》中的結語：「最後，我要
反覆呼喚，皇民化的要點是，在日常生活的所有方面，非要更像日本人不可！
〔註77〕」因為皇民精神意義始終空缺，所以皇民文學作品就必須不斷地堆積、
填充戰爭口號，展現對日本帝國的無盡忠誠信念（或者說非得表態的愛國

　　一偶成案例，各地依舊無力自籌經費，支持加設中等教育學校，但此舉的成
　　功，也為日後台民追求教育權的實現種下希望。板垣退助支持的「台灣同化
　　會」曾提出以教育、通婚、辦報為促進同化之效的三個具體方法，義務教育
　　的問題就成為了第一回評議會召開的主要討論議題。
〔註77〕鷲巢敦哉：《台灣保甲皇民化讀本》，台北：台灣警察協會，昭和 16 年，頁 322。

心），台灣人不安定的心理狀態被統治者美化肉體死亡的隱喻加以牽引滲透，唯有徹底展現驅除與血液相交的「中國」他者的決心，以血液的償還象徵精神的淨化，故鼓動台灣青年進入戰場，用流盡帶有中國人之血的軀體象徵淨化，犧牲的靈魂將被供奉爲眞正日本天皇子民。由此看來，戰爭的非常時期也讓「同化」的門檻拉高，激化了殖民地人民的愛國心競賽。〔註78〕原來，台人至昭和時期還是無法藉由婚姻、教育、辦報的方式成爲皇民皇種，那麼就必須藉助響應志願兵犧牲流血來呈現精神皇民的行動。〔註79〕

　　而謝氏在戰爭時期，亦大量寫作小說，塑造爲「中日親善」做出實際舉動的故事人物，或重述爲天皇武勇犧牲的歷史人物事蹟，歌詠尚武精神。《風月報》刊首亦以斗大的標題字標註戰時的管控需求以及帝國未來的榮景，如「大東亞戰爭就是解放東亞民族的聖戰，一億一心抱著必勝的信念向前奮鬥。強化鄰組親善就是國防的基礎，美英是侵略東亞的巨獸。」、「實行朝操，鍛鍊我們的體魄，把英美侵略東亞的寶庫奪回來」、「滅私奉公，增產報國」等。謝雪漁也寫作了如題爲〈紀元二千六百年奉祝政府預定行事要綱〉：「扶桑建國，萬世一系；禹域山河，皇軍轉戰，創新東亞，融合黃種，親善諸邦，三呼萬歲。」〈大和男子忠心耿耿〉：「支那事變，日本之兵士在危難煩惱之際，其所決高者，唯有天皇陛下萬歲之一語耳。一呼萬歲，百倍勇氣，湧出體中……謂爲無敵皇軍者，即由此特有國民精神之表現也。」〈蕃薯今亦歸統制〉：「爲確立工業原料之甘薯配給制度，與培養島內工業之根基，乃施行此種統制者。」〔註80〕──呼天皇萬歲，台民就該赴湯蹈火，拋頭顱，灑熱血。

〔註78〕例如陳火泉的《道》（1937）獲得皇民文學賞，描寫的即是一個強烈親日精神傾向的台籍公務員（即是陳火泉自傳式的書寫）尋找「如何成爲皇民之道」的心理歷程，「血書志願」就是日本精神的最終極實踐。我們看到了在夾縫中求生存的無數台民的面貌，藉由認同的改變與再確認，換取向社會上層流動的機會，這是一種台灣人民在戰時莫可奈何又不可逆轉的命運生存策略。換言之，也許這就是敗者無力抵抗現實的抵抗，將理想的種子埋藏在現實失敗者的血原之中，等待可以包容開放屬於全體「人」的純眞理想烏托邦。就像陳火泉在戰後始終沒有爲自己的文學創造提出辯駁，而只說：「皇民化乃『無地可容人痛苦，有時須忍淚歡呼』的環境。」陳火泉：〈關於《道》這篇小說〉《民眾日報》，1979 年 7 月 7 日，12 版。

〔註79〕日本在太平洋戰爭爆發後，1942 年在台實施「陸軍特別志願兵制度」，1943年實施「海軍特別志願兵制度」，1944 年 9 月 1 日本戰況吃緊，開始在台實施「徵兵制」。

〔註80〕《風月報》第 100、101、102 期，昭和 15 年 1 月 1 日、1 月 15 日、2 月 1 日。

是以，綜觀日治五十年的「同化」進展，筆者認爲對於總督府而言，殖民地同化的基本精神是將殖民地台灣視爲提供母國資源所需之地，乃不等同於本國內地的特殊區域；而隨著施政時間的延長，以資源取得爲主的政策與以尊重地方爲名存在的慣習逐漸偏轉至要臣服於母國，強化進行精神思想的同質化措施。而就在持續偏轉及拉高同化門檻的同時，台島的民度、民力始終被視爲不足的狀態，而不足的根本原因即是「血液」不夠純正的緣故，因此戰時的台民唯有投入戰事，爲戰事犧牲，才是「皇民」。但對於台民而言，同化的議題絕非單純地成爲帝國臣民，在「同文」政策的容許下，台民有了「同文」的各式想像開展，希翼「同化」爲「文明」的主體，享有「文明」的群體利益，因此下節中將轉爲探討謝雪漁，如何應用同文的文字載體指涉出豐富的意義。

第三節　同文的淵源及其想像

從日本領台之初，就開始進行一連串關於漢文存廢與質變的討論，伊澤修二的教育理念：「實施教育是要征服台灣人的精神。〔註81〕」其所追求的教育目標爲讓台灣這片新殖民地的住民逐漸學習並能使用被殖民者允許的「交通語」。〔註82〕日本殖民者不斷用各種方式對台灣精神文化採取召喚、蠱惑的行動，積極將殖民地台民重新塑形，藉以割裂他們與父祖輩之間用文字、文學想像出來的「祖國──中國」、「種族──漢族」的深層意識，並將臣民對忠孝節義的應然對象轉接爲日本天皇──帝王獨尊的轉換，符合中國歷來改

〔註81〕 轉引自陳培豐：〈殖民地台灣國語「同化」教育的誕生──伊澤修二關於教化、文明與國體的思考〉，《新史學》，12：1，2001 年，頁 122。

〔註82〕 如同矢內原忠雄所言：「日語教育之目的，謂以爲交通語，又爲文化發達之手段及爲同化之手段而必要。」（矢內原忠雄著，周憲文譯：《日本帝國主義下之台灣》（台北：海峽學術，1999 年），頁 174。許佩賢在《殖民地台灣的近代學校》一書中，說到：「伊澤認爲教化新領土的前提是講求語言思想的溝通，因而提供語言學習的設施，讓台灣人與日本人互相學習彼此的語言……同時，爲了將臺灣人同化爲日本人，也須考慮長遠的教育事業。」（台北：遠流，2005 年），頁 13。換言之，基於「交通語」的概念，日語教育的終極目標即是要漸次取代漢文的流通功能，當生活中的所知與所需可被日語替換時，同化政策才算由外而內，進入並內化爲台民的意識，從意識中再無疑地成爲天皇的忠順臣民。就如同台灣總督府第一任學務部長伊澤修二在演說中談到：「實施教育是要征服台灣人的精神。」轉引自陳培豐同上文。

朝換代的觀念。〔註 83〕簡言之，對台民而言，變動的歷史背景所生發出的抵抗意識會依生活條件改變、社會結構重組、世代觀念轉移等因素，持續針對台灣的統治者們進行衡量與評價。

台人被乙未之變強行割裂的民族情感，在日治初期干擾著殖民地的現存處境，成為台民弔詭的內在聲響。一個現實、未亡的父祖之邦，在時間的序列上是並存的狀態——並未被消滅成為過去；也因此殖民地台灣人民的認同狀態也就變得異常錯亂與複雜。台人在「自我定位」這一進程中，面臨來自血液、訴諸情感意義的抽象投靠，「它」（中國）是某種無法被指稱的名字，它是「他者」，用詭譎的方式在「我」的身體裡浮現；「它」同時是「我」也不是全部的「我」，「它」變成殖民地尷尬現存情境的流亡幽靈；而「我」因時局變動被從「血液」的想像中流放，生命起源的經脈面臨被拔斬的危機，殖民地的「我」從此成為錯亂且分歧的能指。

因而，在殖民地台灣的文化場域中，日本殖民所攜進的天皇政體的殖民現代性將挑戰血緣種族的意義；不只是文明理性的啟蒙或生活便利的訴求，殖民地精神領域的侵奪，更有著重述種族、文化、身體、國體等深刻的意義。因此當新文學運動者向中國白話文取道革新時，其背後所顯現亦有自我清理血液的意義〔註 84〕；那麼隨後試圖建立「台灣話文」的特殊性，以標舉在地話文的方式，再劃分殖民地土地上生活語文狀態〔註 85〕。是以，殖民地的寄

〔註83〕根據川路祥代的說明：「日本傳統的『領域的公』，是以天皇為頂點……因為天皇是日本最大共同體——所謂『日本國』之首長，朝廷是日本國家共同體之中央機關……從理論而言，至高存在的天皇應當體現絕對的公共性，就是不可不『公』」，《殖民地台灣文化統合與台灣傳統儒學社會（1895～1919）》（成功大學中文研究所博士論文，2002 年），頁 15～16。換句話說，殖民者希望透過初等教育課程的設計，將公學校課程的安排特別著重於日語、修身和算術之教學，使殖民地台灣的新世代不但成為殖民現代、服從的社會一員，並且養成日本忠順臣民的道德精神觀，強調並加深台灣人民對日本國體與天皇無上的效忠意義。

〔註84〕在這裡，新文學運動稱之為「民族」精神的引用，如蔡鐵生為台灣民報創刊詞所題：「民報達民情／民權任你評／民心真未死／民族自增榮」，「民族」意義指涉的是「中華民族」，亦是中國母土的想像，這在某種程度上反映了殖民地人民面臨了政權的失落，現實上政治主體性的建立有其困難，因此必須藉由文學的啟蒙功能，重新認識殖民者所帶入的現代性意義。

〔註85〕最為顯著而被頻繁引用的就是黃石輝發表在《伍人報》〈怎樣不提倡鄉土文學〉（第九號～第十一號，1930 年 8 月 16 日至 9 月 1 日）的發言：「你是台灣人，你頭戴台灣天，腳踏台灣地，眼睛所看見的是台灣的狀況，耳孔所聽見的是

╱既存現實，錯亂歷史情境下的身分幽魂該如何被安頓，若重返生活土地的「台灣話文」運動亦可視爲台人重新凝視主體的可能，其語文策略顯然已經由「中國」種族的後盾延伸中離開，以在地語文的形貌朝向另一種新「族群」的建構前進，此亦是一種相對於日本同化政策的同文對抗策略。

　　語文的問題，在日本領台後就陸續被台灣傳統文人所提及，漢文被當成共解的書面文字，可讓中日雙方嫻熟地運用於展示學識素、觀念溝通、凝聚共感，成爲殖民者與被殖民者各自建構、詮釋的空間。誠如前節所言，不論是由總督府主辦的揚文活動，或是由傳統文人發起的親近新學文明的活動，都可以看出傳統漢文開始與時事、文明、日本漢學接軌，不再只是呈顯傳統中國文化視域的載體。〔註 86〕因此下文的討論，將依時序談論謝雪漁在「同文政策」下，如何回應「同文」中所觸及的文明、文化問題，並與二、三〇年代的新文學運動做並列觀察，藉以釐清舊文人與新知識份子如何理解並操駛「同文」的船舷，讓殖民者無法全然支配台灣社會的發展，並由此闡發、擴展出有效積極對話的可能。謝氏如何觀覽日人近代化的成功經驗，檢視、調整台灣社會的前進方向，將是以下關於「同文」的討論將觸及的面向。

　　明治時期，謝雪漁因具有日語、台語、傳統漢文的語文通譯能力，被延攬進入官方色彩濃厚的《台灣日日新報》擔任漢文記者，而記者職責即在介紹各式的新知，紀錄世局社會面貌並闡揚政策意義、協助政策推行，因此現代報刊才被視爲文明處所。謝雪漁在日治初期用漢文書寫了對於「文明」的

　　　台灣的消息，時間所歷的亦是台灣的經驗，嘴裡所說的亦是台灣的語言；所以你的那枝如椽的健筆，生花的彩筆，亦應該去寫台灣的文學了。」

〔註86〕如明治 30（1897）年，李春生創立維新公會，擔任社長，創會主旨在協助台灣總督府維持治安、處理地方公共事務及宣導日本文化。參加的人士多爲基於各種理由傾向統治核心的台籍士紳。這個權力核心不必然是官階，也可能是社會地位或是主導論述的位置。大正 3（1914）年年底板垣退助伯爵（1837～1919）在台北號召成立「台灣同化會」獲得台人的高度支持（3178 人的會員總數中台人佔有 98%）日台雙方都以文化重置、統合的方式削弱種族血緣的先天認同機制。可參見蔡培火等：《台灣民族運動史》（台北：自立，1971年），頁 15～35。當時屬於相對少數的日本人面對多數的台灣人時，其實對同化一直抱持高度的質疑，若以人數來說，的確最終被同化的對象可能將是在殖民地台灣生活的「日本人」。對於「台灣同化會」的「同化論述」，可以參見同化會幹部之一中西牛郎以淺白漢文所寫的《同化論》，作者是站在親善的位置，說明因爲和漢歷史上的交會因素，以儒家五倫的共向認識爲本，並拔高忠君（日本天皇）愛國的位階，和漢兩族即具有同文同種的基調，台北：台北印刷株式會社，1914 年 10 月。

論述，即便只是粗淺的模糊抽象輪廓，卻也是世變之後最直接的對應理解，是貼合時局勝敗、文明程度、國勢強弱的論述。

以筆者所見，謝雪漁關於文明最早的論述刊登在〈入報社誌感〉一文，文中提及進入報社擔任漢文記者一職是「爲我台民開樂閱新報之美風，喝破舊時陋習，以漸進於文明之域，庶幾償此素願。」謝雪漁肯定報刊乃是傳播文明的最佳利器，因此「富強列邦，文明愈盛，則報館愈多。」富強文明可以開通智識、扶翼教化、破除社會舊習，而記者職分即是使社會「漸進文明」的介紹者〔註87〕。

其後在〈說文明〉一文中再度闡述文明意義：

> ……文明云者，野蠻之對待也。世何以文明，由于生存競爭，次第進化而然也。法國某學者……謂世界之文明……支那已落人後，印度與希臘，復入野蠻時代，惟埃及與與羅馬，其所留貽之文明，混合爲一，而成十六世紀後，歐羅巴之文明，以壓倒全球也……文明之發達，層出不窮……文明之境界，又分而爲二，有精神的文明焉，有物質的文明焉。有精神的文明何？無形之文明，道德上之文明是也。物質的文明者何？有形之文明，技術上之文明是也。在道德上之文明，上世……中世五倫之道明，而個人之資格完全，至近世又推此私德，以爲公德，不獨對一家族、對一社會，即對一國，並對於異國，無不本此心也。在技術上之文明，上世……即如近世，聲光電學，發明於世……然而學文明者，須求其眞，勿竊其似，勿徒醉心物質的之文明，而不彈心精神的之文明焉。蓋有物質的之文明，無精神的之文明，仍不得謂之文明也。有物質的之文明，又有精神的之文明，始得謂爲文明也……〔註88〕

此文說明文明與野蠻是相對的比較狀態，但可確定的是，在近代生存競爭下，未進化或是不及進化的支那文明已經落後衰敗。〔註89〕在社會達爾文主義的國際競爭下，近世的道德文明尤重「國家」、「公德」的體認與實踐，另有形

〔註87〕《台灣日日新報》，明治38年3月7日，2051號，三版。

〔註88〕《台灣日日新報》，明治38年10月28日，2249號，四版。

〔註89〕明治維新後，日本以「新興國家」的姿態傲視亞洲，也開始其東亞帝國的論述策略。一八七〇年後興起的東亞論，以漢字「支那」取代了文化「中國」的意涵，擺脫日本自古以來與中國接觸的「臣民」陰影。也因此，謝雪漁所翻譯的是久保天隨的《支那文學史》，而不是《中國文學史》。

的技術文明——科學知識進展,可使國家具有強勢的競爭力。謝雪漁以為文明的真意不應單面側重文明物質,真正的文明乃是物質、精神文明齊進。謝雪漁除了從道德、物質層面論及近代文明的意涵,也提到了實際社會制度面上文明的統制方針,如為了讓台民降低對總督府慣習調查政策的疑慮,故撰文鼓吹台民應支持對台進行的「文明」國勢調查,總督府可藉以考察社會風俗得失,調整殖民地台灣社會趨向文明的指標。〔註90〕

　　謝雪漁如此熱情地擁抱殖民者文明舉動,主要跟其經歷了乙未之變——一場被迫斷裂的政治之痛有關,其深刻感悟到自己身為「了餘生」的棄子心情,深惡痛絕清廷棄台自守的昏昧無能。雜報〈新月旦〉中有:「民為國之本,故世界之強國,咸致力於保民殖民。清國視民如艸芥……噫何不幸而為清國之民也?」「古人云:寧為太平犬,不為亂世民。今人云:寧為文明犬,不為野蠻人。前者出於慨嘆,後者起於憤激,而皆為傷心之語,曾歷其境者,聞之得隕涕乎。」〔註91〕其中洋溢著對於清末朝廷的不滿之情;若反面思考之,雖台島被割離,成為日本帝國的殖民地,但若放下心中的憾恨,應時再

〔註90〕慣習調查是後藤新平所主張的生物管理的根基,唯有經由徹底了解地區的資源與習性,並拉攏在地的影響者,才能讓政策的制定有依據,並藉以收編使用該地的資源。詳細的論述文章下章再談及。

〔註91〕出自《台灣日日新報》雜報〈新月旦〉,明治40年7月2、9日,2747、2753號,三版。明治41年,謝氏寫了〈清朝帝紀〉一文:「清朝諸帝事蹟,雖散載於《聖武記》、《東華錄》等書,然未修正史……至於某帝之政治若何?某代之民情若何?益茫然罔覺。僕嚮者亦蹈此病,滄桑變後,科第念灰,略致力於經史,且得讀日本名流所作彙書,於古今事物,稍有會心,尤輝精於清韓歷史,多有增益。茲以考得清諸帝事蹟,舉其概要,揭之於左,以紹介社會同胞之尚未知者,讀書無以炫鴻博相訾,則幸甚。」經歷世變後的謝氏以日人所寫的清史作為再回首舊主清朝的開端。清朝從太祖立朝,直至仁宗「……國民厭乾隆時之干戈,頗有思亂之情……致清室之鼎漸輕……」(1月26、28日,2920、2921號,四、三版)清朝自道光年間接連不斷的內憂外患,讓「今帝(按:光緒)帝即位之時,年尚幼稚,太后垂簾聽政,及壯,仍為太后壓制,不得治理萬機,空擁虛位。自帝即位之後,歐美列強,實逼處此,臥榻之旁,任人鼾睡,既經日清之役,又釀義和團之禍,財源愈竭,軍備益虛,外人恣意要求,疆土日削,國之志士,憤慨不勝,以致孫文之徒,煽革命之兇燄,自茲以往,其得保社稷與否,未可知也。」通篇文章未提及清廷統治台灣之事務,只約略提及清朝諸帝歷史,刻意淡化台灣與清國的過去關係,故稱光緒為今帝,文末感慨清國國祚已長也已將盡,孫文領導之國民革命兇焰處處燃起,此際的清朝自身難保,而海外台島被迫脫離中國,或許也是台島命運扭轉的契機吧?

起，也許可因此得福，擺脫身爲敗／弱國人民之辱，擁有接近強國文明的契機。故謝氏又言：「世界所稱第一等國者，必具有三資格。一爲文明至或程度而此，二爲兵力及兵用財源，足與列國爭衡，三爲殖民的勢力，反是，則爲二等國矣。」日本從明治維新後，全面脫亞入歐，並積極全面學習西方的物質文明，尤其特重新式軍械的有效攻擊與軍略人才的培育工作，接受了科學推動文明進展的觀念。〔註92〕因此謝氏有「科學者實天地萬有之基礎，又萬有之解決者也。在今日之世界，乏科學的智識者，則常在文明潮流外，不論作何種事業，欲其不失敗也難矣。」標舉科學理性是引發文明變革進展的重要推力。〔註93〕但值得注意的是，謝雪漁也注意到文明強國未必事事文明，若只徒具文明物質之用，恐怕也會有所偏失，他察覺到觸發人文理性的普世價值意義，言「文明國與野蠻國比較，就外形而觀，自然以文明國爲優；然就彼此內容，細心考察，平情論事，野蠻國亦不無優點，而爲文明國之所不能及者。」文明國與野蠻國的差別不可只就外形文明而言，物質與精神文明的進展速度需一併考量，因此追求精神的文明狀態顯然也是殖民地往文明境界前進時所需注意的面向，如此才可截長補短、內外兼修，發揮互爲提攜之用。〔註94〕

　　而落後的殖民地要如何進入文明境界呢？謝雪漁在雜報〈新月旦〉言：「近時赴內地觀光者，文明事物，印象腦筋，思想頓變，多有先學形式之文明，

〔註92〕孫歌提到：「日本的江戶時代儒學家中存在一種『華夷秩序觀』。這本來是中國古代在地理概念之外輔以文化判斷的思維方式，如認爲善行可以使『狄』上升爲『狄人』，體現了把華與夷狄的區分機能化的思維方式。但是由於中國歷史上疆土的不斷擴充，致使『化外之民』被同化的過程可以被視爲中國的『內部事務』……由於國土疆界的這種彈性感覺，華夷的範圍基本上是一個實體性的政治地理範疇，『華』的中心位置是不可取代的。而在日本，華和夷被作爲兩種判斷政治文化的標準，它被視之爲『仁』、『德』、『道』之有無的標誌，而不再僅僅是地理上的中央與邊境的關係……所以在日本人的心目中，『華』與『夷』的位置可以互換，不能互換的僅僅是它作爲王道禮教的等級秩序。自從中國明清之際改朝換代伊始，日本上層社會便逐漸形成了所謂『華夷變態』看法……明治時代，日本人坦然地將西方文明視爲『中華』，更正統的中華不是自己，而是比自己更先進的西方，這就把『華夷變態』進了一步，使它世界化了。」引自《亞洲意味著什麼？》（台北：巨流，2001年），頁30～31。

〔註93〕《台灣日日新報》雜報〈新月旦〉，明治40年7月5日，2750號，三版。

〔註94〕《台灣日日新報》雜報〈新月旦〉，明治40年7月9日，2753號，三版。

<u>剪除辮髮</u>。本島人則交口毀之，內地人則極力譽之，是豈阿其所好者歟？」
文明之舉宜先從外型改變著手，藉以昭示進於文明的願望，因此謝氏後才有
斷髮漸（不）改裝之議。〔註95〕此外，謝雪漁以爲殖民地台灣所追求的精神
文明必須要與「同文」的「漢學素養」結合，才不會跟文明互斥。換言之，
謝氏的科舉舊學（暫且稱爲漢學）的涵養讓他可以在殖民地社會中享有被官
方認可的機會，並有一定之社會聲譽，而他面對著接受公學校教育的新生代，
有著「長江後浪推前浪」的心情，他不禁想到新世代進入「同文」的殖民文
明情境的程度可能會超過半舊半新的自己，因此他不禁問了一個大哉問的問
題：公學校教育眞的會有助於新生代進入「眞文明」嗎？

　　雜報〈新月旦〉：「本島學制：與內地迥殊，專主普及國語，而旁涉淺近
學術。論者謂政府以台灣爲殖民地，故異視台民，不肯施完全教育者，爲此
論者，殊不自量。」〔註96〕簡短的評論，謝氏以己身國語傳習所、國語學校
的就學經驗，說明了公學校的教育重點，即以學習「普及國語」爲主，兼受
以實用之生活技藝，如此說來，公學校的教育教授的非「文明」，而是「殖民
文明」，正如周婉窈在〈實學教育、鄉土愛與國家認同〉文中所言：

> 福澤諭吉主張的實學乃是將物理實然之學與倫理應然之理徹底分
> 開，以前者爲學問的對象，而與生活緊密相連。他並且主張以追求
> 實然之理的獨立自主精神爲人之內在精神……接近人類之普通日用
> 之實學。〔註97〕

明治 30（1897）年總督府以訓令第十五號頒佈教育敕語之漢譯本，並發送至
各級學校中，規定凡於年節或重大典禮會上，要捧讀日文教育敕語，教師們
也要用漢文加以解釋，使學生能了解聖意，以貫徹聖旨，因而教育敕語成爲
台灣教育措施之最高遵行原則。〔註98〕明治 31 年（1898）頒佈《台灣公學校

〔註95〕　《台灣日日新報》，明治 40 年 7 月 12 日，2756 號，三版。
〔註96〕　《台灣日日新報》，明治 40 年 6 月 21 日，2738 號，四版。
〔註97〕　周婉窈：《海行兮的年代──日本殖民統治末期臺灣史論集》（台北：允晨文
　　　　　化，2003 年），頁 232～33。
〔註98〕　「教育敕語」是由井上毅起草，經儒教主義者元田永孚修正，再採納內閣閣
　　　　　員及天皇的意向而成。元田永孚認爲國家才是倫理的共同體，井上毅主張政
　　　　　治應優先於道德。「教育敕語」即是在儒教主義提倡者與近代國家主義者妥協
　　　　　下所形成的一種日本特有的家族國家觀。教育敕語的發布，亦實現一些日本
　　　　　教育者們長久以來冀望統一國民道德觀的期待。

規則》第一條：「公學校之本旨在對本島人子弟施德教、受實學，以養成國民性格，同時使精通國語。〔註99〕」台灣公學校課程規劃有修身、國語、算數、體操等科，其後陸續增加地理、理科、日本歷史（國史）。修身科為國民精神之涵養、從順、誠實、勤勞為四大綱領，修身課文的編寫方式取「人物本位」，透過人物故事傳達對德目精神所應然之行為做出引導，其中以日本維新歷史人物為多；而國語科除了語言教學外，課文則以實學知識（與生活有關之粗淺知識）為多，其次是台灣事物、再其次是與日本帝國相關的事物；國史科則是將日本以天皇體系為歷史軸線，將日本的歷史強行稼接上台灣的歷史，在公學校課程（用當時的口號來說，就是台人被教育成為「真的日本人」）中的是失落集體歷史記憶的台灣。〔註100〕

　　簡言之，統治者透過漸進的學校教育手段，將刻意塑造的國族想像灌輸入社會「集體記憶」中，藉以誘導經歷乙未的台民對於個人歷史記憶的疑惑或是斷裂新世代的歷史聯繫感，一面拉開新舊世代取向不同的思想本源，另一面割離新舊世代對於己身實存狀態的認知。時間一以現實一以記憶的狀態存在，過往的家國動盪不再，新舊世代都產生了時差感，困挫地生活在殖民地時空中。明治時期，謝雪漁對於如何推進台民進入文明領域的問題，其具體的回應即是用漢文書寫表態贊同殖民者對於台灣社會制度面上的改革。對殖民者而言，「同文」就成為有效的政治手段，既可有歷史的認識淵源，又可以被置換為「日本帝國」的統治基礎。殖民政府先以武力為後盾，再以懷柔的姿態媚惑具有社群影響力的傳統仕紳們，讓他們成為體驗及接受文明便利的首要對象，藉由彼此的認可，為對方擁有某種權力背書。而新生的台民世代，則是以徵募勸誘的方式，鼓勵進入公學校就讀，加上侵奪民間書院私塾的空間，因而讓整個社會氛

〔註99〕《台灣總督府報》第349號，明治31年（1898）8月18日。譯文轉引自周婉窈：〈日本統治下的殖民地教育及其歷史作用〉《海行兮的年代——日本殖民統治末期臺灣史論集》（台北：允晨文化，2003年），頁31。

〔註100〕同上註，摘引用周婉窈：〈實學教育、鄉土愛與國家認同〉，頁226～227。文中認為公學校教育中關於台灣事物的描述，是強調鄉土愛，上承日本鄉土教育運動的旨趣：「『愛鄉即能愛國』，鄉土愛可以引領國家愛；為了怕鄉土事物勾起對過往中國歷史的探究，因此課文中所呈顯的是缺乏歷史的台灣，也就是只描寫眼前的台灣，時間的縱深被抽離，只留下平面的空間台灣圖景。」昭和16（1941）年公學校改制為國民學校後將修身、國語、國史、地理四科統稱為「國民科」，也是戰爭時期最重要的科目。

圍開始向看似文明的殖民性轉動，當社會集體想像的方向被殖民者所掌握或侵奪時，也就加速奔向殖民文明的未定未來。〔註101〕

　　進入了明治末期後，謝雪漁將談論文明的論調轉為談論文化。其在翻譯〈知那文學史・序論〉時，言：「現今坤輿之文化，其出自三處發達者，曰支那、曰印度、曰歐羅巴……光明自東方而生，日出暘谷，而人類文化之發源地，亦胥在於東方……則研究在極東，為最長壽『諸蘭』人種唯一之代表者，漢族之獨創的文化……前述之三種文化，將來果能融合調和與否，實為緊要之大問題。」〔註102〕謝氏另認知到的文化是基於人種特性，因此東洋文化就是黃種人的文化；而現時最盛大之歐羅巴文化，則是興起近代文明的開端者，故文明與國勢強弱有關，但文明有持續變化的可能，可以學習而發達之。那麼原有文化是否能進入近代文明？各地文化有無融合調和的可能？文瀾（廖漢臣）〈從揚文會談到新學研究會〉提到謝雪漁曾任以提倡新學為旨趣的「新學研究會」會計主任。〔註103〕明治43（1910）年該會創刊《新學叢誌》以李聯璧為發行兼編輯人，發起人李漢如於第三號論壇，有〈本叢誌之目的〉一文：

> 漢學為東洋文化之源頭……大哉漢文學……第舊政府，依唐宋元明之劣例，以科舉限制人才，使英偉豪傑之精神，消磨於制藝一途……改隸以來，學校如林，其所教育，均為兒童日常生活必需之智識，大有裨於民生，破二百餘年之錮習，播九十九峰之文化，文旗所指，靡然從之，全島學風，為之一變，可不謂盛乎？雖然台灣與清國一

〔註101〕 吳文星在〈日據時代台灣總督府推廣日語運動初探〉（上）提到：「為了鼓勵學童進入官立教育機構就讀，因此一八九七年十月總督府修改國語學校規則，增設漢文課程；一八九八年七月公佈的台灣公學校令，規定地方設立六年制的公學校專供台灣兒童入學就讀，而課程的規劃有七成左右的學習時間用為學習日語，隨後又規定民間書房必須增設日語與算術課程，將書房改造為民間的『公學校』。」《台灣風物》37：1。

〔註102〕 〈支那文學史〉文學士久保天隨述，雪漁謝汝銓譯。《台灣日日新報》，明治40年7月18日，2716號，3版。

〔註103〕 《台北文物季刊》第八卷第四期，1960年2月15日，頁39～42。明治39年（1906）10月31日台北市創立「新學研究會」，發起人是羅秀惠（副會長）、王慶忠、黃茂清、謝汝銓、古火旺、李書、李漢如（事務主任）、陳履坤及日人伊藤政重（會長）。在艋舺布埔街十一番户（今台北市龍山區西園路），設立一臨時辦事處，由日總督核准對外募集基金。〈新學叢誌〉內容廣泛，網羅法律、政治、經濟、歷史、地理、衛生、哲學、文學各種講義，附有詩海、小說，各種講義，文章簡鍊，敘述扼要，詩海有臺謳，小說有紅鬍子等作，頗堪一讀。因購讀者聊聊無幾，該志僅發行三號便停刊了。

衣帶水……固有密切之關係者，非和漢兩文兼備，新舊兩學之並修，不足以展驥足圖生活也。雖政府俯察下情，知不可偏廢，特許私塾，以冀薰陶些數，爲長大糊口之計，我國家育才之意亦隆矣……本叢誌特以補助文化之未及，以維持漢學於不墜，獻身於我同胞，是本叢誌之目的。

這段文字如實地寫出了傳統文人對於文化的考察，因爲漢文／漢學脫離科舉制藝後，就可與和文／新學連結上，也就是以虛線的方式連上富強「文明」。是以，文化間的觸及會迸發出很多的可能，是既破又立、邊破邊立的過程，殖民地台灣的文化邊界開始模糊了，也走入了越界理解的狀態。隨後，漢學更被大力倡議放置入「東洋文化」的大論述中，因而大正時期日台對於祭孔活動的重視及國民性的談論，在時序上是幾乎並列的狀態，原本的新舊學、和漢文化、文明進展等，在殖民地統治初期上有時間及權力位階上的差距，但是當殖民時局穩定後，漢文就被含納入東洋文化時，標舉了東西文化／文明相抗衡的狀態。〔註104〕

　　上文中提及台民曾經希望藉由日台通婚所象徵的「血液融合」促進（或加快）同化的可能，但實際上，日台民通婚少有機會。殖民地台灣中，多數日人與台人的生活區域是被劃分區隔的，只有少數台籍仕紳可與日人往來，而彼此的交流也只限於生活需要或社會人際應酬往來罷了。另若想透過義務教育的方式，拉近日台間的差距，在總督府不願給予協助的情況下，台民的集資是無法支持龐大的學校教育經費，用以推展並改善教育的內容與品質。因此，若無法從殖民母國統治者那裡尋求到關於「文明啓蒙」的資源時，那麼是不是會有另一個可能的方向──從同用漢文的中華民國取道，承接來自中國的「現代性」啓蒙意義？

〔註104〕謝氏在雜報〈新月旦〉：「漢學者，支那之國粹，雖今日革新政治，採用西法，然仍重視之，不能者爲無學，我台之青年有志，欲赴支那謀爲者，須兼致力於漢學而後可。」（《台灣日日新報》，明治40年6月25日，2741號，三版。）〈新月旦〉：「日本維新之初，翻譯西書，招致漢學通儒，酌定各科學用語，故所用名詞，多半出自漢籍書，今人竟目之以爲新名詞，是真不多讀書之過也。」（明治40年6月27日，2743號，三版。）由此可知，謝氏以爲新舊學必須兼顧，而漢文、漢學也可由中國國粹放大爲東洋「同文」的共同起源，如此就可在舊的基礎上再積澱／轉譯出新的漢文意義。另如前節所討論的〈促進同化論〉〈維持漢學論〉般，中國的漢學與日本的漢學產生互文解說的現象，看似統合在一起，卻又有爭奪中心位置與本末影響的差異。

　　是以，台籍新知識份子是勇於嘗試的初生之犢，二〇年代興起標榜啓蒙
與理性的新文學運動，就是爲了重執詮釋現代性意義的行動，其意圖使用「中
國白話文」，上接文明。〔註105〕處於被殖者身分的台灣新知識份子們，爲閃躲
帝國殖民主義攜來的「殖民現代性」（colonial modernity），欲尋回某種自發、
潔淨的現代性，以血緣民族、文化情感作爲後盾，在祖國母土的引導下，殖
民地或許得以迴避殖民帝國的現代性「惡」浪，重尋現代性中「善」的命題。
〔註106〕亞洲殖民地的現代性認同相對困難，它和西方正常型態下的現代性進
程不同，它的起因並不來自理性，而是來自經濟乃至全面掠奪的惡意，被殖
者唯有克服「惡」，或者說——繞過「惡」，才能重新啓動對現代性的眞實認
識與認同。換言之，當殖民地現代性先以惡的形式植入殖民地時，殖民地人
民就必須採取更爲激烈的策略來自我發動，前去尋找那來自主體缺席或自發
的「善」，包括理性的命題、啓蒙的啓動、文明的再現等，新文學運動就有這
樣的意涵。

　　由陳端明於大正 11（1922）年發表在《臺灣青年》的〈日用文鼓吹論〉
揭開台灣新文學運動的布幕，言：

> 西歐諸國，航路早開，拓地四方，商工俱興，交通極盛，<u>早悟日用
> 文宜簡便爲旨</u>……我念台灣，則不然，不但未見此種利器，文體尚
> 株守舊套，依然不改，徒尚浮華故典……<u>致阻大眾之文化</u>……未免
> <u>有礙得他科學之進步</u>。台灣現代文如此，其不合時務也可知。〔註107〕

〔註105〕根據吳文星在《日據時期台灣社會領導階層之研究》中指出：「一九二〇年代
　　　　是殖民統治體制面臨台人新社會菁英挑戰的時代，同時也是台灣新、舊菁英
　　　　交替的紀元。」（台北：正中，1992 年），頁 232。舊社會領導階層的子弟們
　　　　所受的是新知識體系的訓練，他們經由栽培和訓練逐漸繼承取代父兄的社會
　　　　地位與資源。他們是可以跨越和漢文溝通的第二代，對文明新知的渴求，對
　　　　公平富裕社會的嚮往，讓他們有更強的動機願意去強力衝撞傳統社會的圍籬
　　　　及殖民者的禁區。

〔註106〕本文以爲，相對於帝國攜入的殖民現代性，在其先天的宿命意義上，無可避
　　　　免的必然是以「惡」的形式顯現，它是以帝國強權與資本剝削的型態對殖民
　　　　地呈顯，這其實在整個現代性進程當中，是非常後資本時期的癥狀。殖民地
　　　　人民爲反抗這一「先來的惡」，必須自我發動，前去尋找那「缺席的善」，找
　　　　回主體（能動性）。

〔註107〕陳端明：〈日用文鼓吹論〉，《臺灣青年》三卷六號，1921 年 12 月 15 日被禁
　　　　發行，重刊於《臺灣青年》四卷一號，1922 年 1 月 20 日。黃呈聰、黃朝琴
　　　　等隨起而相應之以白話文、漢文的改革運動，直到大正 13（1924）年張我軍
　　　　對台灣舊文學界提出的強烈批判，《臺灣青年》、《臺灣民報》、《臺灣》等民間

這些台灣新文學的倡議者，他們對傳統文學漢詩文典律及精神已被削弱或限拘，無法呈載、推動社會更大突破的進展感到失望。因此殖民地台灣的新文學運動，就從張我軍倡議援引「中國白話文」正式展開文學反思，大力抨擊台灣的舊文學是「台灣的詩文等，從不見過真正有文學的價值的，且又不思改革，只有糞堆裡滾來滾去，滾到百年千年，也只是滾得一身臭糞。」〔註108〕戰帖一下，新舊文學家就在各自的刊物陣營中，反覆辯駁想法及主張。〔註109〕面對新文學家對於漢詩文的抨擊，謝氏其實早於明治40年，就曾在雜報〈新月旦〉提到台灣漢詩界的狀況，言：「台灣之詩界，改隸以還，其興也勃焉。贈答以詩弔賀以詩，殆無事不作詩，無人不能詩。前人云：吟詩好似成仙骨，骨裡無詩莫浪吟，其欺人語者歟？」〔註110〕其對於台灣詩界浮濫，人人好吟，自詡詩人之事，是有憂慮的。但他又以為贊同擊鉢吟、課題詩的活動，有助於提昇社會群體的漢文學素養，塑造出文雅社會的昇平和樂，他輕忽了漢文質變，甚或置換為「同文」後的影響，才會讓新文學家以此為由，撰文大肆抨擊。

　　至三〇年代，激烈的歷史情勢與分裂路線，導致新舊文學的論爭轉而投注到「台灣話文」的範圍。〔註111〕這一轉向固然有標舉鄉土、階級的考量，但正如松永正義指出——這一時機正是「民族契機」與「民眾契機」的消長；〔註112〕游勝冠則更深入，將之視為台灣本土論興發的重要契點，指出台灣話文是相應於更激烈的階級訴求所產生的，從「民族性」轉向「鄉土性」，乃是

報刊雜誌上四處散見關於新文學運動拔高張舉的旗幟。見黃呈聰：〈論普及白話文的新使命〉、黃朝琴：〈漢文改革論〉，《臺灣》，1923年1月1日。張我軍：〈糟糕的台灣文學界〉，《臺灣民報》二卷廿四號，1924年11月21日。

〔註108〕《台灣民報》〈致台灣青年的一封信〉，1924年。

〔註109〕大體來說，刊登舊文學陣營文章的刊物為《台灣日日新報》、《台灣新聞》、《台南新報》；而新文學陣營的刊物則為《台灣民報》。

〔註110〕《台灣日日新報》，明治40年7月20日，2763號，三版。

〔註111〕1927年二林事件與蔗農、茶農的抗爭行動，呈顯出民眾階級意識的醒覺與轉向。階級訴諸當下社會情境的困頓，對殖民地人民而言，毋寧是感受到身體性的物質需求被剝奪的憤怒。同年台灣文化協會的分裂，連溫卿等左翼陣營取得主導的權力，加之以世界左翼風潮的催化，文化場域與實質的政治需求更為劇烈地結合，關於現代性主體／自我認同／民族國族的共同體想像在此漸次退位，而被取代以階級改革的路線，導致其後緊接而來的話文場域的論戰被全面性嚴格封殺。

〔註112〕見松永正義，葉笛譯：〈關於鄉土文學論爭（1930～32）〉，《台灣學術研究會誌》第四期，1989年12月。

立足正視「台灣的社會現實」。〔註113〕祖國中國的母土想像已是昨日之事，當務之急是如何面對現實與母土血緣的斷離及殖民性帶來的剝削壓迫，從中再找到一條自清自理之路。此際，新舊文人們不約而同以記錄鄉土的方式，重新思索建立台灣的主體。如謝雪漁所主編的初期《風月》中，可以看到與鄉土相關的風俗民情的小專欄，用「雜」誌、「叢錄」、瑣碎、談趣的通俗寫法，紛雜地陳列了與「鄉土」有關的面向。

　　是以，新／舊文學與中國白話文／台灣話文看似是台島人士間「茶壺中的風暴」的論爭過程，但其實質上要挑戰或是對話的對象卻是國語（日語）、同文（漢文）的政策，那是一種不斷測試殖民者忍耐界線的方式，所有的爭論越激烈，就越能激起注意的波瀾，間接刺激社會的自主轉型，再進而從自覺中爭取自決的可能。

　　尤至昭和 12（1937）年後，所有關於「語文」的嘗試與實驗，皆被收編入皇民奉公會的體制下，皇民文學賞的得獎作品，鑄造了皇民化運動中，殖民地人民應付出的舉動。此時謝氏不論是想藉「同文」追求現代文明或是融於東洋文化，抑或是在語文的種種實驗中隱微地表露或曲解不同殖民論述的意見，都被「軍國」、「皇民」論述更為嚴厲地主掌監控著。故有南方詩壇〈次文淵生留別韻〉：

　　　　讀書爭望作官人，滋味此中多苦辛。
　　　　菽水承歡居梓里，板輿應勝遠迎親。
　　　　南城我有舊家園，未築菟裘不忍言。
　　　　春夢一場蘇內翰，卻留功業後人論。〔註114〕

謝氏感嘆自己一路藉讀書成為士紳官人，離開府城，定居台北，但其中心酸苦楚往往難以言說。高文淵能歸鄉，迎養父母，享菽水承歡。而未能菟裘歸老故鄉的自己，晚年唯一可供慰藉的就是對於漢詩文的功業，留待後人評論之。身處戰爭時期，春夢一場的「蘇內翰」，盡是感嘆。

　　是以，一路跌跌撞撞走向親日陣營的謝雪漁，其在日治時間駕馭公開領域的言論版圖時，其同化與同文的多樣觀點如何穿插表現在其文學作品中，

〔註113〕見游勝冠：《台灣文學的興起與發展》（東吳大學中文所碩士論文，1991 年）。後出版（台北：前衛，1996 年），頁 47。
〔註114〕《南方》，昭和 18 年 10 月 15 日，184 號，三二版。

又呈顯出怎樣的歧異面貌？其如何用漢文書寫與時局政策呼應對話？這些問題將在下章中以其漢文書寫中的小說及古典散文舉例探究之。

第四章　漢文書寫的「同文」嘗試

第一節　小說的教化／馴化空間

　　日治時期傳統文人關注到小說文體的可能性，突破了自明鄭以來此一文類未獲積極耕耘的荒蕪局面。在新文學家未標舉小說救國的教化旗幟前，早在日治初期，便可在報刊上看到如李逸濤、謝雪漁、李漢如、魏潤庵等漢文記者們戮力開拓此一園地，除了是爲了讓漢文版面／刊物足以追趕日文版面／刊物的文學豐富度外，他們也發現了以「小說」說故事形式，有助於填納眾多的新舊元素、真假交雜地談論眾多不可或不便明說的議題，以虛擬他人之口，抒發自我感觸，或澆胸中之塊壘。以作品數量觀之，他們的成果算是斐然可觀，尤其在漢文通俗小說的寫作中，故事發生的背景相當寬廣，人物十分多樣，地點除了台灣本地外，更含括了亞洲各國及歐美列國，甚至有外星球及外太空的異世界想像；而小說中的人物角色亦有各種國籍、身份、階級，雜揉展演著人情事理、新知舊學、虛實意指等各式情境，讓漢文讀者在閱讀時，洋溢著既新且舊的新鮮奇異感。

　　另要說明的是，這些漢文小說作品不全然是傳統文人／漢文記者們的創作成果，其中有一部分是透過境內外的報刊書籍管道所翻譯出來的作品，台灣的傳統文人／漢文記者們與世界有了第二手或是第三手的接觸，因而他們認識了名聞遐邇的泰戈爾、蕭伯納、莎士比亞、托爾斯泰、柯南道爾等，也

瞭解世界局勢的轉變，讀到有關各國的文學作品，他們在閱讀、理解、轉譯中，有了觀摩、想像、再寫的文學經驗。〔註1〕

而謝氏早在明治 38 年 7 月 1 日至同年 12 月 30 日的《漢文台灣日日新報》中，即翻譯連載了標為「最新小說」的〈陣中奇緣〉。故事寫十八世紀時法國專制政府（勤王師）與共和政府（自由黨）爭政權之戰。勤王師女傑鐵花女扮男裝，因偵查敵情，與共和軍大將熊大猛偶遇，隨之發展出錯綜複雜、曲折離奇、驚險萬分的陣營換俘、歷險愛情故事。謝氏在故事敘述中清楚交代時空背景，提及了軍法審判制度、兩軍戰略佈局、忠僕義婢相救、湖中藏金裝置等，經歷一番波折後，勤王師敗，而兩人同赴英國終成神仙眷侶。〔註2〕是以，日治初期的漢文小說除了有補白版面的功能外，也是介紹世界大觀的文體之一，既可帶來時空、事物新奇感，也能有通感的閱讀過程，讓人在消閑之餘，兼能增進新知視野。

此後，謝雪漁陸續在《台灣日日新報》及《風月》報系連載了大量且題材迥異的小說作品，依筆者收錄的資料，在《台灣日日新報》有明治 44（1911）年 8 月 24 日連載至大正元年 1 月 10 日〈小說——三世英雄傳〉，大正 2 年 6 月 14 至 12 月 31 日〈奇人健飛啓疆記〉，昭和 2 年 12 月 4 日至 10 日〈劍仙〉，昭和 9 年 11 月 7 日至 10 年 6 月 22 日〈櫻花夢〉（上下卷）、昭和 10 年 6 月 25 日至 8 月 27 日的〈假金票案〉，12 月 27 日至昭和 11 年 1 月 12 日〈新式科學的搜查〉，昭和 11 年 1 月 24 至 8 月 12 日〈新蕩寇志〉，昭和 11 年 8 月 14 日至 22 日〈怪傑彌兵衛傳〉，8 月 24 日至 25 日〈玉松台〉，昭和 11 年 12 月 1 日至昭和 12 年 3 月 31 日〈武勇傳〉等。

而至昭和 12 年 4 月 1 日報紙漢文欄消失後，謝雪漁在《風月》報系則發表有昭和 12 年 7 月 20 日至 8 月 10 日〈講談篇〉，昭和 12 年 11 月 1 日至 12 月 1 日由日本外史摘錄〈楠公舉族忠義——願七生殺賊報國〉，昭和 12 年 7 月 20 日至昭和 13 年 12 月 1 日〈日華英雌傳〉，昭和 13 年 11 月 5 日至 12 月

〔註1〕 關於此項議題的討論，黃美娥在〈從「詩歌」到「小說」：日治初期台灣文學知識新秩序的生成〉已稍有提及。《當代》2006 年 1 月，頁 42〜65。相關研究成果如高嘉謙：〈國族與歷史的隱喻——近現代武俠傳奇的精神史考察（1895〜1945）〉，暨南大學中國語文研究所碩士論文，2001 年。呂淳鈺：《日治時期台灣偵探敘事的發生與形成：一個通俗文學新文類的考察》，政治大學中國文學研究所，2003 年等。

〔註2〕 此段所言及的小說敘事或故事，指稱的是具有開頭、推展、前因後果的文學作品。故事的情節具有敘事性，使獨立的事件聯繫起來，造成結局。

1 日〈空軍之德國少年變裝為密偵〉，昭和 14 年 1 月 1 日〈乃木將軍逸事——臨長野縣慰問陣亡家族，與車中老人談往事〉，昭和 14 年 12 月 12 日〈幕府一部臣僚組織彰義隊抗官軍，將軍慶喜奉還大政之後〉等。

謝氏於日治時期發表的小說作品甚多，除以上列舉外，另可參見文末所附謝雪漁小說作品目錄。為了使本節所討論的小說教化／馴化空間議題可以更為聚焦，筆者以為須先談謝氏古典散文〈小說之價值〉一文，用以說明其小說觀，後再舉〈櫻花夢〉、〈新蕩寇志〉、〈日華英雌傳〉為例，說明謝氏如何實踐其漢文書寫的「同文」嘗試。

〈小說之價值〉一文：

> 小說之為物也，一般人之心理，殆無不以為作者之虛構，視之為無益書籍，實則不然，不論其為文體亦為語體，就其大者而言，可以為覺悟時勢之木鐸。可以為針砭時事之利器，就其小者而言，亦可以表現文藝之藻采，可以宣明個人之品行，英國小說家李卻特生云：「小說之功用，是有普遍性，比貴族之文章，功用實多。」此言殊為不謬。顧中國之典籍，卻將小說看為無足輕重，所以從事小說之人，皆欲打破此種無理解之思想。小說二字，在中國書籍中，最先發現者為莊子。莊子外物篇云：「飾小說以干縣令」，彼以為小說乃瑣屑之言，無關輕重之物……小說定義，在中國典籍，原自糊塗不明，因是時小說，為大人先生所輕視，不似文章之重要。所以市井之徒亦不知小說之真價，世人若是認小說為有用，讀小說亦該尋繹其中之趣味，而不可囫圇吞棗也。〔註3〕

這篇彷若述說中國小說流變史的長文中，謝雪漁思考了現代小說的轉型問題。小說長期以來，在歷代中國的學術系統中有其應時而動的多樣定義，從莊子的小道、大道之別，與正史相對的稗官野史，到總括各類的雜著，正因小說文體鎔鑄有談謔、趣味、通俗、隨意、想像等雜質，使小說的可塑性及變動性大增，足以含納新舊學、人情事理、真實想像等眾多因子。故小說書寫創造了「無限」（或是無限制）的空間，每個人物都能在其中各抒己見、各取所需，也由此，筆者以為謝氏在其通俗漢文小說作品中，為轉型中的殖民地社會提供或寫下了種種應時的陳述。

因謝雪漁身為傳統文人及漢文記者，故擁有舊傳統素養與新智識資源，

〔註3〕《台灣日日新報》，昭和 10 年 1 月 1 日，12483 號，十九版。

他的小說故事中，雜揉了新舊，如其將歷史典故、詩詞雅興、道術武功、鄉野傳聞等舊小說元素，和西學新知、異國情調、文明理路、新式器械等現代因子，並置地穿插引入小說故事中。加上謝氏是用傳統章回劃分回目的體例，寫作報刊連載長篇小說，每回皆有回目，用以簡括該回主題，再連串小事件形成大敘述；而謝氏採用說部第三人稱全知觀點敷陳故事，時而現身發表評述，都可看到他傳續中國章回小說的說故事方式。這些以舊體式表現新題材的作品，都可見謝氏是將漢文通俗小說視其為展演學識素養的新園地，致力耕耘之，故其小說書寫中依時持續進行著各式衍異與再現。

是以，正如謝雪漁所宣示的「世人若是認小說為有用，讀小說亦該尋繹其中之趣味，而不可囫圇吞棗也。」謝氏自覺到小說的文學詮釋力度，看似微弱，但卻可在愉閱之餘，有啓蒙教化之用。他否定小說只是虛構故事，小說中所出現的摘引、插敘、說明的背後都放射出豐富的訊息，透露出作者對於諸多事物、時局、概念的理解、分析、評價，即使只是最瑣碎的風俗習慣介紹，也足以讓讀者理解特定的社會背景。因此，日治時期的殖民地台灣的小說文體，是一種特殊、興盛的寫作體式，用雜的敘事口吻、拼貼的陳述，及多樣的時空背景，提醒作者或讀者對其中所置放的因素感受、思考之。而其中亦包含與政策相接的親善、維新、同化、同文、興亞等詞彙的意義詮釋，使個人的小敘述與時代的大論述錯綜交雜，形成在故事中對話的機制。

換言之，如果可用漢文通俗小說吸引台民群眾閱讀，謝氏在小說故事中穿針引線所述說的殖民者政策，就成為可以注意的現象，作為研究的素材。小說空間就是一種作者常不自覺發言的存在，其中所放射出的也就是變動的經驗過程，而這些時代的意識即是作者嘗試對時局所進行的回應或再說解的呈現，故下文將就謝雪漁的漢文通俗小說作品中，抽繹出關於漢文、同文、同化、維新、武勇、同種等種種與時代有所牽連的敘述討論之。

首先，從〈櫻花夢〉的作品名稱中，可以直譯為謝氏對於櫻花（日本國的國花）有一個夢，因此小說故事中，來自亞洲各國的主角，共通點都是欲觀看、學習、頌揚日本帝國的文明與進步。此長篇小說分為上下兩卷，上卷寫莊慕周（泉州望族）、張小虬（世居吉林新城縣）、慕阿厘（印度孟買城人）、李紅玉（山西太原縣奇女子）、謝山輝（子蘊，有前清博學鴻詞科功名，補翰林院編修）、鄭太平（鄭嗣忠子，鄭芝龍十二世孫）等人不同的出身、生活背景與學習經歷；下卷則寫這些人為倡導中日親善，一同遊歷台灣，觀察殖民

地台灣的狀況，在人物對話中，夾雜著對於政經、法律、仙術、武術、歷史、
世局、台灣特有風物、科學名詞、漢詩、教育、警察制度、同化、文字載體
等眾多陳述。

　　如謝氏先借鄭嗣忠之口，告誡其子鄭太平學漢文乃為促進日華親善之
用。日本帝國為保世界和平，不畏艱辛，擔起東亞盟主之重責。而為收「同
文同種」之效，要學漢文，則需改漢文為教育必要科，不然將有害同文之用。
尤其今日思想受西洋文明毒素，唯有學習漢文，方可體會儒教道德。研究漢
文要從先讀入手，後再求能做，讓有心學習新時代的漢文人士，可至日本帝
國的殖民地台灣學習。台灣新隸日本版圖，留台宿儒們因安土重遷，已改籍
為日本國民，故事主角至台學漢文兼收學漢學、同文之益，故眾人先至台，
觀日對台親善之舉，昭示日帝國實有日華親善之用心。謝氏以為，日台親善
將有助於日本帝國的中日親善，甚至亞洲親善，而其中的「東洋」信念，來
自於歷史的漢文化圈範疇；而今日日本帝國國勢強盛，已可取代中國，成為
亞洲的新盟主，故亞洲盟主必要能維護漢文，以此招示東洋的特有精神。

　　故下卷中專寫眾人渡台後所見。眾人於乘車途中結識台人謝祖香、莊文
臣，除官方的拜謁行程外，眾人由二人帶領，觀看台島進步實況。祖香、文
成為異姓兄弟，同居鄭延平郡王祠畔。謝祖香父謝國芳，乃前清廩膳生，科
名極早，年二十許，值台灣割讓，應募就學國語傳習所。因有漢學素養，兼
又頭腦清晰，學成後與鄉前輩共事修台南縣誌，兼任通譯，後轉督府幫理學
務，旁與編修。謝國芳的學經歷與謝雪漁即為相似，加上為同宗台南府城人，
又居延平郡王祠畔，因此謝氏儼然化為小說中的人物，欲舉辦詩會迎接來客。
而謝祖香、莊文臣二對夫婦，分別帶領來台夫妻，依其興趣觀覽台島各項建
設與名勝，詳細繁複地介紹督府一切政治措施、法令制定、資源開發、教育
方針，古蹟文物、風俗傳說、特有物產等。其中莊文臣大談學文易於學語，
並認為日本文之優劣，在用漢學之涵養與用漢字之當否，惟要注意日本漢字
文意之反正，而對於日本國語、假名，則要另再重頭學習，方可理解應用之。
其言：「不學日本文，翻閱和文著書，亦可通其半；語則不然，不學則一語亦
不能道。」眾人誇台灣除物質文明進展外，日本治台應有疆域延長，追求民
族融合同化之意，才會重視精神道德，將天皇臣民與中國儒教結合運用，以
同文為媒介，振興黃種民眾，鎔鑄並發揚東洋真文明，驅逐西洋偽文明，足
見日本經營殖民地手腕與用心。至此，謝氏反向說了「日台親善」才是「日

華親善」的基礎，也才足以用台島文明實況，降低國民政府治下人民對日本帝國的反感，善用「同文」是「同種」的歷史前提，才能有助於日本「東亞盟主」地位的建立，而對於殖民地台灣而言，同文更是「同化」的助力。謝雪漁在小說中的漢文書寫的「同文」想像，與總督府的「同文」政策相接，故漢字成為日本文之一，為宣示同文同種的基礎，漢文實不應被廢禁。

此篇〈櫻花夢〉在眾人應雲生道人言眾人需到仙佛異世界建功立業，搭乘飛機出地球外後戛然而止。謝氏留下後語，言「落何星體，又如何開闢新世界，要看『續櫻花夢』。」但然經筆者查閱，並無此一續編。平心而論，這篇小說雖在文學藝術性上不足為觀，敘事平淡，情節跳脫，插敘太多長篇談論，但在紛然雜陳各種事物的背後，還是必須接受謝氏對小說的實驗嘗試（或稱為隨性編寫），其將現實時事與虛構神怪結合，開發出錯置、詭異的風貌。或許，眾人的入仙佛異世界，是謝雪漁對於戰事將起的無奈情緒下的無力結局吧！

到了昭和 11 年，正是中日戰爭一觸擊發的局勢，謝雪漁寫了〈新蕩寇志〉，共百五十回。這篇名為〈新蕩寇志〉的章回小說作品，在名稱及內容上與俞萬春的〈蕩寇志〉有虛線承襲的跡象。謝氏將故事背景轉設於日本文永年間（1264～1275），鎌倉幕府設檢斷所（如今警視聽），各路要設籌屋（如今警察署），查辦綠林梟雄。時有梟黨，晝伏夜出，打家劫舍，如同梁山泊之草寇，乘國家有事四出騷擾。而與盜匪梟黨相對的即是鯨黨，以勤王大業為旨，反對北條時宗攬政，以俠自命，只劫掠貪官污吏、奸詭商家金錢，且取之有道，不濫殺無辜，並必留其生活費或經營資本。故本篇小說在第 80 回前，大致上是以綠林之事與武士女傑間的情愛眷戀為主軸推展故事。而自第 81 回題為「蒙古野心，鄰邦謀略」，此回後則致力敘說元使多次來日，欲使日本幕府為元帝國藩屬，而北條氏迷信宋禪，只顧私門權益，故鯨黨內欲滅朝敵北條，奉還大政，外則禦元入侵，以揚日本國光，以尊王攘夷號召各忠心義士勇於共赴國難。〔註4〕

謝雪漁的蕩寇故事脫胎於清道光年間（1826～1847）俞萬春所寫〈蕩寇志〉（又名〈結水滸傳〉）。俞氏重寫了金聖嘆腰斬後的《水滸傳》，將梁山泊一百零八條好漢視為盜匪，廓清了「忠義」與「奸惡」之士的區別，〈蕩寇志〉

〔註4〕 此段史事謝氏頗為用心研讀之，其在〈三世英雄傳〉中就曾提及中日史書中所載元朝忽必略遣范文虎攻日之事。

通篇貫串了「效忠朝廷」的意念，綠林人士自以為是的「正義」，不可作為「官逼民反」的藉口。換句話說，俞萬春將「忠義」等同於「忠君」，這些只重小我私利的「綠林正義」只是「山寇」行徑，需要被「蕩除」，才能「但明國紀寫天麻」，而此書也就被清廷視為宣傳太平天國乃是亂事而非起義的「維繫世道人心」之作。謝雪漁在加上「新」字以示區別〈蕩寇志〉，二人寫成時間相差約有百年之久，故事背景一在中國一在日本，一為宋末一為元初；而「蕩寇」二字，應是謝雪漁取俞氏「蕩寇」之意，將日本梟黨視為綠林盜匪人物，嘯聚山林的綠林群體勢必因力結合，也會因利分裂。而鯨黨則是代表奉還大政、為公犧牲的「尊王大義」群體，體現著大和魂的忠君、愛國、犧牲精神，也由此謝氏承俞萬春的忠君理念開發出日本幕府時期的尊王意義。

　　此外，值得注意的是，謝雪漁的〈新蕩寇志〉至 80 回後就轉而突顯出極為明顯的歷史小說特質，據劉秀美在《五十年來的台灣通俗小說》言：

> 歷史小說必須兼具歷史的和小說的成分。從歷史的成分來說，它通常以史實，而且是重大歷史事實為對象或背景。重大史事通常是讀者所曾聽聞甚至已然熟知的，因此歷史小說如果植基在此等史實之上，讀者便不會對它的內容產生晦澀的觀感，這是它所以具有通俗性的原因之一。從小說的成分來說，歷史小說必須具備一般小說的敘事特徵，也就是必須將一些人物置放於情節當中，透過文學語言建構出一個完整的歷史故事。綜合而言，歷史小說必須為歷史作「逼真的創造」，「逼真」是為了顧及史實，而「創造」則是文藝活動的本質特徵，因此在不影響歷史大勢主線的原則之下，為了將零碎、不完整的歷史記錄加以連貫，或者為了作者某種理念，或者為了其它原因，歷史小說容許作家將作品中的人物和情節注入虛構的成分，但創造的虛構不能和逼近史實的效果相衝突，亦即不能超越於歷史環境所允許存在的尺度以外。〔註5〕

謝氏長篇敘寫了中日兩國間長久的歷史淵源，其中鯨黨眾多武士的祖先皆是秦後陸續移居至日本的中國人，這些尊王的義士們身上都流有來自中國的血液，也都有深厚的漢學學養，甚至曾到過中國學習訪仙求術。尤其是謝氏將日本幕府與元朝的交流史做了相當詳盡（甚至可以說繁複）的介紹，說明多次元使入日本境，帶來外交牒書，有怎樣的穿著、排場、隨從、武功、行徑。

〔註5〕氏著：《五十年來的台灣通俗小說》（台北：文津，2001 年），頁231。

作者屢屢跳出說明此段情節的敘述是參考了如《元史》、《五代亭玉物語》、《東國通鑑》、《五代帝國物語》、《五帝帝王物語》、《新猿樂記》、《日本書紀》、《八幡愚童記》、《日本外史》等書。由此，筆者不得不問，一位殖民地的人民以漢文小說的模式去寫帝國母國的過去日本幕府的歷史究竟有何深意？用章回小說的體裁說出的中日糾葛的歷史故事，究竟有幾分歷史的眞（假）與小說的假（眞）？若從「小說」的性質來看，故事推演中融入了中國傳統小說中常見鬥武藝（少林武術）、鬥法術（黃石公道法）、鬥神獸（普化天尊坐騎）、石洞修仙等元素，此想像居多。而從「歷史」的性質來看，自秦代徐福攜童子童女渡海求仙後，日本國中應就有不少從歷代中國陸續遷入，隨時間而歸化爲日人的漢人後裔，而這些人後裔是無庸置疑的日本國民，甚至可成爲協助尊王攘夷大業的忠誠臣民，因此，堅持血緣的純正性在時間的長河中根本是毫無意義的固執，謝氏由此再述他對於種族血液的思索。

又，謝雪漁刻意在此篇綠林、歷史小說中，擺放入大量和漢民族的相承、相交、相容的各式因子，故他筆下的日籍男女英雄人物們皆有能讀漢文、吟漢詩，能用典故表述心聲，通曉儒家經書，甚至能將漢文字「說文解字」一番，若非小說故事背景是設定在十三世紀的日本鎌倉幕府時期，讀者形同在讀一篇充滿中國傳統通俗小說因子的章回故事。此種反向書寫的手法已溢出了殖民者所設定的權力位階，殖民地人民也能寫作帝國母國的前代歷史。在前代歷史中，中國是文化、武力的中心，而日本則是承接中國文化薰陶或武力侵犯的外圍區域。在元軍聯合高麗軍、漢軍大舉攻日的史實中，能拯救日本國的不是幕府政權，也不是當時無權的天皇，而是一群寄望「奉還大政」而流落於江湖的愛國志士群們，他們富有謀略、洞察時局、探查軍機、偷抄牒書，再以利椎擊沉船艦，讓元將受辱自盡，甚至能以仙術起颶風（神風、大風雷）、興迷霧，讓擅於陸戰的元軍處於久戰不利、水土不服、無力對抗海象氣候而慘敗逃去。這些以日人爲首、日籍華裔爲輔的鯨黨份子，發揮了守護日本海疆國土的強大力量。這樣的結果，似乎也在訴說著，只要假以時日，讓殖民地台灣能眞正對視爲內地延長區域，而殖民地台灣的人民自然終有一天會成爲眞正的日本臣民或是日本國民。

此篇小說連載時間，正是中日必戰的前一刻，此時講述著武勇、戰爭、忠君的故事，正是一種時代的氛圍，殖民地台灣必要也感受到戰雲壟罩的急迫，殖民地台灣是帝國南藩，有戰略上的重要位置。而謝氏所寫的〈新蕩寇

志〉小說中,將中日的接觸視爲長期存在的歷史事實,如果說國與國之間的侵略／保衛行動,本就是競爭、擴充疆域下的必然衝突,那麼過去的歷史已過去了,今日的日本帝國已是亞洲唯一強國,已有足夠的條件從亞洲的邊緣區域轉爲亞洲的中心,可肩負起提攜亞洲、興盛亞洲的盟主責任,這一點應是殖民地人民謝雪漁在歷經殖民統治四十年後所深信不疑的體悟,因此他在〈新蕩寇志〉中採用了斷接的寫作模式,讓熟知中國通俗小說《水滸傳》系列故事的讀者用相似的閱讀經驗去接觸日本幕府時期的歷史,將殖民地台灣讀者的視野引導到日本的歷史脈絡中,在不違背同文政策的前提下,表露出帝國母國亦糾纏在漢文化的歷史底蘊中。謝氏的言下之意亦指要在殖民地台灣全然消滅、抹煞漢文是不可能的,漢字對日本來說是不可割離的文字載體,尤其在欲擴充日本帝國領土的時局下,台灣漢文應該是可以協力同文論述的實用工具。另,現今的日本殖民者跟台灣被殖民者除了有相似的文化淵源外,甚至有相通、相容的血緣關係,故殖民者再三強調的「血液」問題,不論是指精神血液或是眞正的血液都是毫無意義的。年近古稀的謝雪漁以爲徹底同化殖民地人民的方法應是殖民者開放心胸,眞正接納殖民地的人民同爲天皇治下應被「一視同仁」的子民,落實「內地延長」的實質意義,那麼時間將會消弭血緣、種族的差異,未來的台灣殖民地人民才有可能眞正因同文而同化爲同種的日本人。

中日因盧溝橋事變正式開戰後,謝雪漁在《台灣日日新報》《風月》報系上連載的通俗小說,除了《風月》的〈新情史〉專講情外,其餘皆是與武勇、中日親善、大東亞共榮圈、興亞論爲基調或訴求的小說作品。其中最明顯的例證就是謝雪漁從《風月報》第45號連載至76號的〈日華英雌傳〉,此一漢文小說題目「日華」並列,女性「英雌」在戰時亦要爲能擔當國事的女傑。該篇小說故事背景設在南京,中國女子李麗君文武雙全,新舊學識淵博,不溺於男女私情,夫亡後自食其力,爲時代的新女性,後接武道館請帖,勇得女流武探花之名。爲擺脫愛慕男子追求的情網羈絆,麗君接受日本領事夫人前川壽子的協助,攜幼子及老母前往日本發展,在東京展開新生活,並協助日本警視廳破與中國人有關之刑案,正是在戰線後方體現日華親善的英雌代表。

此部小說謝雪漁想像了日華之間該如何接觸、提攜的問題。主角李麗君從小竭盡心力涉獵歐美新書,成爲擁有獨立經濟能力的新時代婦女雜誌記者

與職業播音員，加上夫死後能謹守婦德，拒絕眾多心儀男子的積極追求，方可奉養母親終老，培育遺腹子。而幫助她重新展開日本新生活的是日本派駐在中國的領事夫人前川壽子，二女傑惺惺相惜，共為致力中日親善努力。謝雪漁這篇小說的重要人物皆為女性，除了以女子之名作為各回目外，這些新時代的眾女子們不再是閨中的秀女，個個都能切磋武藝，喜吟誦漢詩，用「英雌」亦柔亦剛、剛柔並濟的特質，推行「中日親善」，且能稍稍紓緩戰爭劍拔弩張的情勢，也讓《風月報》的讀者可以「風月」一下。小說故事在李麗君於眾日籍女子及留日兒子皆有圓滿歸宿後，孤身回到中國故土，入崑崙山修道作結。謝氏以英雌回中國名山修神仙之道作結，除了回扣第一回目題為「散花天女謫降人間」外，也暗示了女子須守貞自持，方可逍遙善終。這樣的安排雖看似老套，但也不失為能被總督府接受、讀者諒解的結局方式之一。

　　另謝氏為了因應戰爭時局，在此故事中更增量、處處夾雜戰時的口號，這些女性們談論的話題亦與時局有關，如「日華兩國同心同德，發達黃種」、「東亞安定，世界和平要日華提攜」、「學術無國界，日主中輔，相依相存，休戚與共，文化共通，文武並行不悖，以創東洋獨有文化，振興東洋民族精神」等。而對於漢文的談論則有「日人漢文漢詩漢字，別有一種氣骨風趣」、「寫詩吟誦」、「解說典故、詩意」。對照戰爭期的《風月報》及《南方》的刊頭語，大力疾呼戰爭的正當性是「大東亞戰爭就是解放東亞民族的聖戰」、「強化鄰組親善就是國防的基礎」、「把英美侵略的東亞的寶庫奪回來」等的同時，謝雪漁在開戰後的首篇長篇小說中，質疑著戰爭的意義，戰爭死傷的事實，對多數人而言，是無法輕易饒恕的椎心之痛，他不禁希望，如果中日交流可以如故事中日華女傑般平和交好該有多好？日本帝國除了像大蛇掛在樹枝上般，費力地吊起樹下的大象中國，導致兩敗俱傷的方式外，難道沒有其他的提攜方式嗎？謝氏在小說中展現的矛盾之處，正恰恰好是他對於戰爭的疑惑，那種心緒就如孫歌在《亞洲意味著什麼？》書中所言：

> 亞洲的連帶感是與民族危機感聯繫在一起的……所以儘管福澤以摧毀亞洲連帶為代價，而孫文與岡倉以建立亞洲連帶為手段，但他們面對的都是「如何回應歐洲列強」的問題。但是在二戰前後，這個問題卻不再是首要的問題。相反，當年被迫退居到次要位置的問題出現在前台，這就是亞洲連帶感的真實性。「大東亞共榮圈」不僅摧毀了孫文當年提出的「恢復亞洲民族的地位」的夢想，而且也撕碎

了日本知識份子的連帶幻覺。儘管這時的亞細亞主義調子最響，但是，它已經不再是一種理念和思想，而僅僅是一種意識形態叫囂，因爲它無法面對和處理侵略亞洲鄰國的事實。〔註6〕

謝氏用中國傳統章回小說的體式，在漢文書寫中實踐了因「同文」而生發出的各種想像，就小說的故事穿插了科學與神怪的新奇，談論物質開發與精神引導，融入社會實況及國策宣導，又兼述了過去的歷史、現實的困窘和未來冀望等。就因小說的內容可隨時隨地進行掏空與填滿，營造出虛幻又眞實的氛圍，承載多樣、含糊的觀點，才能使「同文」論述的各式政策話語中輕鬆浮現，謝氏也持續探究著漢文書寫中的「同文」應用，同文政策與同文應用在日治時期形成交纏又不可輕忽的漢文書寫基調，尤其在小說涵攝因子上的實驗，更使小說有了既教化又馴化的拼貼展現。

第二節　古典散文的同化實踐

謝雪漁自明治 38 年進入《漢文台灣日日新報》後，先大量發表了議論性質的文章，偏重說明殖民者的政策意義，呼籲殖民地台民無需疑慮，只要跟隨殖民者有心推動社會改造的步伐，台灣社會就可去舊陋習。而傳統文人謝雪漁成爲漢文記者後，其在論述中如何描寫殖民時局，正好可以作爲研究殖民時代社會輿論的參考。因此本節將擇取發表於明治時期〈論臺民之蒙昧〉、〈國勢調查辨惑〉、〈南歸誌感〉三篇文章，說明謝氏所感知到的殖民政策措施與今昔社會之別。另再從大正時期的〈遊峴里刺紀略〉、〈角板山遊記〉、〈內地遊記〉中了解其觀覽異地後之感述與評述。最後則談論其在戰爭開打後於《風月報》卷頭語所書寫的戰時文告，作爲觀看其對於殖民地台灣的描述視域有何轉變。

殖民初始，剛從日軍肅清亂事的武力掃蕩中脫離的謝雪漁，以其通譯能力，轉任漢文記者，在報刊中鼓吹台民要進入殖民文明的新情境中，故嘗試說明殖民者的政策意向。此時的他顯然是懷著戒愼恐懼的心情，小心翼翼地順從著總督府的詮釋方向，將殖民者以政策所推動的社會變革，都先加以肯定之。如在〈論台民之蒙昧〉言：

……欲賣大租公債券之人也……惟拙且愚，幾以廢紙視債券……夫

〔註6〕氏著書，頁 42～43。

公債之爲何物也……<u>而今之欲賣者，與賤價以售者，概不近人情，</u>
<u>實大違公理</u>。夫公債之法，借民欵，完公務，出私家之有餘，助公
家之不足，法至隆也，意至美也，其行此法者，不獨台灣，内地早
已然也。歐美列邦，莫不皆然。<u>在文明國人，有文明思想，謂以金</u>
錢貸諸個人，恆有不測……假諸政府，則歷久不磨，一毫不損。<u>且</u>
<u>效力國家，亦盡國民之責，而成仗義之名，爲公亦爲私，有名且有</u>
<u>利</u>……政府之投巨貲，以增台民幸福者，其數不可勝紀……<u>而我日</u>
<u>本帝國，當長雄掌東亞，與歐西一等強國，並駕齊驅，我台民亦得</u>
<u>附驥，而爲文明國民，以稱譽於世界也</u>……〔註7〕

從文章論標題即可見謝雪漁以現今「台民愚昧」爲台灣社會定調，因身爲漢
文記者，就有「啓迪台民」之職責，故其呼籲台灣既已爲殖民狀態，爲了加
快進入文明的速度，勢必要有「殖產興業」之舉，使台灣社會的財富流動活
絡，並重新啓動資源生產分配，才能更合於公用，故有「出私家之有餘，助
公家之不足」的「完公務」之言。總督府「借民欵」的方式，即是以公債券
收購原地主的資產擁有權，並將不明或未及登記的土地收爲國有。對首次理
解「公債」一詞指稱意義的謝氏而言，既然總督府聲稱文明強盛的歐美列邦
及內地也如是爲社會改造籌措經費，那麼台灣社會實不用過度驚恐，要相信
殖民政府乃是有心建設台島，要讓台島成爲東亞強大日本帝國的「附驥」，進
入「文明」。〔註8〕

　　總督府治台前十年以優勢武力震懾台灣社會，因此許多台灣地主們面對
此種以「公」爲名的土地徵收制度，要不就無奈配合，要不就默默放棄，抑
或是讓其名下的佃農戶，以人頭的方式出面登記。此種被美化爲文明國家所
有的公債制度，實則是殖民者半強制收取民業的方式，將台民私人土地及未

〔註7〕　《漢文台灣日日新報》，明治38年4月30日，2096號，三版。
〔註8〕　總督府依初期統治的需求，採用一連串的經濟措施，調查並開發台灣豐富的
　　　　各類自然資源，其中重要政策包括：土地調查（1898年7月頒布「台灣地籍
　　　　規則」及「土地調查規則」，9月設立臨時台灣土地調查局。1904年整理出隱
　　　　田，5月頒布整理「大租權律令」。1905年5月制定「土地登記規則」）、戶口
　　　　調查（1903年5月頒布「戶口調查規程」，設立臨時台灣戶口調查部。1905
　　　　年5月實施「國勢調查方法」，進行第一次臨時戶口調查）、度量衡制度統一、
　　　　貨幣制度統一（1911年4月「貨幣法」實施，採金本位制）、林野調查等。以
　　　　上政策與施行狀態，可參見許世楷：《日本統治下的台灣》（台北：玉山出版
　　　　社，2006年），頁229～230。

登記的產業轉移至總督府轄下，以利開發經濟，亦可將台島的經濟果食輸送回帝國內地。而台籍原地主手中的憑証，僅數張薄薄公債紙券，此舉對於台灣傳統社會的「有土斯有財」觀念是莫大的挑戰與衝擊。而面對民情的激憤與不安，身為漢文記者的謝雪漁僅以官方的立場，再度重伸強調土地改革政策勢在必行，是台民所應盡的「完全國民」義務，也是協助私家獲（虛）利、（虛）名的良策。〔註9〕「公債」的「文明」，其實就是總督府說明了台民若要進入「文明」，應先將「國」（公）的概念及可信度躍升到「家」（私）之上，以民間私人的資源支持殖民政策，並強調著，若台民不欲接納殖民者政策，形同拒絕文明啓迪，台民唯有先犧牲，才可提升為「國民」。面對此種強力的政策宣稱，謝氏只能以「當道之待我同胞，其心之殷、情之篤，殆有加無已矣。當如何愛戴，如何勉勵，庶幾無負而得完全國民資格焉？」說解之。

此番論述，謝氏先是將傳統台灣社會的大租權方式，與殖民政權的公債制度，對比為「私」為「公」的差異。而為何台民必須要去私就公，關鍵點就在於今之總督府乃是足以與歐美列強對抗的強大日本帝國所派遣來治理台灣的機構，所攜進的治理方針與昔日落敗的清朝不同，為了招示台民有心成為「文明國民」，因此就應棄清朝舊習，跟隨新統治者的步伐，進行改變革新。日本帝國拔高且穩固的姿態，加上總督府強勢武力鎮壓的推進，使殖民地台灣充斥著不得拒絕革新的氛圍，而此種先指責因台民愚昧而徒生紛爭的描述，應也是謝氏感受且接受了殖民者確實擁有治台權力的真實體悟，此乃社會進化論生存競爭的必然結果。簡言之，此時是否能夠接納殖民文明，並協助宣傳為公的殖民政策，就成為個人是否有心成為「文明國民」，且進入「權力體制」的試金石。

隨後，謝氏在論議〈國勢調查辨惑〉一文中言：

> 國勢調查一舉，將屆其期，自昨日起，經徧設調查事務所，以豫備一切……夫國勢調查，蓋盡人所能為，別無所難者在也。其所調查

〔註9〕《台灣日日新報》，明治40年7月10日（2754號，三版）雜報〈新月旦〉：「土地調查告竣，地籍詳，而紛爭之案續出；登記制度實施，權利的確，而攘奪之事疊聞。推原其故，皆為自家怠慢，不早為計，非所謂法立而一弊生也。」從此段評論亦可驗證漢文記者謝雪漁是站在官方的立場，接受總督府具有政策制定及推動社經的合法權力，並將此紛爭，歸咎於台民不解文明政策的怠慢所致，非立法之弊，其以為社會改革必然會有犧牲及陣痛，因此需忍痛方可收割成果。

規程，督府經以府令，布告於眾，即本報亦曾就所頒發規程，其中
有不易解者，而為之解……在此際調查規程，其詢於本國五十音
字，能讀能書與否？蓋欲知改隸以還，受本國之教育者，經有幾人？
其詢所言為福建語，抑為廣東語，蓋欲知其祖籍為福建人，抑為廣
東人，而辨明其種族，以與蕃族別也……且政府籌畫，靡有遺漏，
慮委員之中，有不解島語者，抑附以通譯，更無有扞格之虞也，何
須憂疑，又何須忙碌乎哉？〔註10〕

從上可知，日治十年後總督府首次的國勢調查重點放在究竟有多少台灣人能
讀五十音，通曉基本日語，寫假名，藉以觀察各地國語傳習所、公學校的教
育成效。換言之，日語成為「國語」，是具有統治權勢的話語載體；它代表著
同化的可能。而調查各地區台灣人民的祖籍狀態，因傳統農業社會多以（祖
籍）語言聚居，故亦可考察現時台島上閩南語與客語的人口數量、分佈狀態，
紀錄特有之風俗慣習。為何還要細分台灣漢族與蕃族，表面上是因種族有別，
但實際上應與總督府主張山林管制有關。總督府禁止台民進入山區，一方面
可以切斷不時流竄山區的游擊事件影響，另一面更可深入調查山地資源，籌
劃開發事宜。具體地說，山區蕃民因生活需求，天性本較為剽悍，因此當日
軍推展隘線進入山林時，屢屢遭逢蕃民的強烈反抗。為了防止台民與蕃民互
通聲息、互為串連，故以種族、教化有別為由，將平地人與山地蕃民的活動
區域劃立界線，分別治理，有助於減輕殖民統治的隱憂。由此，文章收束時
特別強調台民無須過於擔心、害怕，會有通譯陪同調查，調查的成果將視為
後續政策制定的考量依據。

　　謝雪漁所陳述的「國勢調查」透露一個訊息，就是「語言」的問題。語
言有劃分族類之用，因此在日治時期學習國（日）語五十音字，就成為是否
能被官方教化、同化的關鍵。讓子弟進入公學校學習國語，亦表示著父祖輩
有意進於「新學」——殖民文明的具體展現，如其在隔年所發表的〈南歸誌
感〉（六）所言：

新學不興：現時台南之人士，其於文明之新學，雖不似前此之蔑視，
然視新學仍輕於舊學也。在第一第二兩公學校，就學兒童與學齡兒
童比例，殆不及十分之一，而貧家子弟之就學，則較富家子弟尤為
踴躍。彼貧人非獨知新學之利益，而富人不知也。蓋富家之子弟，

〔註10〕《台灣日日新報》，明治38年9月30日，2226號，二版。

嬌生慣養，忌學校諸種運動，又恐群兒畢集，互相爭鬪。貧家子弟則不然，利學校之無學資，一經教員募集，多有應命入學者。又公學校畢業後，咸思趨目前之利，其欲研究高深學術，北上而學國語學校醫學校者，疏爲寥寥，故文明之進步，不獨較台北有遜色，即是他廳亦落於後也。〔註11〕

謝雪漁舉家僑北四年多後，因報導南部地震狀況，首次以漢文記者的身分返回南部，寫下了〈南歸誌感〉一文，敘述旅途所見所聞，感受著「山川不異，而風景全非」的今昔狀態。其中有一則談到了台南府城的教育狀況，公學校的招生情形不佳，即使教員們慇勤募集，又有補助、免除學資的優待，但府城人士仍多輕視「新學」，而也正因新學不興，所以謝氏直接點明了其以爲台南府城的文明狀態落後。而公學校招生困窘的原因，謝氏以爲貧家雖不知公學校教育之目的，將公學校視爲農閒時可讓孩童學習、遊戲之所，但子弟入學後，還是多少可以接收到新學之教化。反觀富家拒絕入學的原因，謝氏則以富家憂慮公學校教育的體育課程及雜處的教育環境不利子弟發展，故不輕易應募。表面上謝氏指責富家子弟嬌生慣養、沒有群性，但實際上，他也明白這些「有識（或稱有漢學學養）」的父兄，恐將子弟送入公學校後，形同將子弟的教養權正式移轉給官方，是一種有風險的舉動，故以遲疑不決或抗拒的態度，表達對新政權的疑懼吧。謝氏以己身經驗寬慰府城父老，「今日之台灣，已歸日本版圖，台灣之民，早非清國之民，而日本之民也。」時勢已不可逆轉，「文明進步」是目標，實在無須對於「公學校」教育「過度」疑懼，此乃爲「高深研究」之基礎也。

至此，筆者以爲應回顧公學教教育的目的及章程，才可更確切地理解專屬台灣子弟就學的公學校教育究竟是否等同新學，或是可以含納多少新學文明的因子，而殖民者推動的公學校教育，究竟欲將台民塑造成怎樣的形貌？

明治29（1896）年發布府令第十五號「國語傳習所規則」，規定該所成立的目的在「對本島人教授國語，以資日常生活，且養成本國的精神。」明治31年發布府令七八號「公學校規則」，以公學校取代國語傳習所，宗旨爲「對本島人子弟施德教，授實學，以養成國民性格，同時使精通國語。」六年制的公學校教授科目有修身、國語、讀書作文、習字、算術、唱歌。公學校即是沿襲著國語傳習所的教育宗旨，只是更爲強調國民性格的培養與鑄造過程，故將「施

〔註11〕　《台灣日日新報》，明治39年4月24日，2391號，五版。

德教」、「養成國民性格」的重要性放置在學習／精通國語之上，因此公學校教育的其他課程，都是環繞著「同化」台民子弟的精神主軸進行輔助。

那麼到底「文明進步」該是怎樣的狀態呢？謝雪漁曾在〈新月旦〉中並提文明與進化，有：「文明進化者何？約而言之，即去不便不利，以就於便利者也。故明知不便不利，不甘去之者，是自不願進化者，其愚誠不可及也。」〔註12〕文明、進步、進化、便利、強大在明治時期的謝雪漁認知中是勾連在一起的。社會進化論闡述的人類文明概念是屬於單線前進的，在殖民主義的操演下，被殖民者在歷史發展直線上是落後的，而殖民者則是佔有領先的進化優位。而正因為航海時代後領土的擴張，西方列強即以既同為人種，又在物質開發、科學進展、武力提昇上領先其他種族，因此強者成為殖民者，也就是弱者被殖民者的引導者（甚或是父執輩），以提攜進化為名，極盡取得資源之事。換句話說，近代的社會進化觀點，讓殖民帝國將管理較為落後的殖民地視為天職，負有開發殖民地、重塑殖民者的責任。謝氏認為適者生存是競爭下的常態，〈獨立始可競爭論〉：

> 人生斯世，即處生存競爭之大舞台，而競爭之激烈，將必以今世紀為尤甚……故咸以人滿為憂，焦思苦慮，以求殖民之地……尤在於我亞洲，此固有識者之所共認，是以合群保種之說……然欲合吾群而保吾種，使不敗於競爭，必要人人能獨立，有相援助，而不相依賴。能相援助，則各以義烈為懷，不相依賴，則各以廉潔自勵，而可以處競爭激烈之今世紀矣……能盡對己之義務，並能盡對人之義務，始可謂為獨立之生活，獨立之男兒……而忠孝之道，均於此得之也。〔註13〕

居處弱勢的「亞洲」在生存競爭下，合群將是保種的前提。故個人要意識到生活於群體的意義，要盡己之責並盡對群體之義務。更具體地說，謝雪漁知道殖民地中的個人，唯有在群體中方可見存在之價值，並以勤儉的作為，忠孝之精神，培育既獨立又服從的天皇臣民特質，如此才是稱為「完人」。謝氏以傳統「文以載道」的精神詮釋意義，說明了其以為殖民者進步、文明的現況，與其先天血液的純正無關，而謝氏對於遺傳改造的討論，筆者以為應可視為其對殖民者欲「同化」被殖民者的回應之一。

〔註12〕《台灣日日新報》，明治40年7月2日，2747號，三版。
〔註13〕《台灣日日新報》，明治40年2月13日，2632號，三版。

〈讀今之所謂罪惡書後〉：

> 世界隨學術之進步，日進文明。學術則因絞許多學者之腦漿，而始
> 進其步武者……今則所謂生存競爭之世界，強弱不敵、優劣攸分、
> 勝敗之數，即決乎此……故歐美列邦之強，實賴學者之力而強也。
> 然學者爲標奇炫異，想入非非，言之鑿鑿，而難見諸實行者，亦不
> 少概見，好奇者又從而附和之，遂至必不可行之事，而亦聞者風靡，
> 幾有不行之，<u>而爲社會國家之禍者，如近者所倡民種改良說，其即</u>
> <u>由醫學者之所謂遺傳，欲除劣種而存優種者</u>。又曰改良者，其即驗
> 諸動植物，可以人力爲之，而使化劣爲優者……〔註14〕

謝氏以罕見的強烈口吻質疑民種（罪惡）改良之說，乃是無理學者的謬論，
徒使社會國家遭難，因爲其完全忽略社會教化之功能，去除人的靈性，將人
類視同動物，簡直是天下之大惡。先天血緣要素絕非進入進化文明的唯一入
場券，謝氏遍舉各國名人不因出身低下而毫無成就，將殖民者提攜文明的方
式導向後天環境的引導，在現實的層面上施行社會習俗的改良工程，方可收
「社會有美習俗，其社會必有優秀子弟，以維持社會，而社會長存」。人的先
天血液絕非原罪，保種的唯一方式，就是要能持「人心」，使社會中的個人在
殖民者的引導下，參與改造社會。

　　從上述討論，筆者以爲謝氏對於殖民文明的定義，不再只是一味順從、
附和的談法，他的漢文寫作中愈來愈有思辨的論述，他漸漸學會在配合、呼
應總督府的「官方話語」同時，藉著轉述或轉譯加入自己的想法，讓看似相
同的話語在不同身分、階層中有各自的解讀空間。這樣或質疑或挑戰的言論，
當然會激起殖民者的不悅，因此原任《台灣日日新報》漢文記者的謝雪漁被
外放到《公理報》任職。而自此後，謝氏的文章中就少看到其對於殖民政策
的強力諫言。故筆者欲轉爲討論他在大正時期所寫的三篇遊記。

　　而爲何選擇談遊記作品，主要是因爲遊記與呼應政策的議論作品不同，
若議論是大鳴大放對於社會的關照，那麼經歷過規訓震撼後所寫的遊記，則
是以幽微、畫地圖的方式寫出了對社會文化的側面觀察，亦可勾連到對社會
文化現象的省思。即使「它」零碎散落、吉光片羽、拼湊整合，但在可見與
不可見的縫隙中，放射出意涵，而謝氏既特意將遊歷寫爲作品，就代表此段

〔註14〕《台灣日日新報》，明治 43 年 4 月 20 日，3592 號，二版。

遊歷是個人生命中無法忽視的旅遊經驗，可以看到其因遊歷觀異而生的心緒轉折。故筆者以為在複雜的日治時期世變氛圍中，將個人各式的文學作品、題材平行閱讀，從各種角度檢視作者對歷史的考辨、社會的評論、時事的關聯等是有意義的。以下擇取謝氏題為「遊記」的作品為例，了解其如何觀看美國殖民地菲律賓、台灣番地及日本內地，作為興發對比的論點。

謝氏因被外放辦報，因此有了首次的海外經驗。其於明治 45（1911）年3 月 5 日離台，先至廈門停留，3 月 13 日前往馬尼拉，於 9 月 22 日歸台。在海外半年的時間，他寫了組詩〈渡氓雜詠〉十四首，〔註 15〕及雜俎〈遊岷里刺紀略〉一文，〔註 16〕為方便討論，筆者將以文為主，以詩為輔，對照說明其中所透露出對於「同化」的觀察。

謝雪漁為何有此一遊，前文已論及原因，而為何得以歸台，謝氏云：「客春二月，鄙人受聘於菲島公理報，載筆南遊，因氣候不適，又逢鬼域人情，拂衣遽返。」由於當時日人在美國殖民地菲律賓島上並無龐大勢力，日人在菲島也多是支那人工廠的勞動階層，故由台至菲任漢文報紙《公理報》主筆的謝雪漁，並沒有強大的助力可以撐持他完成以漢文（同文）金針渡人的理念；再加上無法適應氣候環境，因此匆匆往返。他對留滯半年的美國殖民地菲律賓的認識，只侷限在首都岷里刺，依其詩文敘述，所提及的面向可分為政經觀察、特有風土民情及地理位置環境三大部分，為使討論的問題聚焦，筆者只抽繹出謝氏如何描述在美國治理下的殖民地菲律賓，推行那些與「同化」相關的政策、措施，並與日本帝國治下的殖民地台灣互為參照。

> 美國統治後，其待菲人頗優，大施教化，近且美國會議有使菲島獨
> 立之議，雖能否未可知，然將來當有獨立之望也……其所設各種行
> 政機關，與我台大同小異。惟其施政方針，似多未合實際。菲律賓
> 人學識之程度尚低，而於政治亦握有重權。法院為神聖尊嚴之地，
> 菲人亦廁身裁判官之列。議會為立法之機關，而岷里刺有設，以菲
> 人為議員，與聞政治。其各官署長官，雖皆美國人自為之，然其僚
> 屬則菲人多於美人也。就外容觀之，似乎殖民地民之幸福，莫有愈
> 於菲人者，然誠如子產所云，有美錦而使人學製也。唯權利如此，

〔註15〕《台灣日日新報》，明治 45 年 6 月 4 日，4315 號，六版。
〔註16〕《台灣日日新報》，大正 2 年 1 月 3 日至 1 月 15 日，4521～4532 號，四版。

－140－

而義務亦不輕，各稅皆有……。

〈遊峴里刺紀略〉開篇即先談論菲律賓的歷史沿革，先是西班牙，後有美人以武力強勢佔領菲島。而遠在美洲的美國，對治理亞洲殖民地菲律賓群島的方式，基本上是以培育菲人治理菲島的「寬鬆」政策，普施教化，帶進政府機關。故謝氏以一言「待菲人頗優」，道盡羨慕之意。姑且不論傳言美國議會有意讓菲律賓獨立的說法是否屬實，但在謝氏眼中「學識程度尚低」的殖民地菲人，卻被允許擁有政治參與權，擁有立法及行政的權力；雖在殖民政府機關中多為僚屬，但對照下，也遠比台人幾乎毫無參政權來的幸福、自主，故詩中有「未能還汝自由天，改隸今經十六年。政界菲人仍有份，殖民差幸重民權。」謝氏以為美國給予菲人參政權，形同給予民權，人民可以展現自由意志的空間。而亦為殖民地的台民，卻只被視為次等殖民地人民，總督府以民度不足為由，讓台民無政治參與權。亞洲的殖民地，在殖民者不同治理方針下，一為積極的掌控，一為寬容的管理，兩相對比下自然有所感慨。謝氏最終只好以菲律賓的稅目甚多，納稅義務甚重，自我解嘲。

而關係著國力強弱的教育措施及開發產業問題，謝氏言：

> 善治民者，以使民飽食煖衣，仰事俯畜，絕無所憂，安享昇平，乃施教化。美國人反是，諸種學校皆有設，初等中等高等悉備。而於殖產興業之事似全不為之謀……土人生性怠惰，既不知耕，又不能蓄……美國人則招集饑民，移諸其所屬他州，謂將以墾荒……其產物則糖及菸草椰子為大宗，多輸出海外……蓋產業比諸我台，尚遠不及也。

美人為菲人設有由初等至高等的各類完整教育學校，卻在殖產興業上過於寬鬆，違反了儒家先富後教的治民原則，加上因氣候溽熱，土人怠惰，學校教育成效有待觀察，故由此轉而評論美人沒有完整周密的開發資產規劃，雖土地膏腴，但以「荒地」視之，發生饑荒時，則移民開墾，徒增管理困擾，故實為可惜，因此在產業資源的開發上，菲島不及台島。

謝雪漁菲島之行的詩文紀錄，可以看出其原是懷著不平、疑懼的心理前往海外，有「到此無分上下流，規程不合便勾留。暫居水室容查核，愁鬱無聊狀若囚。」之詩。入菲島後，終能用較為平緩的心情觀察菲島情狀，從菲島沿革歷史寫起，再寫菲島在美人統領後，基礎建設的開發頗有進展，除了有往來各島的大小汽船，溝通島內交通的南北汽車，「市內有電燈水道，電燈

所用電球，皆此時我台之所謂新式者」的文明便利事物外，美人對菲島所設置的學教與機關之完備更令謝氏咋舌，尤其是教育、行政、政治上的寬鬆開放的殖民政策。美國殖民不求同化，其以分享文明進步的方式讓菲人逐步自立，故菲人有「民權」。他既矛盾又羨慕，矛盾的是台灣看似被有條不紊地開發及治理著，但台民的需求卻一再被以民度不足、同化尚早之名壓抑著；換言之，相對於菲島，雖然台島的富庶資源獲得開發利用，但是台民卻還是無法獲得政治、教育上較為公允的對待與提升，因此謝氏在言談間流露出羨慕菲人能擁有參政權與受教權。殖民地的富與教，是否因只能先取其一的緣故，而有不同的狀態呢？是以，謝氏第一次被迫前往海外遊歷的經驗，讓他對世界的認知，從文字敘述上的神遊化為實地的踏查，這篇名為紀略，兼有地理、歷史考察性質的文章，正是他「依舊傍人勞筆硯，漫言一出為蒼生」、「知君早具生花筆，到處留題墨跡滄」的南遊紀錄。〔註17〕

　　謝氏返台後，另一篇有意思的遊記作品即是〈角板山遊記〉〔註18〕。此篇蕃地紀遊的文章中，可以看到日人治理蕃地的方式，也可以看到謝氏等台籍文人對於蕃民的認識，謝氏如何循著日本殖民者的眼光，回視生活在同樣島嶼上的蕃民，若生活於山林的蕃民有生熟蕃之分，那麼可化與不可化的分際何在？而蕃民的同化是否比台民更為困難？其在觀光的視野中，游移地構變出一種似曾相識，又不甚相識的奇異感受。

　　角板山是當時內台官紳遊覽蕃地的考察據點，因其位於北台桃園廳境內，經由刻意撫墾，蕃性較其他地區的蕃民馴化，謝氏云：

　　桃園廳沿大料崁支廳轄角板山，其處亦北部蕃界之蕃適本地者，自

〔註17〕前語出自謝氏：〈舟中同子楨社兄作即次瑤韻〉（《台灣日日新報》，明治45年3月3日，4224號，五版。）後與乃陳澄秋：〈次雪漁兄之呂宋留別瑤韻〉（同年3月4日，4225號，四版。）可知當時台灣文人對於海外觀覽之事頗為慎重，因台島成為是日本帝國的南方前哨站，所以文人們亦將南遊視為擴荒壯行，就如謝氏在盛世元音其一〈臺灣之形勢〉言：「昔隸於支那，稱為南邊七省門戶者，非我臺灣也耶？今歸日本帝國，號為南陲重鎮，將來對清之發展地者，非我臺灣也耶？」（《台灣日日新報》，明治44年1月1日，3814號，三版）而黃菊如亦有〈將欲買棹南遊蒙瀛社諸友祖餞怡樓拈虞韻賦此留別〉：「萬里投荒泛海湖，敢云壯志慕懸孤。關情知有閒鷗鷺，應念離人一棹孤。」（明治45年3月4日，4225號，四版。）南遊非單純遊歷，而是有壯志的遠遊。

〔註18〕《台灣日日新報》，大正4年2月23日，5273號，六版至同年3月8日，5286號，四版。

> 來內外官紳，渡台視察遊歷者，靡不履其疆，以考撫墾成效……吾
> 台之人，除於是處墾荒或製腦者，到者殆希，蓋跋涉頗艱，又有番
> 界取締規則，非經許可不得往，遂厭其煩，而裹足不前也。

台人不能隨意進入蕃界，因蕃地有山林取締條例，只有經過特準才可進入山
區。謝氏等人得以成行，是因鄭永南與簡阿牛（主辦製腦萬基公司）盛情相
邀，「余與諸友得至此地，一擴眼界，殊非偶然，既歸，因諸友敦囑，乃濡墨
而誌其概。」難得的機會，得以一窺蕃地面貌，擴展眼界，故值得爲文記之。

　　該山形似甲板船，因諧音誤讀，後則慣稱角板山。桃園角板山區的蕃民
部族即爲泰雅族，黥首乃是男女蕃民成年之特徵：

> 有蕃人男女十餘名，踵集山上，不知其何自來，容貌光怪，<u>無分男
> 女，均以銅青黥面</u>，領黥一痕，臉黥兩痕，成鐵叉形。短髮披頭，
> 束以紅紗，雙耳貫以竹枝，長二三寸，大如小指。蕃丁頗有剛毅氣
> 象，頭戴藤帽，腰繫短刀，胯纏黑布，身著短衣，背掛網袋，制與
> 漢人用者不殊，殆購自閩粵人者。蕃婦之服飾，尤令人噴飯，有依
> 日本婦人服，足穿木屐者；有衣日本婦人褻衣，上纏紅布片，頭裹
> 粵婦黑巾者；有上穿閩粵婦人紅衣，袖闊尺餘，長垂膝際，而下仍
> 纏布片，赤其雙趺者……。

蕃婦隨意穿上台人、日人之各類服飾，混搭的錯亂，讓此行台人士紳感到頗
爲新奇可笑。但來往蕃民臉上之黥面與神色，卻將剽悍的習性展露無疑，謝
氏以「剛毅氣象」形容之。日人爲了樟腦利益，爭相開墾山林，導致蕃民反
感，強力阻撓抵抗，日軍續以強勢武力，推展隘線，進入山區，戰火四起。
謝雪漁用了將近一半的篇幅描寫日軍在角板山區苦戰的經過，表面上是歌頌
日軍的勇猛，但也印證了蕃民的「兇」性是被激發而出的，蕃民的骨氣亦令
人同情。謝氏對蕃民慘遭武力屠殺的境遇是同情的，因爲他想到了自己也曾
是被迫馴服的台民。〔註19〕角板山區經由強力侵占後是：

〔註19〕謝雪漁在〈領臺時之台南〉（下）寫到：「皇軍之入城：……路上之熙來攘往
　　　者，胸前皆懸一白布條，<u>書大日帝國歸順良民</u>，覺別有一番之氣象。皇軍之
　　　入城，兵不血刃……早傳一種謠言……間亦有不守軍律，入人家搜括財貨
　　　者……實恐妻子被辱，不得以而爲遷徙之謀也。至人民之安堵如故，則距皇
　　　軍之入城時，已兩三月矣。以上特就余之所見所聞，略能記憶者而述之耳，
　　　間或不無錯處，閱者諒焉。」此段自表爲順民之心情，其實也道盡了在日軍
　　　強勢武力的侵奪下，無法抵抗的人民無奈與悲慟。而角板山蕃民，在砲彈之
　　　全面襲擊轟炸下亦慘烈犧牲，更讓山林染上血色，因此謝氏言：「吾儕今日安

> 聞大崎巡查云，現時蕃人馴服似貓，雖尚各擁短刀，皆爲斬木用
> 也……駐在所警官之撫綏蕃人，頗費苦心，渠等不知禮節，亦不知
> 法則……幾以駐在所爲俱樂部也。駐在所對面，有蕃童教育所，是
> 日適休課，不能觀其受業狀況，殊爲遺憾。

現時存留的蕃民「馴服似貓」，只可擁有斬木短刀，其餘具傷害性的物件全部
沒入；而蕃童教育所設於警官駐在所對面，一方面得以蕃童爲要挾，使蕃民
有所忌憚，而另一面則易於管控蕃民行動，所需都應至駐在所備查，才會使
蕃區的駐在所如俱樂部般熱鬧。

　　這篇長文在觸及蕃童教育與蕃民管控後戛然而止，經筆者查閱並無此文
相關之續刊。從行文的語脈中，可以察知謝氏本是以新奇的眼光觀看蕃民生
活，但當其書寫蕃民因抵抗、保衛山林而慘烈犧牲的歷史後，其心中不由地
想到自己初爲被殖民者的心情。相較於平地漢人，因爲蕃民的天性更爲剽悍
難馴，山林地區也不易被管控掌握，故山林直至今日仍在官府管制中，而蕃
民的同化與教育推展的成效則應需要更爲久遠的時間。

　　最後，筆者要討論謝雪漁於大正11年所寫的〈內地遊記〉〔註20〕。謝氏
此次旅行自10月19啓程，11月15日歸台，行程匆匆，走馬看花式的繁雜遊
記內容，多屬於紀事浮光掠影的筆調。謝氏以官方身分，參訪帝國，配合遊
賞名山勝景，概說各地名勝之歷史沿革與地理形勢，使讀者得以紙上神遊，
可說是漢文記者的平實之筆。如果說，殖民地人民對於殖民母國的憧憬是含
有朝聖的意涵，那麼這篇文章可算是位處社會名望高峰的台籍士紳謝氏第一
次親身感受、觀覽帝國面貌的記錄，這趟首次的內地旅行，已屆半百的謝氏
不厭其煩地詳細書寫了帝國社會的各式樣態，使這篇文章頗爲豐富，文章起
頭交代了成行之因及欣悅的情緒：

> 余之欲遊帝國內地也，處心積慮，二十餘年於茲矣……聞人道內地
> 之山川風景，若何其美麗。內地之文物聲明，若何其發達，憚心嚮
> 往之……有問余以曾到內地與否者，余恆難以應。應之曰未曾，人
> 亦似有疑，殆以余多有赴內地之機會者與。何意內地朝野名流所組

穩至此，一觀風景，念當年死事者之功，不禁深爲同情也。」除了表面讚頌
日軍推展隘線時所付出之犧牲，言下之意恐怕對於蕃民之頑強亦掬一把同情
之淚。（《台灣日日新報》，明治40年5月4日，2698號，四版。）

〔註20〕《台灣日日新報》，大正11年11月25日至大正12年3月15日，8082～8192
號。

> 織之斯文會,將於大正十一年十月廿九日,在東京湯島聖堂,舉行
> 大成至聖先師孔夫子二千四百年追遠紀念祭,照會督府……督府諒
> 其意,乃命台北台南二州選派,台南州以許庭光氏,台北州以李種
> 玉氏與余,派充其選……余爲斯會(按台北崇聖會)之幹事長……
> 蓋此行屬公務,不得以個人意志,自由行止也……同謁田督憲於督
> 府公室,請示一切。

前文已經提及大正年間,官民對於國民性及祀孔議題是各自表述、交相重疊
的狀態,看似混然相合卻也各有所求,若血緣有無法跨越種族的意識,那麼
同文就成爲拉近情感距離的可行方法,台民可從同一漢字書寫系統的漢文出
發,配合殖民者各項「文明政策」,作爲觸發殖民地社會轉型的起點,逐步使
國民精神內化,終至同化。

謝氏一行人此行的目的是爲了要參加湯島二千四百年大成至聖先師孔子
追遠紀念祭,主辦的斯文會分給與會者三宅文學博士編《聖堂略志》一冊。
謝氏言:「茲欲記是日祭典實況,而不得不先敘本國崇祀孔聖之沿革」因此節
譯要點於後,將日本的祀孔淵源分爲第一創建期、第二漸興期、第三隆盛期、
第四衰頹期、第五革新期、第六終末期。三宅以爲至少距今一千二百餘年前
的史書,已有釋奠之紀錄。戰國時期,釋奠廢棄。德川江戶開幕府後,文教
復興,釋奠再起。明治初期,聖廟變爲博物館。直至明治四十年(1907)年,
先是新設孔子祭典會,爾後每年舉行祭典,至大正年間,祀孔慶典規模愈漸
擴大:

> 至於大正八年,先是斯文學會,改革組織,爲財團法人,合併儒教
> 及漢文學關係諸學會,改稱斯文會,新設祭典部,繼承孔子祭典會
> 事業,大正九年以後,逐年祭典,皆委託該會……大都當代名流。

謝氏詳列斯文會的組織架構及重要職務的人名,斯文會會長是德川公爵,該
會分爲教化、研究、祭典、編輯四部,斯文會屬於官方特許的漢學研究會,
藉以引導、規範漢學的範疇及功用,以儒教祭祀儀式訴諸精神同化意義。

謝氏將主祭德川公爵捧讀之祝辭,特譯爲漢文,有「國運之興,名教之
效也,結會協力,弘道是圖,翼闡儒風,永昌文化」之語;接續爲朝鮮及台
灣代表不出聲的默讀祝文,「朝鮮代表之文,祭後曾借觀之,惜無紙筆可錄,
今不復記憶……」而謝氏所寫祝文全文載於後,「東西南北,文教所宗;中外
古今,生民未有□俎豆馨香。特重扶桑廟貌,衣冠禮樂,由循泮水彝草,忝

盟驥附，虔效梟趨，□展徵忱，恭參祀事。」謝氏是台代表三人中最年輕之人，負責撰寫祭典祝文，由台灣總督府評議員勳六等許廷光負責恭讀祝文。此段敘述中有二個頗有意思的現象，其一爲德川的祝文顯然已將日本接受的儒家思想深化爲日本的傳統思維基石之一，因此祀孔關係著國運興衰與文化傳承，名教／儒風有規導精神道德之效；其二則是朝鮮與台灣同爲曾深受儒家浸潤之地，也先後於二十世紀成爲日本帝國的海外殖民地，二地代表默讀祝文，殖民地代表的「默讀」與日官員的「誦讀」成爲對比。德川祝文是貼於祝版上，取而親讀，是時與祭者皆齊起鞠躬；而朝鮮與台灣代表之祝文則是默讀者攜入，與祭者並無特別致意，其中主客、高低之別顯而易見。簡單地說，斯文會就是日本帝國的官方機構，只有現今強大的日本帝國可以說出自己是儒家的代言者，主辦祭典，邀請內外名流與會。

謝氏云：「帝國之與中國使者往來，在唐之時爲盛，故樂亦多於此時傳來，今尚存之不廢，昔人云，異國古書留日本，此樂亦猶是耳。」異（中）國的古書古樂在日本被留存下來，日本所傳的儒學與宋明後紛雜的儒家學派相較，有更純正的象徵性，也因此現今的日本帝國在漢學涵養的歷史深度上，足以取代挫敗的清國或是不平穩的中華民國，成爲引領亞洲的盟主。是以，清領時期的謝氏根本沒有實際生活於中國土地的經驗，因此他對於中國的「清朝」的認同，遠遠不及對其歷史漢文化的追尋嚮往，因此在他的詩文作品及論述中，能無礙地接受中日歷史交流的過往，讓日本漢學的根源得以用虛線的方式與中國盛唐時期相接，台人也就能在日本同文的論述中找到溫存感。〔註21〕

此外，除了歷史文化上的同文接軌，台人與日人的血緣間，也有融匯交合的過往。其先在文中詳加舉例、考證了徐福之事的眞僞，提出了在《三十三所圖會》、《南紀名勝略記》、《絕海錄》、《蕉堅稿》、《和漢合韻》、《續西遊記》等書及詩作中的相關紀錄，歸結爲：

> 日本與支那接壤，古來以帆船交通，大海波濤，稍涉危險，自徐福

〔註21〕謝氏對於日本擁有豐厚漢學資產一事毫無質疑，在詩文創造上，他認爲日人詩作遠逸於台人詩作，有唐人之風，如莊玉波爲謝氏《詩海慈航》作跋時提到：「拙曾寄雅文會誌於吾社長，承寄書褒獎，<u>且言母國人士之詩，立意清新，措辭工雅，非從唐人之詩入手，不能得如此之精妙</u>。吾小美麗洲人，多不知取法乎上，詩風靡靡，愈趨愈下，群尚擊缽吟體，且多取材於報紙，殆不知唐宋元明爲何代？李杜歐蘇爲何人也？」（參見莊玉波：〈詩海慈航跋〉，文載《風月》22 號，昭和 10 年 8 月 19 日）。

> 入國以來，經秦漢二代，來者固稀。至於唐代使者往來，國交頗洽，
> 降至宋元明清，仍聘問不絕。此奇緣起自徐福，蓋自福指日本為仙
> 山，各朝鼎革，其忠臣義士，不食周粟，採薇西山者，恒遙渡日本，
> 居世外桃源，以明末為多，近之清末則更繁，吾人足跡到此，覺亦
> 有樂不思蜀之慨也……。

言下之意，從秦代徐福攜童男童女海外尋仙藥後，日人與中土人士長久以往
都有血緣之交；加上台人所敬仰的延平郡王鄭成功，其父鄭芝龍為中國人，
其母翁太妃為日人田川氏，那麼現在台民的血中應該也留有部份日人的血
液，而日本帝國的人民，也有來自中國的血液，如其與朝鮮代表飲宴時，談
及了「日本民族，亦有來自中國者，彼此無分畛域，同心協力，為東洋大局
計，是所以為吾同種計也。」而這種中日台混血的狀態，可以貼合殖民地台
灣未來的際遇，只要假以時日，必可讓台民混然化於日本帝國中，因此，殖
民者實不需強調血液純正或是精神血液的問題。

又，謝氏來返日台途中，兩次造訪日清簽訂馬關條約的春帆樓不成，寫
下這段文字：

> 〈春帆〉樓門嚴扃，蓋非有紹介者，不得入觀……聞伊藤公與李文
> 忠議和時，所用一切事物，尚保存樓中……該平和條約，□□確認
> 朝鮮獨立，賠款兩億兩，割讓□□□台灣諸島、澎湖列島，且開沙
> 市、重慶、□□、□州四港，時為明治二十八年四月十七日。□帝
> 國政府，受俄德法三國之婉勸，以□□□島還清國，別受其金三千
> 萬兩。吾台灣之入帝國版圖，及自此春帆樓之和約始也。□□人偶
> 經此樓，多有追思往事，慷慨□□，□以為辱者。某名士題春帆樓
> 絕句云「十七年前思往事，春帆樓外晚瀾哀」……。

春帆樓是日本帝國維新後，對海外國家首戰勝利的紀念地，是日本帝國以戰
勝者之姿簽訂條約的開始。當時的台島，在混沌不明的狀態下被割讓，而馬
關條約的簽訂，非日清兩國的協定而已，實與俄德法三國有關。而今中日之
間，時有紛爭，中華民國的抵日風波不斷，謝氏與李漢如的對話中有：「中國
現狀，非有大英雄出，實不能收拾，大局當益紛……現時東方局勢，非日華
親善，則中華永無富強之日，日本所處地位，必益見其艱難……中國人之對
吾台人視為台灣華僑，為兩國親善之結合樞紐者，捨台人莫屬，吾台人不可
不思自奮。」此時此景，謝氏既回顧了那段不堪回首的往事，又想到中日間

的種種紛端，台民無法置身事外，其中心情百轉千迴，十分複雜，而謝氏所錄出的詩句「春帆樓外晚瀾哀」的慨歎，也正是此刻的心緒。

是以，從該篇〈內地遊記〉的紀錄中，可以看到謝氏對於同文、同化的回應，也可以看到自二○年代後，中日台間的問題，已普遍被放置到與西方／西洋相別的東方／東洋論述中，成爲昭和時期的戰爭論述的前身。

另，由於謝氏在昭和時期，較少發表古典散文作品，因筆者目前收錄的資料有限，不能舉例討論之，只能從《風月報》的編輯方針及謝雪漁在卷頭語中書寫、詮釋皇民精神及戰爭需求的作品推想，因爲散文的特質較爲明白、透明，所以謝氏只好將漢文作品以漢詩或小說的體式發表，避免與戰時檢閱直接衝突。而此部份在前面章節已有所舉例，不再贅述。

第五章　結　論

　　目前學界對於日治時期傳統文人與詩社的研究漸成風潮，而本文主要收集《台灣日日新報》、《風月》報系的資料，希望能從歷時性的觀察中，較爲細緻地處理日治時期相當活躍的台灣傳統文人謝雪漁的漢文書寫所激發出的豐富訊息與意義。是以，本文要觀察台灣傳統文人謝雪漁在日治時期如何以漢文書寫回應同文政策，他生發出怎樣的想像，又會做出怎樣的實踐。

　　基於同文的概念，漢文被容許存在於殖民地，台灣傳統文人／漢文記者／親日士紳謝雪漁學會用漢文書寫與殖民者進行對話與回應，並在敘述的同時，逐步調整其認同狀態，使漢字的「同文」因緣得以在各式的漢文書寫內容中產生形變。故第二章先介紹謝氏日治時期多重的社會活動角色，其從清末的科舉士子、傳統文人到殖民地時期的漢文記者、親日士紳，多重政、商、文壇身分的交會，使其敏銳地察知到時勢的變動，說出類似殖民者話語的論述。而其漢文書寫就在一連串「國語」、「同化」、「同文」、「文明」等殖民話語中飄搖，應時地進行調整、填充、說明，對殖民地眾多特有的議題進行闡述。換言之，謝雪漁在「同文」的框架下，以漢文書寫討論關於自我定位、國族想像、民族精神、社會改革、天皇信仰、帝國殖民、文明開化、啓蒙除魅等與現代性相關的問題，不斷地試探殖民政策的眞意與穩定度，時而越界，時而保守，用迂迴的姿態回應殖民者隨時變動的殖民特質。

　　因爲殖民者欲藉由語文排序權力位階的高低，並以持續變換的未來前景，建立一套對殖民者有利的殖民現代性及殖民文明標準。對殖民者而言，同文的政策是爲了統治的便利，其終極目標則是追求同化的可能；而對被殖民者而言，當漢文被歸整到「同文」之下時，就不免會觸及到如何以漢文談

「同文」的問題。更具體地說，這種以「漢字」爲基礎所形成的殖民地「同文」關係，會使漢文與同文產生轉換的可能，並配合時局持續重述，而日台雙方由此開展了跨界交流、各取所需、反覆辯駁的狀態。

首先，漢文與同文接觸後，勢必會產生「質變」的過程。謝氏在改易之時，原本以爲「漢文」無用，因此有「悔不曾攻有用書」之嘆，後至總督府國語學校就讀，他發現了「漢文」還是有「吟誦風雅」及「同文」之用。他先嘗試將漢詩作品投至《台灣日日新報》〈漢文欄〉中。依筆者所見，其第一篇刊登的詩作題爲〈聞俄人據滿州要求密約感憤而作〉四首，詩中以中國典故，說明現實時局變動，並贊同日軍乃是主持公理之義師，憤恨清國喪權，使俄人侵占滿州！由此嘗試貼合時事，公開示誠的舉動，使謝雪漁與官方報紙有了接觸，並成爲漢文記者。因《漢文台灣日新報》的獨立發行，使進入官方報社的謝雪漁，先以一連串呼應殖民政策的論述開始，強調漢文記者是負有啓迪文明之責，故有論述文明、國勢調查辨惑、大租權、獨立競爭、公私之別等眾多散文作品或評論，其贊同在同文政策下的台灣漢文必須要有新貌。因而明治時期的謝雪漁，用漢文書寫的方式闡述殖民文明、政策，使台民能認識、理解國家／國民／文明／進化／強大等諸多現代新觀念。另一方面，謝氏也以「同文」爲手段，爲其在殖民社會中的人脈佈局，大量的官民應和詩作出現，甚至在官方的支持下，組織漢詩社瀛社。由此，漢文逐步從維繫民族文化及情感的象徵意義中脫離，回填入應酬唱和與呼應殖民話語的「風雅」之用。而謝氏對此種漢文質變的狀態並非毫無感知，但當他因作品文詞中顯現的激憤之情與思想錯誤的緣故，被外派到菲律賓《公理報》，返國後他很明顯地收斂了大鳴大放的論述，以更迂迴、隱諱的書寫方式，將其對殖民政策與殖民現代性的觀察與思辯，引入小說的「寓教於樂」書寫語脈及更爲幽微的漢詩典故中。

而至大正時期，同文的目的更明確地指向要詮釋精神同化，因而有了一連串對於促進同化與國民性的討論。此種訴諸精神改造的活動，一方面與國際興起民族自決的風潮有關，另一方面也是台民在接受殖民統治後，學習反思自身的定位。對於親日士紳謝雪漁而言，他當然知道同化是需要時日累積的，因此他所評選的〈促進同化論〉中，以爲同化的可行方法是要兼行教育的全面接軌與打破日台的區隔，能自然地血緣交融，只可惜這些建議並未獲致落實，總督府只以口頭上開放日台共學、鼓勵通婚敷衍之。另藉由湯島舉

行的祭孔大典中，儒教被公開宣示收整在天皇教育飭語下，強調名為「國民精神」的「臣民精神」。日本帝國的強勢武力，使其成為儒學體系的時代傳承者，擁有說解東洋文明／精神／文化的權力。面對這些殖民者操弄的同文、同化議題，謝雪漁以台北崇聖會幹事長的身分，亦倡議重整台北孔廟，並舉行祀孔典禮，以示尊奉同化精神的「國民性」要旨。正如其在〈第廿五回始政紀念感言〉言：「且我台之民族有一種固有道德，與一種固有文化；輸之以帝國之新道德，與帝國之新文明，自能安定台灣之人心。」〔註1〕此時謝氏的漢文書寫從關注傳播殖民政策的新知、文明、進化，轉為強調國民性的精神同化，而對於中日間的關係，則在〈內地遊記〉中，強調中日應共同扶持，振起東洋文化／文明，為「同文同種」、「日華親善」的論述。

到了昭和時期，同化從日本國民性的培鑄，激化為強調皇民的尚勇、大和魂、犧牲，追求無止盡的付出，台人所需要做的是以血書方式志願從軍，用流盡肉身之血象徵被淨化為精神的天皇子民，所以從軍成為光榮，甚至等同於完全國民之義務，犧牲才可成就大和魂，死亡就是生命櫻花燦爛後的散落悲壯之美，台民在中日戰爭、第二次世界大戰中被要求盡皇民義務、義勇奉公，因此殖民地台民被驅趕著奔赴戰場，台島一切皆必須為戰爭奉公。而此時已步入老年的謝雪漁漢文書寫也需表態支持戰爭國策，如在〈櫻花夢〉中闡述漢文在戰時之用：「日帝國為保世界和平，為東亞盟主，日華親善當以漢文溝通為樞紐，不改漢文為必要科，乃恐失盟主資格，今日思想受西洋文明毒素，如去西毒，唯有儒教。」台灣的漢文被放置要能發揮協助日軍進入中國、亞洲的「公」（功）用，指向宣揚戰爭親善，凝聚亞洲一體。繼有〈新蕩寇志〉，重寫帝國母國的幕府時期史事，歌頌保家衛國、奉還大政的志士們，而這些志士們多為已歸化為日人的中人後裔，他們願意也能為天皇犧牲奉獻。接續更直接以日華親善為名寫作〈日華英雌傳〉，女子亦須為國效力，在戰爭的剛性氛圍下，訴諸柔性的勸說與交誼，使日華考慮和平共處的可能。

殖民者原先是將同文（漢字）視為懷柔的工具之一，用以協助推動同化（日本臣民精神的奴性），但終究文字屬於公共財，不可能被政治權力全面掌握，因此殖民地人民就可利用漢文書寫，迸射出很多難以預料的可能面貌。而台灣傳統文人謝雪漁成為漢文記者後，接觸了眾多新事物及新思維，與殖

〔註1〕《台灣日日新報》，大正9年6月17日，7191號，二一版。

民者有著曖昧的親近關係，他也以迂迴曲折的書寫語脈，讓他的漢文作品在看似紛雜、猶疑、錯亂中，盤旋地進行自我梳理與重述。換言之，謝氏有意識的漢文書寫，在在都讓台灣漢文在殖民者的同文論述下，成為文學／文化／文明等多種指涉的載體，漢文學的內涵雖被抽空／取代／再填充入新義，因而有了在時局轉換下，應時質變的過程，其背後所透顯出交疊意義，所嘗試的想像與實踐，有著綿密交織、相互為用、難以言說的困挫。

　　如果說，文字所組成的文學作品本身無法在殖民地的土地上取得「為文學而文學」的藝術獨立空間（把文學視為本身的當然存在）時，那麼文學書寫後面所牽繫的必然是某種意念或信念。而這些藉由「同文」而寫的漢文作品就能以「形似神不似」的方式，從殖民話語中溢出自我的意義。筆者在閱讀日治時期謝雪漁漢文作品後，有種感觸漸漸浮出，即是謝氏心中始終保有傳統文人的儒者習性，讓他嘗試在漢文書寫中表達隱微的情思，與時局保持若即若離的關係及忽近忽遠的距離。因為台灣是日本帝國的殖民地，不論是後藤新平所謂的生物學管理理論，或是歐美列強的殖民主義，〔註2〕都讓其深感困惑與自卑，覺得自己從棄民、遺民，成為殖民地的次等人民，自我的篤定感也隨之消散。因此，他選擇重述殖民話語，但也在說解的過程中，加入自我的思緒與詮釋，置入很多不全然為殖民者所察覺的自省、自覺因子，讓新詞彙加上舊學，呈現出一加一大於二的效益。在其漢文書寫中，時而隱微地展現出對新舊學、現代文明、東洋文化、同化、同文等議題的觀察與建言。故筆者以為，對不再強調傳統民族意涵的漢文作品不該只視為遊戲或是應和的泛泛之作，更不該指責其為協助殖民主義的打手，這些有著親日色彩的傳統士紳群們，看似享有殖民社會的特權，但他們也有說不出口的鬱悶情緒，掙扎與遊戲往往只是一念之間。而對傳統文人／漢文記者謝雪漁而言，他的

〔註 2〕　荊子馨：《成為日本人——殖民地台灣與認同政治》書中提及：「殖民主義從來不僅僅是經濟發展與政治併吞的外部過程與壓力。就如同法農（Franz Fanon）在《黑皮膚、白面目》（Black Skin，White Masks）一書中所指出的，殖民主義永遠牽涉到被殖民者對具體化的自我的內在共謀或抵抗，而這個具體化的自我卻是殖民者製造出來的……我在書中所關注的不是殖民主義如何誕生了現代化，而是殖民主義如何是現代化自身的一部份」（台北：麥田，2006年），頁 28～30。因此，我們可以在謝雪漁的身上看到殖民主義與現代化交會後所產生的種種奇異又變動的樣貌，只能說是時代的不幸與幸運所產生的混沌現象吧。

確也嘗試將文明事物與啓迪民智等元素放入漢文書寫中，只是因爲他的理念不夠清晰，質疑力道不夠強烈，因而逐步被教化、馴化，學會爲自我言行進行檢測，因此他（們）就成爲當今強勢抵殖意義下的對照面。

　　本文的研究目的即是希望藉由探討台灣傳統文人謝雪漁的漢文書寫，釐清親日士紳與殖民者之間糾葛複雜的關係，跨越殖民地親善／對抗的二元對立意識型態的侷限，得以更細膩地省視日治時期台灣傳統文人的精神面貌（或是精神創傷、療癒的過程。）換句話說，後代的研究者應該重新深掘傳統文人的漢文書寫所融攝的某種觸發意義，這些漢文作品彷若他們投入時代湖中的一顆石塊，他們也在湖中或有自覺地游泳漂浮，他們終究無法將目光迴避，他們會寫些湖中模模糊糊的影像，或是水光晃盪時所反射出來的景物，而當他們筆下寫出關於過去歷史、現實環境、未來情境的描述時，其實就是過濾、自清、整理的過程。在反覆想像的同時，他們不時陷入失衡及矛盾的狀態，而這也是日治時期的文學作品之所以值得被再三咀嚼、思辨的眞實本質之一。

　　另外，本文的行文論述中，尤在第三、四章有部分重複引言或是過於繁冗之敘述，實爲筆者能力及時間有限，未能就眾多的相關內容及章節分段處做更爲清楚的細目處理，若因此造成讀者的閱讀障礙，敬祈見諒。而本研究尚可開展、深入的面向甚多，筆者在行文中以注釋的方式略以交代之。除此外，如日治時期的文學場域因現代印刷技術的進展，使個別閱讀的讀者群能與作者或是其他讀者進行溝通，甚至可以透過閱讀的機制形塑出有相似觀點的新群體。就如同沙特（Jean Paul Sartre）在〈文學是什麼？〉（What is Literature？）中提到：「所有文學作品，都是對讀者訴求（appeal）。書寫，就是對讀者的一種訴求，是透過語言爲手段而使作者揭露其客觀存在的訴求。」〔註3〕持續書寫讓作者成爲確認自身客觀存在及獲得群眾評價的手段，甚至可以讓作者因此擁有社經名望上的實質收益。基於這樣的推論，當作者不再只是爲了特定的群體書寫時，那些他毫不熟識的陌生、隱藏讀者，會讓他產生怎樣的自我想像，作者——作品——讀者不再是直線式的單向影響，而是形環狀多向的交涉過程，如此一來，文學所要載的道，就多樣起來了。換句話說，當台灣傳統文人踏出中國書房教育及科舉取士的體制時，被放置到日治時期的時間軸線上時，他們被牽引帶入新的現代性及資本主義的殖民地時空

〔註3〕沙特（Jean-Paul Sartre）：《文學論》，劉大悲譯（台北：志文，1980 年），頁32。

中，文字的書寫不再只屬於個人或少數群體的（私密）喜好，而現代報刊的多樣版面配置，也使文學寫作跟新聞記事間的邊界滑移模糊，配合上印刷資本主義開發了閱讀市場，醞釀出集體論述的氛圍。此亦是筆者以為可以深入關照的面向，留待日後再行探究之。

附　錄

謝雪漁漢文小說作品目錄

1. 南瀛雪漁〈陣中奇緣〉《漢文台灣日日新報》明治三十八年七月一日（2148號）至同年十二月三十日（2300號）。

2. 雪漁逸史〈靈龜報恩〉《漢文台灣日日新報》明治三十九年四月二十八日（2395號）至二十九日（2396號）。

3. 雪漁〈蝦蟇怪〉《漢文台灣日日新報》明治三十九年五月十一日（2406號）至十二日（2407號）。

4. 雪漁〈江仙玉〉《漢文台灣日口新報》明治三十九年六月七日（2429號）至八日（2430號）。

5. 雪漁〈賈士甄〉《漢文台灣日日新報》明治三十九年六月二十一日（2441號）。

6. 雪〈三世英雄傳〉《台灣日日新報》大正元年八月二十四日（4395號）至大正二年一月十日（4527號）。

7. 雪〈奇人健飛啓疆記〉《台灣日日新報》大正二年六月十四日（4679號）至同年十二月二十七日（4867號）。

8. 雪〈劍仙〉《台灣日日新報》昭和二年十二月四日（9917號）至同年十二月十日（9923號）。

9. 雪〈紀蘭孫〉《台灣日日新報》昭和二年十二月十一日（9924號）至同年十二月十四日（9927號）。

10. 雪〈櫻花夢〉《台灣日日新報》昭和九年十一月七日（12428 號）至昭和十年六月二十二日（12653 號）。

11. 雪漁〈新情史〉《風月》第十號（昭和十年六月十三日）至第四四號（昭和十一年二月八日）。

12. 雪〈假金票案〉《台灣日日新報》昭和十年六月二十五日（12656 號）至同年八月二十七日（12719 號）。

13. 雪〈妾之怪死〉《台灣日日新報》昭和十年八月二十九日（12721 號）至同年十月二日（12754 號）。

14. 雪〈絞死藝妓〉《台灣日日新報》昭和十年十月三日（12755 號）至同年十月二十六日（12778 號）。

15. 雪〈詐欺賭博〉《台灣日日新報》昭和十年十月二十八日（12780 號）至同年十一月十八日（12801 號）。

16. 雪〈少女失蹤〉《台灣日日新報》昭和十年十一月二十日（12803 號）至同年十二月八日（12821 號）。

17. 雪〈全家被殺〉《台灣日日新報》昭和十年十二月九日（12822 號）至同年十二月二十六日（12839 號）。

18. 雪〈新式科學的搜查〉《台灣日日新報》昭和十年十二月二十七日（12840 號）至昭和十一年一月二十三日（12866 號）。

19. 雪〈新蕩寇志〉《台灣日日新報》昭和十一年一月二十四日（12867 號）至同年八月十二日（13067 號）。

20. 雪〈怪傑彌兵衛傳〉《台灣日日新報》昭和十一年八月十四日（13069 號）至同年八月二十二日（13077 號）。

21. 雪漁〈玉松臺〉《台灣日日新報》昭和十一年八月二十四日（13079 號）至同年八月二十五日（13080 號）。

22. 雪漁〈名馬〉《台灣日日新報》昭和十一年八月二十六日（13081 號）至同年八月二十八日（18083 號）。

23. 雪漁〈潛水艇〉《台灣日日新報》昭和十一年八月三十一日（13086 號）至同年九月一日（13087 號）。

24. 雪漁〈銀時錶〉《台灣日日新報》昭和十一年九月二日（13088 號）至同年九月五日（13091 號）。

25. 雪漁〈征四國〉《台灣日日新報》昭和十一年九月七日（13093 號）至同
　　年九月十六日（13102 號）。

26. 雪漁〈十八義傳〉《台灣日日新報》昭和十一年九月十七日（13103 號）
　　至同年十一月三十日（13176 號）。

27. 雪漁〈勇武傳〉《台灣日日新報》昭和十一年十二月一日（13177 號）至
　　昭和十二年三月三十一日（13296 號）。

28. 雪漁〈日華英雌傳〉《風月報》第四五號（昭和十二年七月二十日）至七
　　六號（昭和十三年十二月一日）。

29. 雪漁〈講談篇〉《風月報》第四五號（昭和十二年七月二十日）至五三號
　　（昭和十二年十二月一日）。

30. 雪漁〈楠公舉族忠義〉《風月報》第五一號（昭和十二年十一月一日）至
　　五五號（昭和十三年一月一日）。

31. 雪漁〈空軍之德國少年變裝爲密偵〉《風月報》第七五號（昭和十三年十
　　一月五日）至七六號（昭和十三年十二月一日）。

32. 雪漁〈乃木將軍之逸事〉《風月報》第七七號（昭和十四年一月一日）。

33. 雪漁〈水戶光圀公巡行到處張善罰惡〉《風月報》第七八號（昭和十四年
　　一月十五日）至八一號（昭和十四年三月一日）。

34. 雪漁〈茲野男爵失愛妻〉《風月報》第八二、八三號（昭和十四年三月三
　　十一日）。

35. 雪漁〈町田翁少年之艷福　壓倒摯友添田〉《風月報》第八五、八六號（昭
　　和十四年五月十四日）。

36. 雪漁〈武勇傳〉《風月報》第八八號（昭和十四年六月十七日）至八九號
　　（昭和十四年七月七日）。

37. 雪漁〈俠中孝〉《風月報》第九四、九五號（昭和十四年九月二十八日）。

38. 雪漁〈軍夫報國美談〉《風月報》第九六號（昭和十四年十月十六日）至
　　九七號（昭和十四年十一月六日）。

39. 雪漁〈幕府一部臣僚組織彰義隊抗官軍〉《風月報》第九九號（昭和十四
　　年十二月十二日）。

40. 雪漁〈侯家棄兒〉《風月報》第一○○號（昭和十五年一月一日）至一○
　　三號（昭和十五年二月十七日）。

謝雪漁古典散文作品目錄

1. 謝雪漁〈入報社誌感〉《漢文台灣日日新報》明治三十八年三月七日（2051號）。

2. 謝雪漁〈說文明〉《漢文台灣日日新報》明治三十八年十月二十八日（2249號）。

3. 雪漁〈論臺民之蒙昧〉《漢文台灣日日新報》明治三十八年四月三十日（2096號）。

4. 雪漁〈活財說〉《漢文台灣日日新報》明治三十八年五月十四日（2107號）至同年五月十九日（2112號）。

5. 雪漁〈論納妾之弊害〉《漢文台灣日日新報》明治三十八年五月二十四日（2116號）。

6. 雪漁〈國勢調查辨惑〉《漢文台灣日日新報》明治三十八年九月三十日（2226號）。

7. 雪漁〈南歸誌感〉《漢文台灣日日新報》明治三十九年四月十三日（2382號）至同年四月二十四日（2391號）

8. 雪漁〈發祥世紀〉《漢文台灣日日新報》明治三十九年十月二十八日（2550號）。

9. 雪漁〈害蟲驅除論〉《漢文台灣日日新報》明治三十九年十一月三日（2555號）。

10. 雪漁〈夢遊滿洲記〉《漢文台灣日日新報》明治三十九年一月一日（2301號）。

11. 雪漁〈綴錦篇〉《漢文台灣日日新報》明治三十九年八月二十二日（2494號）至同年八月二十四日（2496號）。

12. 雪漁〈自利須合理義論〉《漢文台灣日日新報》明治四十年一月一日（2601號）。

13. 雪漁〈獨立始可競爭論〉《漢文台灣日日新報》明治四十年二月十三日（2632號）。

14. 雪漁〈領臺時之臺南〉《漢文台灣日日新報》明治四十年五月一日（2696號）至同年五月四日（2698號）。

15. 雪漁〈文學辨義〉〈就埤圳官營而言〉《漢文台灣日日新報》明治四十年十月二十八日（2847號）。

16. 雪〈新月旦〉《漢文台灣日日新報》明治四十年六月二十九日（2745 號）
至同年八月四日（2776 號）。

17. 雪〈說勞動〉《漢文台灣日日新報》明治四十年七月十一日（2755 號）。

18. 雪漁〈與客談〉《漢文台灣日日新報》明治四十年七月十四日（2758 號）。

19. 雪漁〈自由結婚辯〉《漢文台灣日日新報》明治四十年七月十六日（2759
號）。

20. 謝汝詮〈支那文學史〉《漢文台灣日日新報》明治四十年七月十八日（2761
號）至明治四十一年三月十九日（2963 號）。

21. 雪漁〈說名〉《漢文台灣日日新報》明治四十年十一月三日（2852 號）。

22. 雪漁〈竹林七賢〉〈愛茗說〉《漢文台灣日日新報》明治四十一年一月一日
（2901 號）。

23. 雪漁〈清朝帝紀〉《漢文台灣日日新報》明治四十一年一月十六日（2920
號）至同年一月十八日（2921 號）。

24. 雪漁〈記者論〉《漢文台灣日日新報》明治四十一年二月二日（2925 號）。

25. 雪〈牟尼珠〉《漢文台灣日日新報》明治四十一年四月十四日（2983 號）
至同年四月十八日（2987 號）。

26. 雪〈王陽明學〉《漢文台灣日日新報》明治四十一年五月三日（3000 號）。

27. 雪〈商家要素〉《漢文台灣日日新報》明治四十二年一月一日（3201 號）。

28. 雪〈讀今之所謂罪惡書後〉《漢文台灣日日新報》明治四十三年四月二十
日（3592 號）。

29. 雪漁〈臺灣之形勢〉《漢文台灣日日新報》明治四十四年一月一日（3814
號）。

30. 雪〈假樓記〉《漢文台灣日日新報》明治四十四年六月二十六日（3983 號）。

31. 謝雪漁〈遊岷里刺紀略〉《台灣日日新報》大正二年一月三日（4521 號）
至同年一月十五日（4532 號）。

32. 雪〈角板山遊記〉《台灣日日新報》大正四年二月二十三日（5273 號）至
同年三月八日（5286 號）。

33. 雪〈歲首感言〉《台灣日日新報》大正六年一月十一日（5928 號）。

34. 雪〈瀛社代表謝雪漁弔詞〉《台灣日日新報》大正七年十月二十三日（6588
號）。

35. 雪〈紀念日之蕪詞〉《台灣日日新報》大正七年五月一日（6413 號）。

36. 雪〈第廿五　始政紀念感言〉《台灣日日新報》大正九年六月十七日（7191號）。

37. 雪〈讀書掇異錄〉《台灣日日新報》大正九年十一月二十日（7347號）至同年十一月二十八日（7355號）。

38. 謝汝詮〈讀評議會議案〉《台灣日日新報》大正十年六月二十四日（7563號）至同年六月二十七日（7566號）。

39. 雪〈內地遊記〉《台灣日日新報》大正十一年十一月二十五日（8082號）至大正十二年三月十五日（8192號）。

40. 雪〈吾之文房四友〉《台灣日日新報》大正十二年五月一日（8239號）。

41. 雪〈聖廟祀事關係〉《台灣日日新報》大正十五年十一月二日（9520號）。

42. 雪〈聖廟禮司關係〉《台灣日日新報》昭和二年十一月九日（號次不明）。

43. 雪〈小說之價值〉《台灣日日新報》昭和十年一月一日（12483號）。

44. 謝汝詮〈警察官對民眾台灣語訓話要範序文〉《風月》第二十號（昭和十年八月十三日）。

45. 雪漁〈活嬰金鑑序〉《風月》第二二號（昭和十年八月十九日）。

46. 雪漁〈蓬萊角樓雜錄〉《風月》第二八號（昭和十年九月九日）至第二九號（昭和十年九月十三日）。

47. 雪漁〈國文成語彙纂、漢文成語彙集〉《風月報》第四七號（昭和十二年九月二日）至第四八號（昭和十二年九月十八日）。

48. 雪〈俗語質疑〉《風月報》第四八號（昭和十二年九月十八日）。

49. 雪〈佛跡記遊百詠集序〉《風月報》第五十號（昭和十二年十月十六日）。

50. 雪〈明治天皇御製和歌〉〈滿鮮吟草序〉《風月報》第五一號（昭和十二年十一月一日）。

51. 雪〈竹下海軍大將之柔道為新聞記者及刑事所驚駭〉〈迎戊寅歲君詞〉《風月報》第五五號（昭和十三年一月一日）。

52. 雪〈王子製紙會社諸職工入大和魂安置新機器〉〈國俗——正月宮中御修法、人日天滿宮換鶯答客問〉《風月報》第五六號（昭和十三年一月十六日）。

53. 雪〈就支那古樂言〉《風月報》第五八號（昭和十三年二月十五日）。

54. 雪〈卷頭詞〉《風月報》第五九號（昭和十三年三月一日）。

55. 雪〈吳君佳仁墓志銘〉《風月報》第六五號（昭和十三年六月一日）。

56. 雪漁〈卷頭詞〉《風月報》第七七號（昭和十四年一月一日）。

57. 雪漁〈蔡寒翁略歷〉《風月報》第七八號（昭和十四年一月十五日）。

58. 雪漁〈卷頭詞〉《風月報》第八十號（昭和十四年二月十五日）。

59. 雪漁〈卷頭詞〉《風月報》第八四號（昭和十四年四月二十四日）。

60. 雪漁〈卷頭詞〉《風月報》第八五、八六號（昭和十四年五月十四日）。

61. 雪漁〈卷頭詞〉〈硯墨談〉《風月報》第八七號（昭和十四年六月一日）。

62. 雪漁〈卷頭詞〉《風月報》第八八號（昭和十四年六月十七日）。

63. 雪漁〈卷頭詞〉《風月報》第八九號（昭和十四年七月七日）。

64. 雪漁〈觀潮齋詩集序〉《風月報》第九一、九二號（昭和十四年八月？日）

65. 雪漁〈卷頭詞〉《風月報》第九三號（昭和十四年九月？日）。

66. 雪漁〈卷頭詞〉《風月報》第九四、九五號（昭和十四年九月二十八日）。

67. 雪漁〈卷頭詞〉《風月報》第九六號（昭和十四年十月十六日）。

68. 雪漁〈卷頭語——紀元二千六百年奉祝政府預定行事要綱〉《風月報》第一○○號（昭和十五年一月一日）。

69. 雪漁〈卷頭語——大和男子忠心耿耿〉《風月報》第一○一號（昭和十五年一月十五日）。

70. 雪漁〈卷頭語——蕃薯今亦歸統制〉〈故吳子玉先生略歷〉《風月報》第一○二號（昭和十五年二月一日）。

71. 雪漁〈卷頭語——皇統綿綿我國二千六百年歷史〉〈周易說：第一易之構成、第二易之活用、第三易之地位〉《風月報》第一○三號（昭和十五年二月十七日）。

72. 雪〈周易略說：第一章總論（續）第四節易如寫實、第五節易之道統、第六節易之於論語〉《風月報》第一○四號（昭和十五年三月四日）。

73. 雪〈周易略說：第二章太極（一）第一節何以謂之太極、第二節周濂溪之太極圖、第三節老子之於太極〉《風月報》第一○五號（昭和十五年三月十五日）。

74. 雪〈卷頭語——萸稗亦占重要穀物地位〉〈莊玉波君獻納宣德金華爐記書後〉〈周易略說：第二章太極（續）第四節莊子之說太極、第五節中庸之說太極、第六節邵子之說太極、第七節朱子之說太極、第八節陳北溪之說太極〉《風月報》第一○六號（昭和十五年四月一日）。

75. 雪漁〈卷頭語——蕎麥玉蜀麥菽豆均可獎勵爲代用食〉〈周易略說：（禁轉載或擅刊）第二章太極（續）箕子之說太極、第三章兩儀第一節何以謂之兩儀、第二節陰陽動靜、第三節周子之說陰陽、第四節程子之說陰陽、第五節朱子之說陰陽、第六節王陽明之說陰陽、第七節陰陽之於理氣〉《風月報》第一〇七號（昭和十五年四月十五日）。

76. 雪漁〈奎府樓雜錄——葭考〉〈壽莊吟詩集序〉《風月報》第一六八號（昭和十八年二月一日）。

參考書目

（皆按發行或發表時間依序排列）

（一）日治時期報刊資料

1. 《台灣日日新報》：明治 31（1898）年 5 月 6 日創刊，至昭和 19（1944）年 3 月 31 日，共發行 15,836 號。

2. 《臺法月報》：明治 38（1905）年至昭和 18（1943）年。

3. 《台灣時報》：東洋協會臺灣支部於明治 42 年（1909）1 月 20 日創刊，至大正 8 年（1919）5 月 15 日停刊。後再由臺灣總督府臺灣時報發行所於大正 8（1919）年 7 月 1 日復刊至昭和 20 年（1945）3 月 13 日停刊。現有中島利郎：《『臺灣時報』總目錄》（東京都：綠蔭書房，1997 年）。

4. 《台灣民報》：昭和元（1925）年至昭和 19（1944）年。

5. 《昭和新報》：昭和 3 年（1928）10 月 3 日創刊至昭和 13（1938）年。

6. 《風月》報系：昭和 10（1935）年 5 月至 18（1943 年）10 月，共含有《風月》、《風月報》、《南方》、《南方詩集》四名稱，現有（臺北：南天書局復刻本，2001 年。）

7. 《興南新聞》：前身為《台灣》系列（《臺灣青年》、《臺灣》、《臺灣民報》、《臺灣新民報》），昭和 16（1941）年 2 月 11 日被迫響應國策更改名稱。昭和 19（1944）年 3 月 26 日因戰時報紙統制與《臺灣日日新報》、《臺南新報》、《臺灣新聞》、《高雄新報》、《東臺灣新報》合併為《臺灣新報》。

（二）個人詩集、編選集

1. 《民商法詩錄》，台北：瀛社事務所，大正 12（1933）年。

2. 《詩海慈航》，台北：瀛社事務所，昭和 10（1935）年，上下冊，後附有《蓬萊角樓詩存》。

3. 《雪漁詩集》，台北：龍文出版社重印初版，1992 年。

（三）專書

1. 中西牛郎：《同化論》，台北：台北印刷株式會社，1914 年 10 月。

2. 《臺灣列紳傳》，台北：臺灣總督府，大正 5（1916）年。

3. 《顏雲年翁小傳》，印刷所株式會社台灣日日新報，大正 13 年 4 月 1 日印刷（1924 年），4 月 3 日發行，非賣品。

4. 林欽賜編：《瀛洲詩集》，1932 年。

5. 《台灣總督府警察沿革誌》，台北：台灣總督府警務局纂，1933 年。

6. 村上玉吉：《南部台灣志》，臺南州共榮會，1934 年。

7. 《臺灣人士鑑》，台北：臺灣新民報社，昭和 9（1934）年。

8. 《顏國年君小傳》，印刷所株式會社台灣日日新報，昭和 14 年 11 月 16 日（1936 年），非賣品。

9. 曾笑雲編：《東寧擊鉢吟錄前後集》，前集為昭和 9 年春出版（1937 年），後集為昭和 11 年春出版（1939 年）。

10. 鄭金柱：《現代傑作愛國詩選集》，台北：光明社印刷商會印刷，昭和 14（1939）年，後附錄《現代詩人略傳》。

11. 黃洪炎編：《瀛海詩集》，台北：台灣詩人名鑑刊行會，昭和 15（1940）年。

12. 鷲巢敦哉：《台灣保甲皇民化讀本》，台北：台灣警察協會，昭和 16（1941）年。

13. 林熊祥監修：《台灣省通志稿》，台北：台灣省文獻委員會，1950 年。

14. 林佛國：《瀛社創立六十周年紀念集·瀛社簡史》，台北：瀛社，1969 年。

15. 蔡培火等：《台灣民族運動史》，台北：自立晚報，1971 年。

16. 沙特（Jean-Paul Sartre）：《文學論》劉大悲譯，台北：志文，1980 年。

17. 《臺灣省通志館館刊》，台北：成文出版社，1983 年。

18. 嚴羽：《滄浪詩話》，黃景進撰述，台北：金楓印行，1986 年。

19. 《臺灣社會運動史（1913～1936）》臺灣總督府警務局，台北：創造出版社，1989 年。

20. 何金蘭：《文學社會學》，台北：桂冠圖書，1989 年。

21. 《重修台灣省通志》，南投：台灣省文獻委員會，1989 年。

22. 吳密察：《台灣近代史研究》，台北：稻鄉，1990 年。

23. 李永熾：《日本的近代化與知識份子》，台北：水牛出版，1991 年。

24. 李永熾：《日本近代史研究》，台北：稻禾出版，1992 年。

25. 吳文星：《日據時期臺灣社會領導階層之研究》，台北：正中，1992 年。

26. 吳密察：《日本觀察：一個台灣的視野》，台北：稻鄉，1992 年。

27. 米歇爾・傅科著，劉北城、楊遠嬰譯：《規訓與懲罰：監獄的誕生》，台北：桂冠，1992 年。

28. 王德威：《小說中國：晚清到當代的中文小說》，台北：麥田出版，1993 年。

29. 米歇爾・傅柯（Michel Foucault）著、王德威譯：《知識的考掘》，台北：麥田出版，1993 年。

30. 劉紀蕙：《文學與藝術八論：互文・對位・文化詮釋》，台北：三民，1994 年。

31. 《台灣教育沿革誌》台灣教育會編，台北：南天，1995 年。（據昭和 14 年臺灣教育會台北初版影印。）

32. 劉康：《對話的喧聲：巴赫汀文化理論述評》，台北：麥田出版，1995 年。

33. 李歐梵：《現代性的追求：李歐梵文化評論精選集》，台北：麥田出版，1996 年。

34. 王松：《台陽詩話》，南投：台灣省文獻委員會，1996 年。

35. 孫歌：《亞洲意味著什麼？》，台北：巨流，1996 年。

36. 游勝冠：《台灣文學的興起與發展》，台北：前衛，1996 年。

37. 楊碧川：《後藤新平傳：臺灣現代化奠基者》，台北：一橋，1996 年。

38. 吳密察：《日據初期日本言論界的台灣議論》，台北：行政院國科會科資中心，1997 年。

39. 王德威：《想像中國的方法：歷史・小說・敘事》，北京：三聯出版社，1998 年。

40. 陳芳明：《殖民地台灣：左翼政治運動史論》，台北：麥田出版，1998 年。

41. 江寶釵：《臺灣古典詩面面觀》，台北：巨流，1999 年。

42. 矢內原忠雄著，周憲文譯：《日本帝國主義下之台灣》，台北：海峽學術，1999 年。

43. 林進發：《臺灣人物評》，台北：成文，1999 年，據昭和 4 年（1929）刊本影印。

44. 林進發：《臺灣官紳年鑑》，台北：成文，1999 年，據昭和 9 年（1934）刊本影印。

45. 陳昭瑛：《臺灣與傳統文化》，台北：臺灣書店，1999 年。

46. 劉紀蕙：《框架內外：藝術、文類與符號疆界》，台北：立緒，1999 年。

47. 班納迪克・安德森（Benedict Richard O'Gorman Anderson）著、吳叡人譯：《想像的共同體：民族主義的起源與散布》，台北：時報文化，1999 年。

48. 呂正惠：《殖民地經驗與台灣文學》，台北：遠流，2000 年。

49. 《曹永和先生八十壽慶論文集》，台北：樂學書局，2000 年。

50. 吳密察：《臺灣重層近代化論文集》，台北：播種者文化，2000 年。

51. 施懿琳：《從沈光文到賴和：台灣古典文學的發展與特色》，高雄：春暉，2000 年。

52. 柳書琴：《殖民地經驗與臺灣文學：第一屆臺杏臺灣文學學術研討會論文集》，台北：遠流，2000 年。

53. 林淇瀁：《書寫與拼圖：臺灣文學傳播現象研究》，台北：麥田，2001 年。

54. 劉紀蕙：《他者之域：文化身分與再現策略》，台北：麥田出版，2001 年。

55. 《臺灣歷史人物小傳：日據時期》，台北：國家圖書館，2002 年。

56. 李郁蕙：《日本語文學與台灣：去邊緣化的軌跡》，台北：前衛出版，2002 年。

57. 孫歌：《主體彌撒的空間——亞洲論述之兩難》，南昌：江西教育出版社，2002 年。

58. 劉禾著、宋偉杰譯：《跨語際實踐：文學，民族文化與被譯介的現代性（中國，1900～1937）》，北京：生活·讀書·新知三聯，2002 年。

59. 朋尼維茲（Patrice Bonnnewitz）：《布赫迪厄社會學的第一課》，台北：麥田，2002 年。

60. 哈伯馬斯（Habermas，Jurgen）著、曹衛東等合譯：《公共領域的結構轉型》，台北：聯經，2002 年。

61. 島利郎編：《一九三○年代臺灣鄉土文學論戰資料彙編》，高雄：春暉，2003 年。

62. 周婉窈：《海行兮的年代——日本殖民統治末期臺灣史論集》，台北：允晨文化，2003 年。

63. 黃美娥：《日治時期臺北地區文學作品目錄》（上）（下），台北：北市文獻會，2003 年。

64. 廖炳惠：《關鍵詞——文學與批評研究的通用詞彙編》，台北：麥田，2003 年。

65. 施懿琳撰：《臺灣歷史辭典》，台北：遠流出版，2004 年。

66. 吳密察：《跨界的臺灣史研究：與東亞史之交錯》，台北市：播種者文化，2004 年。

67. 河原功著、莫素微譯：《台灣新文學運動的展開：與日本文學的接點》，台北：全華，2004 年。

68. 陳淑容：《一九三○年代鄉土文學／臺灣話文論爭及其餘波》，台南：南市圖，2004 年。

69. 黃美娥：《重層現代性鏡像：日治時代臺灣傳統文人的文化視域與文學想像》，台北：麥田，2004 年。

70. 許俊雅：《講座 formosa：台灣古典文學評論合集》，台北：萬卷樓，2004 年。

71. 劉紀蕙：《心的變異：現代性的精神形式》，台北：麥田，2004 年。

72. 藤井省三著、張季琳譯：《臺灣文學這一百年》，台北：麥田，2004 年。

73. 德希達（Derrida Jacques）：《書寫與差異》，張寧譯，台北：麥田，2004 年。

74. Kathryn Woodward 編、林文琪譯：《身體認同：同一與差異》，台北：韋伯文化，2004 年。

75. 王錦雀著：《日治時期台灣公民教育與公民特性》，台北：台灣古籍，2005 年。

76. 生安鋒著：《霍米巴巴》，台北市：生智出版，2005 年。

77. 呂紹理：《展示臺灣：權力、空間與殖民統治的形象表述》，台北市：麥田出版，2005 年。

78. 李園會：《日據時期台灣教育史》，台北：國立編譯館，2005 年。

79. 許佩賢：《殖民地台灣的近代學校》，台北：遠流，2005 年。

80. 黃金麟：《歷史、身體、國家近代中國的身體形成 1895～1937》，台北：聯經，2005 年。

81. 《跨領域的台灣文學學術研討會論文集》，國家台灣文學館，2006 年。

82. 陳培豐：《同化的同床異夢》，台北：麥田出版，2006 年。

83. 許世楷：《日本統治下的台灣》，台北：玉山社出版，2006 年。

84. 荊子馨：《成為日本人——殖民地台灣與認同政治》，台北：麥田，2006 年。

85. 余美玲：《日治時期臺灣遺民詩的多重視野》，台北：文津，2008 年。

（四）期刊論文

1. 廖毓文：〈謝雪漁遺稿〉《台北文物季刊》第九卷第一期，1950 年 3 月 31 日，頁 73～80。

2. 陳鏡波：〈軟派文學與拙作〉，《臺北文物》第三卷第三期，1954 年 12 月，頁 68～69。

3. 文瀾（廖漢臣）：〈從揚文會談到新學研究會〉《台北文物季刊》第八卷第四期，1960 年 2 月 15 日，頁 39～42。

4. 陳火泉：〈關於《道》這篇小說〉《民眾日報》，1979 年 7 月 7 日，12 版。

5. 黃得時：〈日據時期台灣的報紙副刊——一個主編者的回憶錄〉《文訊》二十一期，1985 年 12 月，頁 59。

6. 吳文星：〈日據時期臺灣總督府推廣日語運動初探〉（上）《台灣風物》三十七卷第一期，1987 年，頁 1～31；（下）《台灣風物》第三十七卷第四期，1987 年，頁 53～86。

7. 松永正義：〈關於鄉土文學論爭（1930～32)〉，葉笛譯，《台灣學術研究會誌》第四期，1989 年 12 月。

8. 黃美娥：〈日治時代臺灣詩社林立的社會考察〉《臺灣風物》第四十七卷第三期，1997 年 9 月，頁 43～88。

9. 黃美娥：〈北台第一大詩社——日治時期的瀛社及其活動〉，中央大學第六屆近代中國學術論文研討會，2000 年 3 月 24～25 日。

10. 吳文星：〈日治時期臺灣的教育與社會流動〉《臺灣文獻》，第五十一卷第二期，2000 年 6 月，頁 163～173。

11. 陳培豐：〈殖民地臺灣國語「同化」教育的誕生——伊澤修二關於教化、文明與國體的思考〉《新史學》12：1，2001 年 3 月。

12. 陳培豐：〈重新解析殖民地台灣的國語「同化」教育政策——以日本的近代思想史爲座標〉《臺灣史研究》7：2，2001 年 6 月，頁 1～49。

13. 河原功：〈1937 年台灣文化台灣新文學的狀況：圍繞著報紙廢止漢文欄與禁止中文創作諸問題之探討〉，台灣文學史書寫國際學術研討會，行政院文建會主辦，2002 年 11 月 22～24 日。

14. 柯喬文：〈殖民話語與集體記憶——以「三六九小報」（1930～35）古典小説爲考察〉《島語》第三期，2003 年，頁 66～73。

15. 周婉窈、許佩賢：〈臺灣公學校制度、教科和教科書總説〉《臺灣風物》53：4，2003 年 12 月，頁 119～145。

16. 黃美娥：〈尋找歷史的軌跡：臺灣新、舊文學的承接與過渡（1895～1924)〉《臺灣史研究》11：2，2004 年 12 月，頁 145～183。

17. 毛文芳：〈情慾、瑣屑與詼諧——《三六九小報》的書寫視界〉《中央研究院近代史研究所集刊》，第四十六卷，2004 年 12 月，頁 159～222。

18. 柳書琴：〈通俗作爲一種位置：「三六九小報」與 1930 年代臺灣的讀書市場〉《中外文學》第三十三卷第七期，2004 年 12 月，頁 19～55。

19. 廖炳惠：〈打開帝國藏書：文化記憶、殖民現代、感性知識〉《中外文學》第三十三卷第七期，2004 年 12 月，頁 57～75。

20. 柳書琴：〈《風月報》中的同文論述：殖民主義附身的悲劇〉。

21. 柳書琴：〈官製到民製：自我同文主義與興亞文學（1937～1945)〉。

22. 施懿琳：〈日治中晚期臺灣漢儒所面臨的危機及其因應之道：以彰化「崇文社」爲例〉，成功大學「第一屆臺灣儒學研究國際學術研討會」論文。

23. 陳培豐：〈識字・書寫・閱讀與認同〉──重新審識 1930 年代鄉土文學論戰的意義。

24. 林俊育：〈台灣文化資產（三）──《台日大辭典》e^初探〉《臺灣文學評論》第五卷第二號，眞理大學台灣文學資料館，2005 年 4 月 15 日，頁 257～261。

25. 柳書琴：〈傳統文人及其衍生世代：台灣漢文通俗文藝的發展與延異（1930～1941）〉（日本：天理大學「日本台灣學會第 7 回學術大會」會議論文，2005 年），頁 1～20。

26. 黃美娥：〈臺灣古典文學史概說（一六五一～一九四五）〉《臺北文獻直字》151，2005 年 3 月，頁 215～269。

27. 吳文星：〈談日治時期臺灣教育史料的發掘與研究的深化〉《臺灣文獻》57：1，2006 年 3 月，頁 311～322。

28. 黃美娥：〈從詩歌到小說──日治初期臺灣文學知識新秩序的生成〉《當代》，2006 年 1 月，頁 42～65。

29. 黃美娥：〈差異／交混、對話／對譯：日治時期台灣傳統文人的身體經驗與新國民想像（1895～1937）〉《中國文哲研究集刊》二十八期，2006 年 7 月，頁 81～119。

30. 黃美娥：〈日、臺間的漢文關係：殖民地時期台灣古典詩歌知識論的重構與衍異〉《臺灣文學研究集刊》第二號，2006 年 11 月，頁 1～32。

31. 柳書琴：〈傳統文人及其衍生世代：台灣漢文通俗文藝的發展與延異（1930～1941）〉《臺灣史研究》，14：2，2007 年 6 月，頁 41～88。

32. 吳文星：〈京都帝國大學與臺灣舊慣調查〉《師大臺灣史學報》，2007 年 12 月，頁 29～49。

33. 黃美娥：〈奮飛在二十世紀的新世界：魏清德的現代性文化想像與文學實踐（上）（下）〉，國立歷史博物館館刊，17：12，2007 年 12 月，頁 18～22；18：1，2008 年 1 月，頁 48～59。

34. 柳書琴：〈誰的文學？誰的歷史？──日據末期臺灣文壇主體與歷史詮釋之爭〉《新地文學 4》，2008 年 6 月，頁 38～78。

35. 黃美娥，陳盈達：〈百年吟聲，風雅柢柱：瀛社百年活動簡史〉《臺北文獻直字》，2008 年 12 月，頁 25～92。

36. 薛建蓉：〈日本漢詩人籾山衣洲在台經驗、交遊及其對臺灣文壇的影響〉，國立成功大學文學院主辦的「異時空下的同文詩寫──臺灣古典詩與東亞各國的交錯」，2008 年 11 月 29、30 日。

（五）碩博士學位論文

1. 鐘美芳：《日據時代櫟社之研究》，東海大學歷史研究所碩士論文，1986 年。

2. 林正珍：《近代中日社會思想中的人性論——以康有爲及福澤諭吉爲中心》，國立臺灣師範大學歷史研究所博士論文，1991 年。

3. 許俊雅：《日據時期台灣小說研究》，臺灣師範大學國文研究所，1992 年。

4. 柳書琴：《戰爭與文壇：日據末期台灣的文學活動（1937.7～1945.8）》，台灣大學歷史學研究所，1994 年。

5. 楊永彬：《台灣紳商與早期日本殖民政權的關係：1895 年～1905 年》，臺灣大學歷史學研究所，1996 年。

6. 廖振富：《櫟社三家詩研究——林癡仙、林幼春、林獻堂》，師範大學國文研究所博士論文，1996 年。

7. 李國生：《戰爭與台灣人：殖民政府對台灣的軍事人力動員（1937～1945）》，台灣大學歷史學研究所，1997 年。

8. 吳毓琪：《台灣南社研究》，國立成功大學中國文學系研究所碩士論文，1997 年。

9. 游勝冠：《殖民、進步與日據時代臺灣文學的文化抗爭》，清華大學中文博士論文，2000 年。

10. 郭怡君：〈《風月報》與《南方》通俗性之研究〉，靜宜大學中國文學系碩士論文，2000 年。

11. 李文卿：〈殖民地作家書寫策略研究——以皇民化運動時期《決戰台灣小說集》爲中心〉，暨南大學中國語文學系碩士論文，2001 年。

12. 高嘉謙：〈國族與歷史的隱喻——近現代武俠傳奇的精神史考察（1895～1945）〉，暨南大學中國語文學系研究所碩士論文，2001 年。

13. 川路祥代：《殖民地台灣文化統合與台灣傳統儒學社會（1895～1919）》，成功大學中文研究所博士論文，2002 年。

14. 柯喬文：《「三六九小報」古典小說研究》，南華大學文學研究所，2003 年。

15. 呂淳鈺：《日治時期台灣偵探敘事的發生與形成：一個通俗文學新文類的考察》，政治大學中國文學研究所，2003 年。

16. 林宗賢：《十九世紀末日本輿論界之台灣論述——以福澤諭吉與內藤湖南爲研究對象》，國立政治大學日本語文學系碩士班論文，2006 年。

17. 張明權：《同文政策下的台灣漢詩壇（1931～1945）》，靜宜大學中文所碩士論文，2008 年。